HEYNE <

Zum Autor
Der iranische Journalist Freidoune Sahebjam wurde 1979 vom Chomeini-Regime in Abwesenheit zum Tode verurteilt. Seitdem lebt er in Frankreich, wo er für verschiedene europäische Zeitschriften schreibt und als freier Autor tätig ist. *Tot unter Lebenden* ist sein drittes Buch, das in deutscher Sprache erscheint.

FREIDOUNE SAHEBJAM

Tot unter Lebenden

Eine afghanische Tragödie

Aus dem Französischen von
Ilse Rothfuß

WILHELM HEYNE VERLAG
MÜNCHEN

Die Originalausgabe
Morte parmi les vivants. Une tragédie afghane
erschien 2003 bei Bernard Grasset, Paris.

Umwelthinweis:
Dieses Buch wurde auf
chlor- und säurefreiem Papier gedruckt.

Deutsche Erstausgabe 06/2005

www.heyne.de
Printed in Germany 2005
Umschlaggestaltung: Hauptmann und Kampa
Werbeagentur, München - Zürich
Umschlagillustration: Getty Images/Paula Bronstein
Satz: C. Schaber Datentechnik, Wels
Druck und Bindung: GGP Media GmbH, Pößneck

ISBN 3-453-64008-X

Inhalt

Eine Frau, die ihren guten Ruf verloren hat,
ist wie eine Tote unter den Lebenden.

Persisches Sprichwort

USBEKISTAN
TADSCHIKISTAN
CHINA
TURKMENISTAN
Mazar-Sharif
Kunduz
Panshir-Tal
IRAN
Bamiyan
KABUL
INDIEN
Herat
PAKISTAN
Farah
Kandahar
AFGHANISTAN
Zabol
200 km
Legende

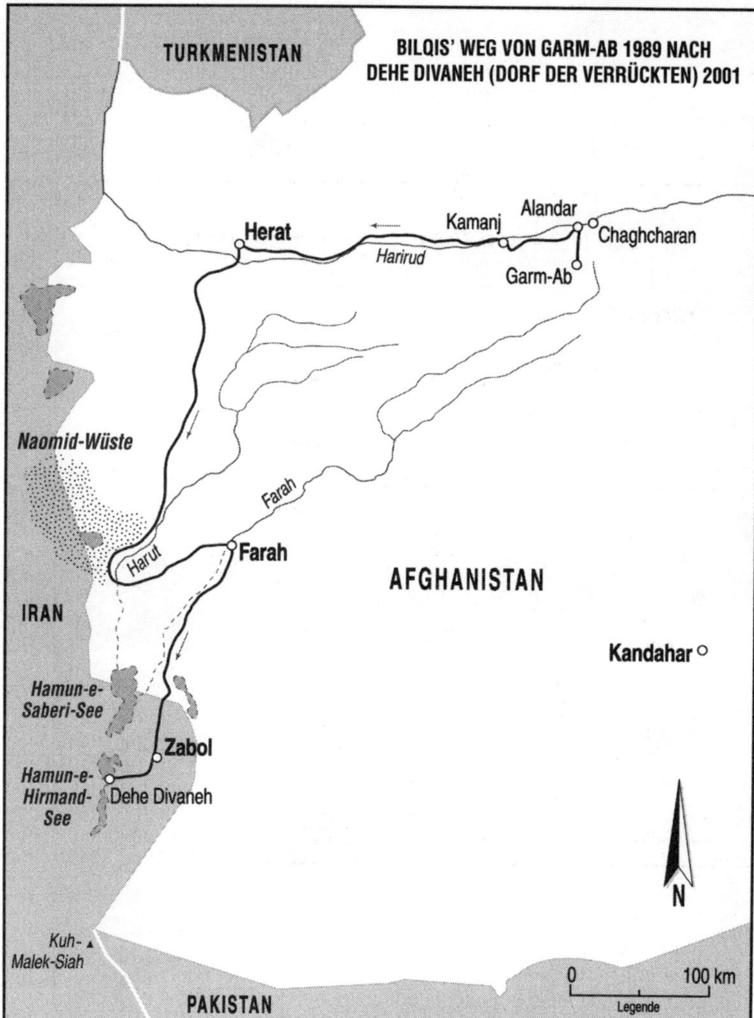
BILQIS' WEG VON GARM-AB 1989 NACH DEHE DIVANEH (DORF DER VERRÜCKTEN) 2001
TURKMENISTAN
Herat
Kamanj
Alandar
Chaghcharan
Harirud
Garm-Ab
Naomid-Wüste
Farah
Harut
Farah
AFGHANISTAN
IRAN
Kandahar
Hamun-e-Saberi-See
Zabol
Hamun-e-Hirmand-See
Dehe Divaneh
N
Kuh-Malek-Siah
0
100 km
Legende
PAKISTAN

1 *Das Zelt*

Der Wind, der an der Grenze zwischen Afghanistan und dem Iran von Norden nach Süden fegt, kann ganze Tage und Nächte unablässig anhalten, immer mit derselben Gewalt. Er trägt alles fort, was ihm im Weg steht, Häuser, Tiere, Pflanzen, manchmal sogar unvorsichtige Kinder und Greise.

Er kann von einem Moment zum anderen aufhören, so abrupt, wie er gekommen ist, ohne jede Vorwarnung. Der Himmel bleibt blau, überzieht sich aber plötzlich mit einem feinen, ockergelben Sandfilm, der die Sonne verschleiert. Die Bauern treiben dann eilig ihre Herden zusammen, die Mütter rufen ihre Kinder, alles Leben erstarrt in Erwartung des Monsters, das im nächsten Augenblick lostoben und um den Berg heulen wird.

Der *bade koshte gav* trägt seinen Namen zu Recht: Der Wind, der die Kühe tötet. Einigen Experten zufolge, die früher aus der iranischen Grenzstadt Zabol gekommen sind, kann er im Frühjahr und im Herbst mühelos Spitzengeschwindigkeiten von zweihundert Kilometern pro Stunde erreichen.

Er trägt alles fort: hundertjährige Bäume, Vieh, Strommasten, Strohdächer, Ziegelmauern, Karren. Wehe dem Unglücklichen, der sich dann noch draußen aufhält: Regelmäßig werden Kinderleichen und Tierkadaver in den Fluten des Hamund-i-Helmand-Sees, in den benachbarten Sümpfen und sogar unten im Süden auf der Straße nach Shahre Sukhte oder Shileh gefunden.

Am Ufer des Sees war vor langer Zeit der Weiler Dehe Divaneh gebaut worden, das »Dorf der Verrückten«. Hier wurden Geisteskranke gepflegt, Sexbesessene, Tobsüchtige und Depressive, oder vielmehr wurden sie von der restlichen Bevölkerung isoliert, denn »diese Krankheiten sind übertragbar und ansteckend, und gegen den Zorn des Allmächtigen ist nichts auszurichten«, wie die Mullahs seit Jahrzehnten predigten.

Das Dorf der Verrückten war durch eine Mauer von den umliegenden Orten getrennt. Früher erzählte man sich, die Schreie der Unglücklichen seien nachts bis nach Zabol zu hören gewesen, das immerhin zwanzig Kilometer entfernt liegt. Es hieß auch, der *bade koshte gav* sei von Gott gesandt, um die Erde von allen Sünden reinzuwaschen, die die Verrückten begangen hatten, und um die Sonne und die Luft von den Krankheiten und dem Schmutz zu säubern, den sie hinterlassen hatten. In einem Jahr kam es zu einer verheerenden Überschwemmung: Die beiden Flüsse Harud und Farah, die aus Afghanistan kommen und den See speisen, waren über die Ufer getreten. Dehe Divaneh verschwand unter den Fluten, und sämtliche Kranke ertranken. Ihre Leichen wurden verbrannt, damit sie die Erde nicht verseuchten, die Wände der Häuser, die die Katastrophe überstanden hatten, wurden mit Kalk desinfiziert, und niemand wollte mehr an diesem Ort leben, in dem die gequälten Seelen der zahllosen Unglücklichen herumirrten, deren Asche weiter südlich, in den Schluchten von Kuh-Malek-Siah vergraben worden war, dem geheimnisumwitterten heiligen Berg der Afghanen, Iraner, Pakistani und Inder. Der »Berg des Schwarzen Königs« soll eine wohltuende Wirkung auf die Seele und die Haut haben, er lindert Leid und Elend und schenkt neue Kräfte.

Fünfzig Jahre später war Zabol zu einer Hochburg des Schwarzhandels geworden: Drogen aller Art wurden hier verschoben, Waffen jeglichen Kalibers und Edelsteine. Der Sturz des afghanischen Schahs Mohammed Sahir 1973 und die Machtergreifung seines Cousins, des Prinzen Sardar Daud Khan, der die Monarchie abschaffte, dessen Ermordung und der Mord an zwei darauf folgenden Präsidenten und schließlich die Invasion der Sowjets 1979 führten dazu, dass der Grenzposten Khavar zu einem wichtigen Durchgangsort für Flüchtlinge, Handels- und Schmuggelware wurde. Als Moskau zehn Jahre später abzog, versuchten die Mudschaheddin eine unregierbare Nation zu führen, bis 1996 die Taliban die Macht ergriffen.

Hazara, Pandschiri, Tadschiken und Paschtunen flohen zunächst zu tausenden, dann zu zehntausenden aus Afghanistan. Die Iraner machten ihre Grenze auf über zweitausend Kilometern dicht, und die Schleuser verdienten ein Vermögen am Unglück ihrer Landsleute. Innerhalb von drei Jahren waren zweieinhalb Millionen Afghanen in dem Gebiet zwischen Saleh Abad und Jenat Abad im Norden und Harmak Abad und Zahedan im Süden gestrandet. Jeden Tag kamen weitere Flüchtlinge aus dem Osten, erschöpft und verzweifelt, am Ende ihrer Kräfte, und von skrupellosen Schwarzhändlern ihrer letzten Habe beraubt. Der »Rote Halbmond«, eine Schwesterorganisation des Internationalen Roten Kreuzes, und die nicht staatlichen Organisationen wurden von den Ausmaßen der Flüchtlingsströme völlig überrollt. Das Flüchtlings-Hochkommissariat stellte hunderte von Zelten und tausende von Decken zur Verfügung, organisierte Lebensmittel und Medikamente. Optimistische Beobachter schätzten, dass dieser Exodus höchstens ein paar Monate dauern und die Afghanen dann nach Hause zurückkehren würden; die pessimistischeren rechneten mit Jahren. »Wenn nichts passiert, ist die Katastrophe unvermeidlich«, warnte der iranische Präsident Mohamad Khatami, als er diese Region besuchte.

Das Taliban-Regime hielt sich fünf Jahre lang mit allen bekannten Tabus und Verboten.

Dann kam der 11. September 2001, die Bombardierung durch die Amerikaner, die Flucht der Taliban und die Ankunft neuer Flüchtlingsströme. »Wir können nicht das Elend der ganzen Welt aufnehmen«, wiederholte Mohamad Khatami unaufhörlich. »Wir müssen die Afghanen, die illegal in unser Land gekommen sind, so schnell wie möglich zurückschicken«, bekräftigte das religiöse Oberhaupt der Republik Ali Khamenei.

Als wir im Dezember 2001 nach Dehe Divaneh kamen, lebten dort ungefähr tausend Männer und Frauen, die vor allem vor dem Terror geflohen waren, der sich nach dem Abzug der Sowjets breit gemacht hatte. Das Dorf hatte viele Vorteile für die neuen Bewohner: Es lag weitab von den Verkehrswegen am Ufer eines Sees mit sauberem Wasser, der Boden ringsherum wartete nur darauf, bestellt zu werden, und ungefähr dreißig kleine Häuser hatten den Unbilden der Witterung und der extremen Sommerhitze getrotzt. Innerhalb weniger Wochen wurden die Wände getüncht, die Wassergräben gereinigt, die Erde gepflügt und die Straße in Stand gesetzt, die seit langer Zeit vernachlässigt worden war.

Die Afghanen waren anfangs in Gruppen von zehn Personen gekommen. Dann wurden es zehnmal zehn, und schließlich, wie uns ein Junge versicherte, der für die Brotlieferungen zuständig war, »trafen an manchen Tagen dreihundert Neuankömmlinge ein. Wir wussten nicht mehr, wo wir sie unterbringen sollten.«

Der Westen zeigte sich erneut großzügig und lieferte Zelte, Decken, tonnenweise Medikamente und Lebensmittel. Die Flut von Neuankömmlingen, die vor den amerikanischen Bomben flüchteten, verlangte sofortiges Handeln, und die Flüchtlinge mussten weiter nach Süden verteilt werden, in Richtung Shileh und

Harmak Abad bis nach Mirjaveh, nach Osten in Richtung Sefidabeh und Hossein Abad und nach Norden in Richtung Assad Abad und Birjand. Sechs Flüchtlingslager waren an den beiden Ufern des Hamuni-i-Helmand-Sees errichtet worden, und Dehe Divaneh war bei weitem das komfortabelste und beliebteste.

Die Steinhäuser, in denen früher die Geisteskranken untergebracht waren, wurden den Alten und Kranken zur Verfügung gestellt oder den Wohlhabenderen, die in der Lage waren, einer örtlichen Schmugglerbande, die sich schamlos am Elend der Flüchtlinge bereicherte, eine Art Steuer zu bezahlen. Eine mafiaähnliche Organisation machte dasselbe mit den kostenlosen Lebensmittellieferungen der Vereinten Nationen und anderen Hilfsorganisationen. Diese schmutzigen Praktiken dauern bis heute an.

Das Erste, was dem Reisenden auffällt, der nach Dehe Divaneh kommt, ist die Stille des Ortes. Kein Kindergeschrei, kein Hundegebell, kein Vogelgesang. Weder Bäume noch Büsche sind in diesem verfluchten Dorf mit dem schlechten Ruf zu sehen. Alles ist wie erstarrt. Die Männer fischen in ihren baufälligen vorsintflutlichen Booten. Die Frauen halten sich in den Häusern oder Zelten auf, manche waschen ihre Wäsche im See. Die Kinder sind in der Schule, die Jungen in einem großen grauen Zelt und die Mädchen in einem ehemals weißen Zelt.

Um die Häuser sind kleine Gärtchen angelegt, in denen aber nicht viel zu gedeihen scheint. Trotz intensiver Bewässerung ist die Erde tot, wie die Alten von Zabol sagen: »Die Verrückten haben sie getötet.« In Wirklichkeit haben die Sturmwinde, die hier alle zwei Jahre wehen, den größten Teil der Erde Belutschistans erodiert und verwüstet, einer Region, die einst für ihre Blumen- und Gemüsegärten berühmt war. Heute ist der Boden nur noch Staub und Asche.

Im Süden dieses schnell hochgezogenen Dorfs steht etwas abseits mitten im Niemandsland und völlig verlassen ein Zelt, kleiner als die anderen, in schlechtem Zustand und von düsterer Farbe. Eine alte Frau rief uns zu: »Geht da bloß nicht rein!«

Als wir unsere Verwunderung zum Ausdruck brachten, sagte sie noch einmal: »Geht nicht da rein, dort wohnt der Scheitan …«

»Der Teufel? Welcher Teufel denn?«

Die Alte drehte sich wortlos um und verschwand. Was ging in diesem schwarzen Zelt vor, das dort isoliert stand, stumm und wie für alle Zeit und Ewigkeit erstarrt? Ein paar Frauen kamen mit Wäschekörben auf dem Kopf vom See zurück. Es schickt sich nicht, afghanische Frauen auf der Straße anzusprechen oder zu grüßen. Durch das Gitternetz ihrer Burkas beobachteten sie uns neugierig, drehten sich aber nicht nach uns um. Unbeirrt setzten sie ihren Weg fort.

Etwas weiter entfernt fischten zwei Männer, wahrscheinlich Vater und Sohn. Drei Fische zappelten in einem Eimer. Der Ältere der beiden rauchte eine Pfeife, der andere hielt eine Haselnussgerte in der Hand, an deren Ende eine Schnur hing.

»Salam alaikum.«

»Salam.«

»Seid ihr mit dem Fang zufrieden?«

»Gestern um diese Zeit hatten wir schon acht Fische, heute ist die Ausbeute mager.«

Wir redeten über das Wetter, den Wind, die Ernten, die Neuigkeiten aus der Gegend, über den Schnee, der dieses Jahr auf sich warten ließ, kurz, über alles und nichts.

»Ich bin gerade erst hier angekommen, ein hübscher Ort ist das«, sagte ich.

Keine Antwort.

»Wie viele seid ihr im Dorf?«

Der jüngere Mann antwortete: »Etwas mehr als tausend, glaube ich.«

»Und wollt ihr länger hier bleiben?«

Er schaute den Alten an, der immer noch rauchte.

»Die Entscheidung hängt von meinem Vater und meinen großen Brüdern ab.«

»Ihren großen Brüdern?«

»Ja, die dort draußen, in dem Boot auf der linken Seite. Sehen Sie, dort? Sie fischen mit einem Netz. Sie sind sehr geschickt.«

Bei diesen beiden war es zwecklos, das Gespräch auf das einsame Zelt zu lenken. Aber als Männer konnten wir uns den Frauen nicht nähern, ohne für Aufruhr zu sorgen, und nur die Frauen wussten vermutlich, was in diesem düsteren Zelt vor sich ging, das dort isoliert von den anderen Behausungen stand.

Ein paar Jungen kickten einen Ball auf einem mehr

oder weniger ebenen Gelände herum. Zwei Fässer bildeten die Tore. Die Jungen stellten sich recht geschickt an, in Anbetracht der Tatsache, wie ärmlich ihre Ausrüstung und in was für einem schlechten Zustand der Boden war. Nur der Lederball war neu, und fasziniert rannten die Jungen ohne jede erkennbare Strategie oder Mannschaftsgeist hinterher. Das Ganze spielte sich unter lautem Gelächter ab, sie schlugen sich die Knie blutig und johlten begeistert, wenn der Ball in eines der Tore gegangen war.

Wir kauften ein paar Flaschen Fruchtsaft, mit denen wir die Aufmerksamkeit der verschwitzten Fußballer auf uns lenken wollten.

»*Salam.*«

»*Salam agha*, guten Tag, Herr.«

»Ihr spielt sehr gut. Und euer Ball ist toll.«

»Wir haben ihn erst seit ein paar Tagen. Ein ausländischer Herr hat ihn uns gegeben. Er heißt Hans.«

»Hier, trinkt, das habt ihr euch verdient.«

Dann kehrten die Jungen zu ihrem Spiel zurück. Sofern wir ihre Regeln richtig verstanden hatten, spielten sie alle in dasselbe Tor. Das Spiel stand acht zu acht, als sie endlich aufhörten. Mit lautem Geschrei stürzte sich die ganze Bande auf unsere Getränke.

»Sie sind nicht von hier, oder?«, fragte der Wortführer der kleinen Schar.

So kamen wir mit den Jungen ins Gespräch, genau das, was wir bezweckt hatten.

Einige Zeit später, als die Sonne bereits am Horizont versank und die Temperatur drastisch abfiel, wusste ich mehr über das »verfluchte Zelt«, wie sie es nannten. Allem Anschein nach lebte dort eine junge Frau ganz allein, die als Prostituierte verschrien war und von den restlichen Bewohnern des Dorfes geächtet wurde. Sie war mit einer Gruppe von Frauen und Kindern über die Grenze gekommen, die vor den Taliban aus der Stadt Farah geflohen waren. Sie hieß Bilqis, und niemand hatte je ihre Stimme gehört oder ihr Gesicht gesehen.

»Was verstehst du unter einer Prostituierten? Bist du nicht ein bisschen zu jung, um solche Dinge zu behaupten?«

Mein Gesprächspartner, ein etwa zwölfjährige Junge, der sich auf dem Fußballplatz am meisten aufgespielt hatte und offenbar der Anführer der Bande war, behauptete hartnäckig: »Sie ist eine Hure, das sagen alle.«

»Eine Hure? Sie ist eine Hure? Das ist leicht gesagt!«

»Jeder hier weiß, was sie in Afghanistan gemacht hat, und wir wissen auch alle, was sie hier macht.«

»Hier?«

»Ja, hier. Ab und zu fährt ein Wagen aus Zabol vor und holt sie ab. Sie verschwindet und kommt nach ein paar Stunden zurück. Es heißt, dass sie Essen und Kleider mitbringt, und manche sagen, dass sie auch Geld bekommt.«

Einer der anderen Jungen unterbrach ihn: »Meine Eltern haben mir verboten, in die Nähe ihres Zelts zu gehen. Früher haben wir dort unten Fußball gespielt, weil der Boden dort besser ist. Wegen dieser Frau müssen wir jetzt hier spielen, wo überall Steine und Löcher sind. Sie ist eine schmutzige Hure, und ich spucke auf sie.«

Und dann alle im Chor: »*Tof be rouye!* Wir spucken auf sie!«

Mit anderen Worten, diese kleine Gemeinschaft von Flüchtlingen, die seit Jahren unter den Schrecken der Besatzung litt, hatte eine der ihren verurteilt und ausgestoßen, vermutlich ohne Beweise und Zeugen. Aber wer ernährte die junge Frau? Wie lebte sie? Welche Bedürfnisse hatte sie, unter welchen hygienischen Bedingungen lebte sie, was waren ihre Leiden und ihre Wünsche, sofern sie welche hatte?

Noch am selben Abend fanden wir in einer europäischen Ambulanz eine schwedische Krankenschwester, die bereit war, über die junge Frau zu sprechen: »Bilqis? Ja, die kenne ich gut. Sie muss meiner Schätzung nach ungefähr fünfundzwanzig sein, aber sie sieht viel älter aus. Ihr Blick ist erloschen, ihre Augen sind wie zwei glanzlose Smaragde.«

»Spricht sie?«

»Wenn sie etwas gefragt wird, antwortet sie. Das Problem ist, dass mein Dari nicht besonders gut ist.«

»Ich spreche Persisch, oder vielmehr Dari. Glauben Sie, dass sie mit mir sprechen würde?«

»Sie können auf keinen Fall Kontakt zu ihr aufnehmen, das Dorf würde es nicht zulassen. Und sie selber würde es auch nicht wollen …«

»Gibt es eine Hierarchie, die man befolgen muss, um mit ihr ins Gespräch zu kommen? Gibt es eine Frau in diesem Dorf, die Einfluss hat?«

Die Krankenschwester überlegte einen Augenblick: »Vielleicht Zeinab, sie kümmert sich um alle Witwen. Ich glaube, dass sie eine gewisse Autorität besitzt, ich werde mit ihr sprechen.«

Am nächsten Tag machten wir die Bekanntschaft von Zeinab, einer großen, kräftigen Frau in einer hellgrünen Burka, die eine sehr energische Stimme hatte und um die fünfzig sein musste. Sie hörte uns an, dann sagte sie: »Warum interessieren Sie sich für diese Teufelin, die Schande unseres Dorfes?«

»Ich habe andere Frauen wie sie in den Lagern weiter nördlich getroffen, in der Gegend von Torbate Heydarieh und um Birjand herum. Alle haben dieselbe Geschichte: Sie sind misshandelt, herumgestoßen und vergewaltigt worden, entweder von den Sowjetsoldaten oder den Mudschaheddin oder auch von den Taliban, und ihre Familien haben sie verstoßen.«

»Es ist ihre eigene Schuld, wenn sie beschmutzt wurden und Teufelinnen geworden sind. Sie hätten fliehen und sich verstecken können. Was ihnen geschehen ist, haben sie selbst gewollt!«

Hier war keine Verständigung mehr möglich. Aber wir mussten ein Argument finden, das Zeinab dazu bringen würde, sich mit den anderen Frauen des Dorfes zusammenzusetzen. Nachdem wir die Angelegenheit mit unserer Vermittlerin besprochen hatten, entschlossen wir uns, bestimmte Anschaffungen zu bezahlen, die den Frauen des Witwen-Komitees und den vaterlosen Kindern zu Gute kommen sollten. Für einige hundert Dollar erhielten wir von der Hilfsorganisation der Gegend Kocher, Kissen, Stoffe, Toilettenutensilien, Wäsche, sowie Schulmöbel, Turnhosen und Gymnastikanzüge, ein Volleyballnetz, Tranistorgeräte und Fotoapparate.

Am dritten Tag begannen die Verhandlungen in Gegenwart von Ann Grete, der skandinavischen Krankenschwester. Zehn Frauen saßen uns mit verhüllten Gesichtern in einem Halbkreis gegenüber. Das Gespräch wurde auf Persisch und Englisch geführt. Viele Afghanen sind zweisprachig.

»Warum willst du dich mit ihr unterhalten?«

»Wir haben sie aus unserer Gemeinschaft ausgestoßen. Warum interessierst du dich für sie?«

»Willst du mit ihr ins Geschäft kommen?«

»Sie ist der leibhaftige Teufel! Es ist eine Sünde, das Wort an sie zu richten.«

Eine nach der anderen trugen die Frauen ihre Ansichten vor. Wir mussten sie anhören, ohne etwas zu sagen, ohne sie zu unterbrechen. Nur eine von ihnen sagte nichts, wie wir feststellten. Als sie fertig waren, ergriff Ann Grete das Wort: »Das alles ist sicherlich ein wenig übertrieben, aber es steckt ein gutes Stück Wahrheit in dem, was wir gehört haben. Der Herr hier ist Journalist. Er kommt von weither und kennt unser Land seit über vierzig Jahren. Er hat früher Mohammed Sahir Schah gekannt, in seiner Glanzzeit an der Seite der Königin Homeira. Er hat in Europa mit Sardar Daud Khan studiert, dem Cousin des Königs, und mit Ahmed Schah, dem Sohn des Königs. Er ist in Friedens- wie in Kriegszeiten zu uns gekommen, er hat euer Leid und Elend unter der Herrschaft der *Schorawi* (der Sowjetsoldaten) geteilt, im Bürgerkrieg und unter den Taliban. Er spricht eure Sprache und interessiert sich für die vielfältigen Probleme im Leben der Frauen, auch der Frauen, die ganz unten auf der sozialen Leiter angekommen sind, der Frauen, die für euch keine Würde mehr haben und Teufelinnen sind. Sie wurden von ihren Ehemännern vergewaltigt, von den Besatzern, manchmal sogar von heiligen Männern, und trotzdem sind sie *nadjes* in den Augen eurer Gesellschaft geworden, Tiere, Hündinnen. Und doch sind sie menschliche Wesen, die ein Recht zu leben haben, und sei es auch ohne Würde, die zumindest Mitleid und Nachsicht verdienen. Der fremde Herr hier will die Geschichte dieser Frau erzählen, damit die Welt euer Leid und euren Schmerz kennen lernt. Die Entscheidung liegt allein bei euch.«

Jetzt ergriff die Frau das Wort, die bisher nicht gesprochen hatte: »Ich muss euch ein Geheimnis anvertrauen. Nur zwei oder drei von euch wissen davon. Auch in meiner Familie wurde ein junges Mädchen vor ein paar Jahren von betrunkenen Tadschiken vergewaltigt und misshandelt. Es ist in Kunduz passiert. Wir haben sie verstoßen, geächtet, zur Teufelin gestempelt. Ich habe mich um sie gekümmert, zuerst heimlich, dann vor aller Augen. Im Lauf von Monaten, dann Jahren, hat sie sich wieder gefangen. Sie lebt heute als Krankenschwester im Ausland. Sie war ein Vorbild für mich, und sie sollte für uns alle ein Vorbild sein.«

Der Beitrag löste eine heftige Diskussion aus, und

wir wurden gebeten, mit Ann Grete den Raum zu verlassen, bis die endgültige Entscheidung gefallen war.

Eine Dreiviertelstunde später erhielten wir eine positive Antwort, allerdings mit bestimmten Auflagen: Die Frauen würden im Turnus an den Sitzungen teilnehmen, ebenso die europäische Krankenschwester, falls sie es wünschte. Die Männer sollten diesen Gesprächen fern bleiben. Die ausgestoßene Frau musste in ihrem Zelt bleiben und durfte sich nie zeigen, nicht einmal ihre Silhouette durfte zu sehen sein. Wir durften jeden Morgen und jeden Abend eine Stunde mit ihr reden. In einer Woche musste alles zu Ende sein. Schließlich verlangten die Frauen, dass wir ihnen vor unserer Abreise unsere Aufzeichnungen vorlasen, wenn wir ihre Zustimmung zu einer Publikation erhalten wollten. Unsere Arbeit sollte am nächsten Tag beginnen. Die Männer sollten informiert, aber nicht um ihre Meinung gefragt werden. Ann Grete und die Älteste dieser *shoraye zanan*, dieser Frauenversammlung, würden Kontakt mit der Ausgestoßenen aufnehmen, nicht um ihr Einverständnis zu erbitten, sondern nur um ihr zu raten, mit uns zusammenzuarbeiten und nichts zu verbergen.

»Sollten wir ihr ein Geschenk mitbringen?«, fragte ich die Schwedin.

»Auf keinen Fall, damit würden Sie nur die anderen verärgern.«

Acht Frauen hatten auf Stühlen um uns herum Platz genommen. Das Zelt war weniger als zwei Meter entfernt. Die Situation war absurd: Etwa zwanzig Meter entfernt gingen dreißig Männer auf und ab, die offensichtlich wütend waren, dass sie auf Distanz gehalten wurden.

»Bringt sie mir nur her, diese *Faeche*, diese Hure, ich werd's ihr schon zeigen!«

»Schande über euch alle, ihr sollt verflucht sein!«

»Der Allmächtige soll seinen Zorn über euch ausgießen, über euch und eure Kinder und Kindeskinder bis in die siebte Generation!«

Ann Grete ging zum Zelt hinüber und hob höflich eine der Bahnen hoch. Sie murmelte ein paar Worte, dann kam sie wieder heraus und gab uns ein Zeichen, dass wir anfangen konnten.

»Salam alaikum ...«

Eine kaum hörbare Stimme antwortete: *»Salam.«*

»Hale shoma khoub ast?«

»Es geht mir gut, danke.«

»Wie heißt du?«

»Bilqis.«

»Und wie weiter?«

»Einfach nur Bilqis. Ich habe keinen anderen Namen.«

»Woher kommst du?«

»Meine Familie wohnt in dem Dorf Garm-Ab in der Provinz Ghowar.«

»Wann hast du dein Dorf verlassen?«

»Ich weiß nicht mehr. Vor zehn Jahren vielleicht, vielleicht auch mehr ...«

»Erinnerst du dich an deine Kindheit?«

»Ja, ich erinnere mich daran.«

»Hast du Brüder und Schwestern?«

»Ja, ich habe fünf Geschwister.«

»Und wer ist der oder die Älteste?«

»Ich bin die Älteste.«

Wir machten eine kleine Pause, um die Frauen um uns herum zu beobachten: Wir konnten sehen, dass sie mit unserer Gesprächsführung einverstanden waren.

»Wo ist dein Vater?«

»Ich habe ihn schon lange nicht mehr gesehen. Ich glaube, dass er im Krieg umgekommen ist. Genau weiß ich das nicht. Meine Mutter hat mir das gesagt.«

»In welchem Krieg?«

»In dem Krieg gegen die *Schorawi*.«

»Vermisst du deinen Vater und deine Mutter?«

»Ja, sehr, und meine Geschwister auch.«

»Möchtest du eines Tages nach Garm-Ab zurückkehren?«

Einen Augenblick blieb es still. Wir wiederholten unsere Frage: »Möchtest du eines Tages nach Garm-Ab zurückkehren?«

»Ja.«

An diesem Punkt glaubten wir ein kurzes Schluchzen in ihrer Stimme zu hören.

»Ich komme jetzt jeden Tag zweimal zu dir, um dir Fragen über dein Leben, deine Familie, dein Dorf, deine Freunde zu stellen, wenn es dir nichts ausmacht.«

»Ich will versuchen, mich daran zu erinnern. Das ist alles lange her … Ich weiß überhaupt nichts mehr.«

»Das macht nichts. Die Erinnerungen kommen wieder, eine nach der anderen, und es wird dir gut tun, darüber zu sprechen, mir alles zu sagen, nichts zu vergessen.«

Damit war die erste Begegnung zu Ende. Die Frauen gingen in ihre Häuser zurück, die Männer zerstreuten sich murrend und schimpfend.

Ann Grete sagte zu uns: »Ich glaube, es lässt sich gut an. Bilqis ist von Shokria ins Vertrauen gezogen worden, der Frau, die sie gestern in gewisser Weise verteidigt hat, erinnern Sie sich?«

»Ich denke, dass die Gespräche allen gut tun werden, wenn wir sie zu Ende führen können. Wir sind davon überzeugt, dass die Männer und Frauen hier unter dieser Situation leiden. Sie haben alle in ihren Heimatdörfern Vergewaltigungen von Frauen und Mädchen erlebt und versuchen es zu vertuschen, damit sie sich nicht rechtfertigen müssen. Nach UNO-Berichten war jede zweite Familie unter der sowjetischen Besatzung Opfer von Misshandlungen unterschiedlicher Art, und dasselbe gilt für die Zeit während des Bürgerkriegs und der Taliban-Herrschaft.«

»Ja, und unter den Frauen, die gestern an der Versammlung teilgenommen haben, sind drei, die auch vergewaltigt wurden. Eine hat sogar ein Kind bekommen. Sie verdrängen ihren Schmerz und ihre Scham, indem sie Bilqis zum Sündenbock machen.«

Das Gespräch mit der jungen Frau am folgenden Abend verlief alles andere als friedlich. Ein paar Männer hatten sich um ihr Zelt zusammengerottet, beschimpften sie und warfen Steine. Dann mischten sich die Frauen ein, es kam zu Handgreiflichkeiten, und die Ältesten unter den Flüchtlingen mussten ihre ganze Erfahrung und Weisheit aufbieten, um die Geister wieder zu beruhigen.

Elf Tage lang unterhielten wir uns mit Bilqis. Im Lauf der Sitzungen wurde sie selbstsicherer und erinnerte sich oft an Einzelheiten, die sie am Vorabend ausgelassen hatte. Zwei- oder dreimal hatten wir sogar den Eindruck, dass sie lachte, als sie sich an ein Erlebnis aus ihrer Kindheit erinnerte. Dann wurde sie wieder ernst, und der Ton ihrer Stimme änderte sich.

Als wir fertig waren, mussten wir unsere Aufzeichnungen ordnen. Wir haben sie den Frauen von Dehe Divaneh vorgelesen, was einen ganzen Nachmittag und den halben Abend in Anspruch nahm. Die Frauen hörten sich unseren Text an, nickten von Zeit zu Zeit, verständigten sich mit Blicken oder diskutierten lebhaft miteinander, wenn wir nach jeweils einer Stunde eine kleine Pause einlegten.

Dann verabschiedeten wir uns von dem »Dorf der Verrückten« und ließen ein paar Freundinnen zurück und vor allem viele schmerzliche Erinnerungen. Bilqis war zu einem Teil unseres Lebens geworden.

Dies ist ihre Geschichte.

2 *Das letzte* nowroz

»*Madar! Hazer ast!* Kommt, das Essen ist fertig!« Die Kinder spielten im Garten, und die Mutter hängte die nasse Wäsche über eine Leine, die zwischen zwei Bäumen gespannt war.

Bilqis, die älteste Tochter der Familie, hatte ein geblümtes Kleid angezogen, das sie nur zu besonderen Anlässen trug. Seit ihr Vater in den Krieg gezogen war, gab es nicht mehr viele Festtage, aber zum Neujahrsfest, dem 21. März, wurde immer eine etwas bessere Mahlzeit zubereitet. Die Nachbarn besuchten sich gegenseitig und tauschten kleine Geschenke aus.

Dieses Fest ist ein uralter persischer Brauch, der seit Menschengedenken befolgt wird. Mit bescheidenen Mitteln, aber viel Fantasie, hatte das junge Mädchen alles auf dem Boden angeordnet, was zu diesem Anlass gehörte: Auf einen Teppich, der frisch gewaschen, an der Sonne getrocknet und dann wieder neu mit Wasser besprengt worden war, hatte sie den Koran gelegt, den nur der Vater las und der seit drei Jahren nicht mehr aufgeschlagen worden war. Das heilige Buch hatte bereits dem Vater ihres Vaters gehört, *Khanbaba djan*, und davor dessen Vater und so weiter. Es war das ganze

Jahr über sorgfältig in ein Tuch eingeschlagen und ruhte auf einem Regal, das außer Reichweite von neugierigen und ungestümen kleinen Kinder angebracht worden war. Außerdem hatte Bilqis einen Spiegel aufgestellt, denselben, vor dem ihre Mutter sich das Haar kämmte, ehe sie es einrollte, mit einer Nadel feststeckte und mit einem Schal bedeckte. Das Glas war zersprungen und hing nur noch an drei kleinen Nägeln am Rahmen. Auf der anderen Seite des heiligen Buchs stand ein Glas mit einem Goldfisch, das ihr eine Nachbarin geliehen hatte, und ein Teller, auf dem die Eier lagen, die Bilqis' kleine Geschwister bemalt hatten. Die Mutter hatte nichts davon bemerkt. Es sollte eine Überraschung werden, die seit Tagen die ganze Kinderschar auf Trab hielt.

»*Madar! Hazer ast!* Kommt alle her!«

Alle stürzten herbei, stießen begeisterte »Ahs« und »Ohs« aus und klatschten Beifall. Wieder einmal hatte Bilqis ihr Ziel erreicht: Sie hatte ihren kleinen Geschwistern eine Freude gemacht und ein Lächeln auf das blasse Gesicht ihrer Mutter gezaubert. Die Mutter dankte ihr mit einem zärtlichen Kuss auf die Stirn. Dann leierten die Kinder ihre Gebete herunter und setzten sich um den Teppich. Die Mutter hatte Fleisch und ein wenig Gemüse von der Nachbarin bekommen. Bilqis hatte Tomaten und Eier zubereitet und die Brotfladen erhitzt, die als Teller dienten. Nichts fehlte, und als die Mutter das Zeichen gab, dass die Mahlzeit beginnen konnte, stürzten sich die Kinder auf alles, was in Reichweite ihrer gierigen Finger lag.

»*Yavash, yavash!* Langsam … Es ist genug für alle da.«

Einmal im Jahr, wenn die Natur nach einem langen Winter wieder zum Leben erwachte, wenn die Tiere auf den Wiesen grasten und die Luft vom Rauschen des Flusses erfüllt war, wurde in dem ärmlichen Haushalt von Homeira und ihren sechs Kindern das Neujahrsfest gefeiert, so wie in allen Nachbarhäusern. Das Jahr 1368 (1989) war angebrochen.

Schon vor Tagesanbruch war das Haus von aufgeregtem Schreien und Rufen erfüllt gewesen. Als Erster war wie immer Fateh auf den Beinen gewesen, Bilquis' achtjähriger Bruder, der bei weitem das lebhafteste und unberechenbarste Kind der Familie war: Er war immer in Bewegung, scheuchte die Hühner vor sich her und lief den Schafen nach, hatte ständig aufgeschürfte Ellbogen und Knie, zerrissene Hosen und eine schmutzige Nase.

»Geh die Eier holen«, hatte seine Mutter ihm aufgetragen.

»Ja, gleich.«

Und dann war er mit seinem Drachen zum anderen Ende der Wiese gerannt.

Homeira hatte ihn dreimal ermahnen müssen, ehe er mit den Eiern angelaufen kam. Eines war ihm aus der Hand gefallen und auf dem Boden kaputtgegangen. Die Mutter hatte ihn mit einem Schlag auf den Kopf bestraft.

»Tut gar nicht weh«, trumpfte Fateh auf.

Die Mutter hob erneut die Hand, aber Fateh hatte schon die Flucht ergriffen.

Der Zweitälteste der Familie, der zehnjährige Rahim, war ruhiger. Er lächelte selten, wie seine Mutter, und hasste die Arbeit auf den Feldern, aber er machte sie trotzdem, weil sein Vater nicht mehr da war. Dessen Rückkehr erwartete er ungeduldig, denn er wollte, »lesen und schreiben lernen wie Massud«, wie er jedem erzählte, der es hören wollte. Massud war der Sohn des Brunnenbauers, besaß Hefte und Stifte und war zwei Jahre lang in die benachbarte Schule gegangen. Er beherrschte das Alphabet, und Rahim beneidete ihn darum.

»Du weißt doch, dass ich dich hier brauche. Du kannst in die Schule gehen, wenn dein Vater wieder da ist.«

Als Nächstes kamen die sechsjährigen Zwillinge, ein Junge namens Mirwais und ein Mädchen, das Maryam hieß. Sie waren praktisch unzertrennlich: Sie schliefen auf derselben Matratze, wuschen sich zusammen am Brunnen, spielten und aßen gemeinsam, ohne sich je voneinander zu entfernen. Sie waren *Doganegui*, wie man hier sagte, »Spiegelzwillinge«. Mirwais war Rechtshänder und Maryam Linkshänderin. Wenn einer von ihnen stürzte, weinte der andere, wenn einer krank war, litt auch der andere. Sie hatten dieselben Albträume, dasselbe Lachen und vertauschten gern ihre Kleider, um ihre Mutter zu verwirren, die sie dann nicht mehr auseinander halten konnte. Nur die etwas dichteren Augenbrauen und die größeren Ohren des Jungen unterschieden die beiden Kinder.

Das jüngste Kind, ein kleines Mädchen, war kurz bevor der Vater in den Krieg gezogen war, auf die Welt gekommen und etwa vier Jahre alt. Shahla hatte die weißeste Haut und die grünsten Augen von Homeiras sechs Kindern. Sie sprach mit den Vögeln, streichelte zärtlich die Lämmer und lächelte jeden an, der mit ihr redete. Ob sie der Liebling ihrer Mutter war? Vielleicht. Sie war jedenfalls Homeiras letzte Erinnerung an ihren Mann, von dem sie ahnte, dass sie ihn nie wiedersehen würde. Trotz der aufmunternden Worte ihrer Nachbarinnen wusste Homeira, dass etwas in der Gegend von Pandschir passiert war, wo er zum letzten Mal gesehen worden war und wo drei Männer aus dem Dorf in weniger als einem Jahr gefallen waren.

»*Batchaha … biaid!* Kommt, Kinder!«

An diesem Neujahrstag wurden die Kinder mit einem richtigen Festmahl verwöhnt.

»Es gibt *ahak! Ahak!*«

Die Mutter hatte keine Mühe gescheut, um dieses Gericht zuzubereiten, auf das die Kinder so versessen waren, eine Art Ravioli mit einer Füllung aus Lauch, Dickmilch, Knoblauch, Hackfleisch und Minzeblättern. Das Ganze wurde auf einem schönen lauwarmen Brotfladen serviert, zusammen mit einem Glas Tee, und schmeckte köstlich.

In diesem Jahr fiel die Stunde des *nowroz* auf die Mittagszeit, sodass alle genug Zeit hatten, ihren Arbeiten nachzugehen, die Mahlzeit herzurichten, die Eier fertig zu bemalen und die letzten Girlanden aufzuhängen. Homeira, die versprochen hatte, die Wohnstube nicht zu betreten, ehe die Kinder es ihr erlaubten, hatte sich in die Küche und den Garten zurückgezogen.

Das Neujahrsfest wurde jedes Jahr in freudiger, ausgelassener Stimmung gefeiert. Die Kinder aus dem Dorf brachten Früchte und Bonbons, manche verkleideten oder schminkten sich. Die Männer trafen sich auf dem Dorfplatz und spielten das Kartenspiel Tricktrack, während die Wasserpfeife herumging. Manchmal gaben Gaukler den staunenden Kindern eine Vorstellung: ein Bär, ein Affe und ein Wanderzirkus, der von Dorf zu Dorf zog, begleitet von einem Flötenspieler und einem Trommler. Der Bär richtete sich auf den Hinterbeinen auf, die Ziege kletterte eine Leiter hinauf, und der Affe führte tausend Kunsstückchen vor.

Aber seit zwei Jahren waren weder Akrobaten noch Musiker nach Garm-Ab gekommen. Es hieß sogar, dass der Flötenspieler und der Trommler in den Krieg gezogen waren.

»Aber der Bär, Mama, was ist aus dem Bären geworden?«, fragte Maryam. »Der ist doch jetzt ganz allein!«

»Mach dir keine Sorgen, mein Kind. Er ist wahrscheinlich in den Wald zurückgekehrt, wo er geboren wurde. Vielleicht hat er seine Familie wiedergefunden und ist jetzt sehr glücklich.«

»Wirklich, Mama?«

»Aber ja, mein Kind.«

»Und die Ziege? Glaubst du, dass er sie gegessen hat?«

»Aber nein, Ziegen isst man nicht. Ziegen geben Milch, aus der man Käse macht. Sie ist wahrscheinlich bei einem Bauern, der sie gut versorgt.«

»Und der kleine Affe?«

Auf diese Frage fand Homeira nicht so leicht eine Antwort.

»Entweder ist er bei anderen Akrobaten oder Musikanten, was gut möglich ist, oder er ist auch zu den Seinen in den Wald zurückgegangen.«

Maryam war ein Kind, das dauernd Fragen stellte, viel mehr als die anderen in der Familie, und sie wollte klare und überzeugende Antworten. Homeira fürchtete die Fragen nach dem Vater, denn über ihn konnte sie keinerlei Auskunft geben.

»Du hast letztes Jahr versprochen, dass *baba* zum Neujahrsfest zurückkommt. Warum ist er nicht gekommen?«

»Du weißt, dass er fortgegangen ist, um zu kämpfen und sein Vaterland gegen böse Menschen zu verteidigen. Seine Arbeit ist noch nicht beendet.«

»Aber warum sind diese Leute böse?«

»Sie sind böse, weil sie uns unser Land und deinen Vater wegnehmen wollen.«

Maryam fragte immer weiter. Warum dies, warum das?

»Sag ihnen immer die Wahrheit, wenn sie dir eine Frage stellen«, hatte ihr Mann eines Tages zu Homeira gesagt. »Das ist nicht immer leicht, aber die Kinder sind klug, und eines Tages werden sie sich an das erinnern, was du ihnen gesagt hast.«

Wie aber sollte sie ihnen erklären, dass ihr Vater vermutlich im Krieg gefallen war, dass er als vermisst galt, dass man schon lange nichts mehr von ihm gehört hatte? Wenn ein Soldat in diesen Jahren den Mudschaheddin in die Hände fiel, bedeutete das eine Kugel in den Kopf oder einen Strick um den Hals, das wusste sie. Die Leichname wurden nie zurückgegeben. Sie wurden ohne Leichentuch in Massengräbern verscharrt, ohne Begräbniszeremonie oder Gebete, wie Hunde.

Homeira war 1960 in der Gegend von Garm-Ab geboren worden und aufgewachsen. Ihre Geburt wurde in keinem Standesamtregister verzeichnet. Sie wusste nur, dass sie ein Jahr nach ihrem großen Bruder Hassan Shah auf die Welt gekommen war und dass sie älter war als ihr jüngerer Bruder Ahmed Shah. Sie war ihr Leben lang nicht aus ihrem Dorf herausgekommen, und ihr Horizont war immer derselbe geblieben. Ihre Eltern waren arm wie alle hier, und als älteste von drei Schwestern stellte sie ein unschätzbares Kapital für ihre Eltern dar, wenn sie eines Tages verheiratet werden konnte.

Homeira hatte ihre ganze Kindheit an der Seite ihrer Mutter verbracht und war ihr im Haushalt und bei der Feldarbeit zur Hand gegangen. Mit zehn wurde sie einem Nachbarssohn, Gul Mohamad, versprochen, der drei Jahre älter war als sie. Er galt als gute Partie, denn das Haus seiner Familie war größer, und sie hatten mehr Land und Vieh.

Die Hochzeit fand 1976 statt, und das ganze Dorf feierte mit. Selbst der »Verrückte« wurde eingeladen. Der »Verrückte« wurde im Dorf so genannt, weil er die ganze Zeit den Kopf schüttelte, mit einem Holzklotz redete, den er an einer Schnur hinter sich herzog, und sich voll angekleidet im Fluss wusch. Für das Fest wurde ein Schaf geschlachtet, und man spielte auf der *ney* und der *toula*, zwei Flöteninstrumenten. Die Männer tanzten, und es wurden Geschenke ausgetauscht: Gul Mohamad brachte einen Teppich, zwei Schafe, ein Paar Ohrringe, die seiner Mutter gehört hatten, und eine Petroleumlampe in die Ehe mit. Homeira hatte nicht viel zu bieten, außer einem Paar geflochtener Schuhe, die ihr Vater gemacht hatte, und einer neuen Matratze, die dem Brautpaar als Ehebett dienen sollte. Homeira würde bei ihren Schwiegereltern wohnen, bis ein eigenes Haus für sie gebaut worden war.

»Gib uns bald einen Sohn, einen starken, kräftigen«, hatte ihr Schwiegervater ihr befohlen.

»Gib uns einen Sohn, der so schön ist wie unser Gul Mohamad«, fügte ihre Schwiegermutter hinzu.

Homeira, deren Gesicht unter ihrem Schleier verborgen war, hatte nichts dazu gesagt. Sie war am selben Morgen von zwei Frauen, die zugleich als Friseurinnen, Kartenlegerinnen und Leichenwäscherinnen fungierten, geschminkt und enthaart worden.

»Hast du mich gehört, mein Junge«, hatte der Schwiegervater noch einmal betont, »ich will einen Sohn, keine Tochter. Eine Tochter, die als erstes Kind geboren wird, bringt Unglück.«

»Ich werde mein Bestes tun, Vater«, hatte Gul Mohamad versprochen. »Ich werde dir einen Sohn geben, *Inch Allah*!«

»*Inch Allah!*«, wiederholten die Hochzeitsgäste im Chor.

Zehn Monate später kam Bilqis auf die Welt. Diese Geburt trieb einen Keil zwischen die beiden Familien, aber als Rahim zwei Jahre später geboren wurde, gefolgt von Fateh 1981, war alles wieder in Ordnung.

Gul Mohamad und Homeira bauten ihr Haus ganz nahe bei den Eltern. Sie bekamen ein Stück Land, ein paar Möbel und Tiere. Dann kamen die Zwillinge und ein bitterkalter Winter, der das Dorf von der restlichen Welt abschnitt. Die Toten konnten nicht mehr in der gefrorenen Erde bestattet werden und mussten bis zum nächsten Tauwetter auf dem Dach gelagert werden.

Das Leben im Dorf war hart, vor allem von November bis März, wenn man gegen die Wölfe kämpfen musste, die um die Häuser schlichen und die Schafe rissen, und gegen die Kälte, die die Ernte auf den Feldern erfrieren ließ und die Menschen zwang, Tag für Tag das Eis auf dem Fluss aufzuhacken. Manchmal konnte man morgens nicht aus dem Haus und war auf die Unterstützung der Nachbarn angewiesen, die mithalfen, die Schneemassen wegzuschaufeln, die in wenigen Stunden gefallen waren. Für die Kinder war das ein Spaß, aber für die Eltern weniger.

Nachrichten über die politische Lage des Landes drangen nicht so schnell nach Garm-Ab durch. Es hatte Jahre gedauert, bis die Einwohner hier erfuhren, dass Mohammed Sahir mit seiner Familie ins Ausland geflohen war. Nur die Ältesten erinnerten sich noch an diesen Monarchen, der in der Gegend von Garm-Ab gejagt und dem Volk seine frisch angetraute Gemahlin vorgestellt hatte, die Homeira hieß. (Bilqis' Mutter war nach der Königin benannt worden.) Dann hatte sich eines Tages das Gerücht verbreitet, der Cousin des Königs, das neue Oberhaupt des Landes, sei ermordet und durch einen Präsidenten ersetzt worden. Die Bewohner von Garm-Ab verstanden überhaupt nichts mehr. Sie waren weit weg von den Ereignissen in Kabul, Soldaten ließen sich hier nur selten blicken, und erst recht keine bedeutenden Persönlichkeiten. Zeitungen gab es nicht, und niemand im Dorf besaß ein Radio. Man musste schon bis Mashed Nezar reisen, um Neuigkeiten zu erfahren, und die entsprachen nicht immer der Wahrheit, geschweige denn, dass sie nachprüfbar waren.

Eines Tages gegen Ende 1979, wurde die Bevölkerung auf dem Dorfplatz zusammengerufen. Es hatte aufgehört zu schneien, und alles war weiß: die Dächer, die Straße, der Brunnen, die Wäsche und der Baum, unter dem sie hing, die Gärten, die Zäune. Der Khan, der die Funktion eines Bürgermeisters im Ort hatte, ergriff das Wort.

»Heute Morgen ist ein Mann aus Alandar gekommen. Hier ist er. Er heißt Djan-Ali und hat mir Folgendes gesagt: Vor zwei Tagen sind die *Schorawi* zu tausenden in Afghanistan eingedrungen und haben Kabul besetzt, Mazar-Sharif und Kandahar. Sie bombardieren, töten, plündern und schrecken vor keiner Misshandlung zurück.«

Ein Murmeln lief durch die Menge. Die Frauen gingen nach Hause zurück und schlossen sich ein. Sie wussten, was mit »Misshandlung« gemeint war.

»Sie kommen noch lange nicht hierher, aber ihr müsst trotzdem auf der Hut sein. Eines Tages werden sie auch in unserer Gegend auftauchen. Lasst sie ihrer Wege ziehen und sprecht nur mit ihnen, wenn ihr gefragt werdet. Lasst sie nicht in eure Häuser, diese Leute sind wahre Teufel. Sie glauben nicht an unseren Gott, sie glauben an gar nichts, außer an Wodka und Geld.«

Garm-Ab lag fernab von allen Kriegswirren. Wer wusste schon, dass dieser Ort überhaupt existierte? Mit ein wenig Glück würde kein Sowjetsoldat sich jemals in dieser Gegend blicken lassen.

Es sollte noch drei Jahre dauern, bis eine Abordnung von ungefähr dreißig Soldaten in der Nähe des Dorfes nicht weit vom Fluss ihr Lager aufschlug. Niemand ging zu ihnen, so wie der Khan geraten hatte. Die Soldaten blieben zwei Wochen dort, dann zogen sie eines Morgens wieder ab, ohne die Bevölkerung zu behelligen. Das Dorf interessierte niemanden. Es war zu weit weg von allem. An einen Berghang geschmiegt, der zweitausend Meter in die Höhe ragte, war Garm-Ab vor zweihundert Jahren von Waldbauern errichtet worden, die im Lauf der Jahrzehnte den riesigen Hochwald aus Buchen, Eschen und Birken kahl geschlagen hatten. Im Tal floß ein Fluß, auf dem die Stämme zu der benachbarten Fabrik geflößt wurden. Der Ort hatte zahlreiche Belagerungen erlitten: Durch die Mongolen, Perser, Usbeken, Russen und sogar Chinesen, aber der Feind war jedes Mal zurückgeschlagen worden.

Diesmal jedoch war die Sache ernster. Eine riesige Walze hatte das ganze Land überrollt. Überall reisten Rekrutierungskommandos herum, bis in die entlegensten Provinzen, und riefen die Männer zum Kampf auf, sprachen von der Schlacht zwischen Gut und Böse, vom Kampf zwischen Satan und Gott. Acht junge und sechs ältere Männer im Dorf hatten bereits die Uniform angezogen. In der ersten Zeit hatten die Familienväter die Einberufung zu umgehen versucht, aber Homeira wusste, dass ihr Mann jeden Moment geholt werden konnte, und zitterte vor diesem Augenblick. Sobald sich ein Fremder im Dorf blicken ließ, befürchtete sie, dass er gekommen war, um weitere Kämpfer, Helden und künftige Märtyer zu holen.

Homeira liebte Muhamad, auch wenn sie nicht viel miteinander redeten. Ein *salam* am Morgen nach dem Aufwachen, ein *khoda hafez, bis bald,* wenn er zur Arbeit ging, und wenn er Hunger oder Durst hatte, brüllte er eines der Kinder an: »*Nahar hazer-e?*« oder »*Ab biar, zoud bash.*« Das Kind lief dann zur Mutter und fragte, ob das Essen fertig sei, oder kam mit einem Krug frischen Wassers zurück. Kein Kuss, keine zärtliche Geste. Alles wurde mit Blicken, mit Schweigen, mit raschen Bewegungen gesagt. Als Muhamad und Homeira 1985 den Entschluss fassten, noch ein sechstes Kind zu bekommen, lief alles mit der größten Selbstverständlichkeit ab. Bilqis, die damals acht Jahre alt war, war mit ihren Geschwister zu einem Geburtstagsessen bei ihrer Tante Shokar gegangen, die kaum hundert Meter weiter unten am Berghang wohnte. So war das Haus leer. Gul Mohamad legte sich mit nacktem Oberkörper auf die Decke und trank ein Glas Wasser. Er hörte, wie seine Frau in der Küche nebenan das Geschirr spülte, und wartete, bis sie fertig war. Dann rief er: »*Bia indja!*«

Keine Antwort. Er wiederholte seine Aufforderung.

Immer noch keine Antwort. Verwundert stand er auf und sah, dass Homeira im Garten war und die Wäsche aufhängte. Er wartete, bis sie zurückkam.

»*Bia indja?*«

Diesmal hatte Homeira verstanden. Gehorsam näherte sie sich ihrem Mann. Wortlos und ohne Scham zog sie ihre Kleider aus, streifte den Schal ab, mit dem sie ihr Haar bedeckte, und glitt unter ein Laken, das ihr Mann zu diesem Zweck auf dem Boden ausgebreitet hatte. Der sexuelle Akt wurde, so schnell und brutal er auch sein mochte, mit einer gewissen Diskretion und Schamhaftigkeit vollzogen: Niemals zeigten die Eheleute ihren Körper, niemals berührten sie das Geschlecht des anderen. Liebkosungen waren unbekannt, und man ließ keinerlei Gefühle oder Erregtheit erkennen. Auf diese Weise wurde Shahla gezeugt.

Sobald der Akt vollzogen war, stand Homeira als Erste auf, verhüllte ihren Körper mit ihren Kleidern und lief in die Küche. Sie goss Wasser in eine Schüssel und wusch sich, indem sie sich darauf hockte. Kurze Zeit später ging sie wieder ihren Arbeiten nach. Ihr Mann dagegen ließ sich alle Zeit der Welt mit seinen Waschungen, er zog eine Hose und ein Hemd an und ging zum Brunnen, um die beiden Wassereimer der Familie zu füllen.

Homeira wurde schwanger und brachte ihre dritte Tochter zur Welt. Gul Mohamad hatte gerade noch Zeit, sein Kind zu bewundern, dann wurde er eingezogen. Wortlos schnürte er sein kleines Bündel, das aus einem Hemd, einem Paar Schuhe, einer Unterhose, einem Taschentuch und ein wenig Erde aus seinem Garten bestand, die er in ein Fläschchen gefüllt hatte. Er küsste keines seiner Kinder, sondern begnügte sich mit einem kurzen *khoda hafez*. Er hoffte ja, dass er zurückkommen würde. Außer Mohamad waren noch drei weitere junge Familienväter eingezogen worden. Maryam weinte, ohne zu verstehen, wohin ihr Vater ging, und Homeira verschloss die Haustür. Eine ganze Woche lang wollte sie keinen Menschen sehen, nicht einmal ihre Schwester Shokat und ihre beste Freundin Tahareh.

Die Kinder fragten: »Wann kommt *Baba* wieder?«

»Bald, sehr bald.«

»Wann ist das, bald?«

»Nach dem Winter, wenn wir das *nowroz* feiern.«

Aber die Winter und Neujahrsfeste vergingen, und niemand im Dorf hörte je wieder etwas von den Männern, die in den Krieg gezogen waren.

Die Sowjets operierten in der Ferne, und manchmal konnte man sogar ihre Kanonen hören. Eines Tages landete ein Hubschrauber kaum fünfhundert Meter entfernt vom Dorf, und ein paar Männer sprangen heraus. Andere Männer drängten hinein, und mit ohrenbetäubendem Knattern stieg der Hubschrauber wieder in die Luft. Die Dorfbewohner, die das Ganze staunend mit ansahen, standen stumm und wie angewurzelt da. Die Tiere waren in alle Richtungen davongelaufen, die Vögel aufgestoben, und die Bäume hatten sich unter der Druckwelle gebogen.

An einem anderen Tag kamen zwei *Schorawi* nach Garm-Ab. Sofort gingen alle Türen und Fensterläden zu, aber einer der Soldaten trommelte an die Tür des Dorfladens.

»*Baz kone!* Aufmachen!«

Er musste dreimal rufen, ehe die Tür geöffnet wurde.

»*Salam alaikum*. Haben Sie keine Angst, ich spreche Ihre Sprache, ich bin Moslem.«

Der Ladenbesitzer war wie versteinert.

»Haben Sie Streichhölzer und Tabak?«

»Streichhölzer, ja, hier. Aber ich habe nur Tabak für Pfeifen und Wasserpfeifen.«

»Pfeifentabak ist in Ordnung.«

»Geben Sie mir auch ein Pfund *shirini*, die sollen köstlich sein, habe ich gehört. Woraus machen Sie Ihre Bonbons?«

»Aus Honig und Rosenwasser, manchmal aus Kirschen, wenn wir welche haben.«

Die Soldaten bezahlten und gingen. Kaum waren sie weg, stürzte das ganze Dorf in den Laden: »Jetzt erzähl schon!«

Zehnmal, zwanzigmal musste der Ladenbesitzer wiederholen: »Ja, sie sprechen unsere Sprache, ja, sie sind Muslime. Sie waren höflich und haben bezahlt.«

Monatelang war dieses Ereignis Ortsgespräch.

Eines Morgens in aller Frühe wurde heftig an Homeiras Haustür gehämmert. Die Sonne war noch nicht aufgegangen.

Bilqis machte drei Soldaten die Tür auf.

»Ist dein Vater da?«

»Nein, nur meine Mutter.«

»Dann hol sie.«

Homeira bedeckte ihre Haare mit einem Schal und legte ein Tuch um die Schultern.

»Wo ist dein Mann?«

»Er ist vor langer Zeit fortgegangen. Er wurde von Männern abgeholt, die ich nicht kenne. Ich weiß nicht, wo er jetzt ist.«

»Wer sind diese Männer?«

»Ich weiß es nicht.«

»Welche Sprache haben sie gesprochen?«

»Dari, Persisch.«

»Das sind diese Verräter von Mudschaheddin, gib es nur zu.«

»Ich war am Fluss und habe Wäsche gewaschen, als er fortgegangen ist. Als ich wieder zurückgekommen bin, war er schon weit weg.«

»Weißt du, wer wir sind?«

»Ihr seid afghanische Soldaten.«

»Wir sind Soldaten, die alle Verräter und alle Feinde der Nation suchen, alle Deserteure und Feiglinge. Verstehst du, was ich dir sage?«

»Ja, ich verstehe es.«

Aus dem Hausinneren drang Geschrei.

»Wie viele Kinder hast du?«

»Gott hat mir sechs geschenkt, drei Jungen und drei Mädchen.«

»Lasst uns hineingehen und nachsehen«, sagte einer der Soldaten misstrauisch.

»*Mach' Allah!* Seht euch das an! Wer von euch ist am ältesten?«

»Ich«, sagte Bilqis. »Ich bin zwölf Jahre alt, glaube ich.«

»Und der Jüngste, ist das der hier?«

»Shahla hier ist die Jüngste, sie ist erst drei Jahre alt.«

»Dein Mann heißt Gul Mohamad, nicht wahr?«

»Ja, Gul Mohamad, Sohn des Gul Ahmad.«

»Kennt er die kleine Shahla?«

»Er hat sie gesehen, bevor er in den Krieg gezogen ist.«

»Dann ist er also seit drei Jahren fort, ist das richtig?«

Homeira senkte den Kopf. Was wollte er ihr sagen? Dass ihr Mann tot war? Dass er ein Verräter war?

»Wie viele Männer sind fortgegangen? Zwanzig, dreißig, noch mehr?«

»Ich weiß nicht, wie viele es waren. Ich weiß nur, dass es hier keinen einzigen Mann mehr zwischen fünfzehn und dreißig gibt, außer ein paar Kranken und Krüppeln, Gott sei mein Zeuge.«

»Lass Gott aus dem Spiel. Wir haben erfahren, dass gewisse Männer aus dem Dorf in den letzten Wochen hier in der Gegend bis nach Sard-Ab hinunter gesehen wurden. Weißt du etwas darüber?«

»Ich habe schon lange keinen Mann mehr im Dorf

gesehen. Wir Frauen machen die ganze Arbeit und versorgen die Tiere. Männer habe ich keine gesehen, weder bei mir noch bei den Nachbarinnen.«

Die drei Soldaten gingen von Haus zu Haus und stellten überall dieselben Fragen, inspizierten und durchwühlten alles und kehrten das Unterste zuoberst, wenn ihnen etwas verdächtig erschien.

Am Abend kamen die Ältesten zusammen. Seit einiger Zeit ging die Nachricht herum, dass die *Schorawi* abziehen und die afghanische Armee an ihre Stelle treten würde. Dann würde alles besser werden …

»Und die Frauen, was soll aus denen werden ohne ihre Männer?«

»Mach dir keine Sorgen. Mit Gottes Hilfe werden die Männer heil und unversehrt zurückkommen, du wirst schon sehen.«

»Und wenn sie doch nicht zurückkommen?«

»Dann müssen wir uns um die Witwen kümmern.«

»Das wird nicht leicht sein. Meine Schwiegertochter hat mir gesagt, dass sie nicht wieder heiraten möchte, und dabei ist sie erst vierzig!«

»Und ich habe die Frau meines Bruders geheiratet, als er gefallen ist. Nun, sie hat mir drei Kinder geschenkt. Der Älteste ist auch in den Krieg gezogen.«

»Aber wie stellst du dir das vor, dass wir in unserem Alter Frauen heiraten, die dreißig oder vierzig Jahre jünger sind, die unsere Töchter oder sogar unsere Enkelinnen sein könnten?«

»Gott hat uns Stärke und Manneskraft geschenkt. Ich kann zwei Frauen haben. Im Augenblick habe ich nur eine, besitze Land und Tiere, ein Haus mit drei Zimmern – da ist noch Platz für eine zweite Frau. Zahra zum Beispiel würde mir gut gefallen …«

»Zahra? Die Tochter von Shir Ali? Ist das dein Ernst? Es heißt, dass sie krank sei. Ihr Gesicht ist von kleinen Löchern entstellt.«

»Ich erinnere mich noch gut an das kleine Mädchen, das sie einmal war. Sie war wunderschön! Mein Neffe hat sie zur Frau genommen. Ich habe sie aufwachsen, Frau und Mutter werden sehen, und ich habe sie nie vergessen. Wenn sie mich will, nehme ich sie. Und außerdem hat sie Tiere, Land …«

»Schämst du dich nicht, so zu reden? Und wenn Shir Ali nun doch zurückkommt?«

»Er kommt nicht zurück, das weiß ich. Keiner von unseren Söhnen kommt zurück. Gott ist böse auf uns.«

»Gott ist niemals böse, das weißt du. Es ist eine Gotteslästerung, so etwas zu sagen.«

»Was soll ich sonst sagen?«

»Sag einfach, dass der Allmächtige im Augenblick traurig ist und uns den Rücken kehrt. Wenn wir uns gebessert haben, wird er uns wieder in Gnaden aufnehmen.«

An diesem glühend heißen Herbsttag des Jahres 1998 herrschte große Aufregung im Tal. In der Ferne stiegen Staubwolken zum Himmel auf. Motoren dröhnten und Hubschrauber knatterten. Ein paar Männer aus dem Dorf wagten sich über die Grenzen ihrer Felder hinaus bis über die umliegenden Hügel.

Als sie am Abend zurückkamen, riefen sie die Ältesten zusammen, um sich zu beraten. Es wurde Tee serviert, und die Pfeife ging von Mund zu Mund.

»Die *Schorawi* ziehen jetzt ab. Das steht fest.«

»Gott sei gelobt! Zehn Jahre sind eine lange Zeit ...«

»Und all das Blut, das vergossen wurde. Unsere Söhne, die nicht zurückgekommen sind ...«

»Seid ihr ganz sicher, dass die *Schorawi* abziehen?«

»Sie haben zwei Eisenbrücken über den Fluss gebaut, auf denen die Lastwagen und Panzer nach Norden fahren.«

»Ich habe auch Soldaten zu Fuß über die Brücke gehen sehen. Sie haben gejohlt und gelacht.«

»Dem Allmächtigen sei Dank!«

»Wann werden wir es offiziell erfahren? Niemand hat uns bis jetzt etwas gesagt.«

»Wenn wir in drei Tagen immer noch nichts gehört haben, gehe ich nach Alandar. Dort müssen sie es wissen, dort haben sie Radios.«

»Und Telefone.«

Die Frauen wurden informiert, dass die Sowjets allem Anschein nach aus Afghanistan abzogen. Homeira hörte es von ihrer Nachbarin.

»Das bedeutet, dass Gul Mohamad ...« Sie brachte ihre Frage nicht zu Ende.

»Das steht außer Frage. Bete zu Gott, er wird ihn dir zurückgeben.«

»Und du, wie wird es mit dir weitergehen?«

»Du weißt doch, dass mein Mann seit drei Jahren tot ist. Das haben sie mir gesagt.«

»Aber wird man dir seinen Leichnam zurückbringen?«

»Ich glaube nicht. Er wurde mit drei Kameraden in der Gegend von Herat begraben. Herat ist weit. Er möge in Frieden ruhen, wo immer er auch sein mag. Warum sollen wir ihn jetzt noch stören? Es ist besser so.«

Die Bewohner von Garm-Ab und Sard-Ab wurden offiziell darüber informiert, dass die Feinde abzogen, dass die Waffen ruhten, dass der Allmächtige das Vaterland gerettet hatte, dass die Männer zurückkehren würden und das Leben wieder seinen gewohnten Gang gehen würde, so wie früher, vor dem Krieg.

Drei invalide Männer kehrten ins Dorf zurück: ein Einbeiniger, ein Einäugiger und ein Einarmiger; ein trauriger Anblick, dem das Dorf mit Schmerz und Würde begegnete. Gul Mohamad war nicht unter den Heimkehrern. Homeira wusste längst, dass sie Witwe war, und für sie änderte sich ihr Leben dadurch nicht. Aber sie musste jetzt ihren Kindern erklären, dass ihr Vater nicht zurückkommen würde.

»Wo ist *Baba*?«

»Dort oben, im Himmel. Er sieht uns und liebt uns. Er wacht über uns. Ihr müsst ihn jeden Tag darum bitten, von früh bis spät.«

3 »Mama, ich bin beschmutzt worden …«

»Bilqis, komm her!«

Die Stimme der Mutter riss die Kinder aus dem Mittagsschlaf. Die Sonne stand im Zenith, und die Geschwister ruhten sich im Schatten einer Weide aus. Die Hitze war so drückend, dass sich selbst die Lämmer hingelegt hatten.

»Bilqis, komm her!«

Das Mädchen sprang auf, zog den Schal auf seinem Haar zurecht und lief ins Haus.

»Da bist du ja endlich! Wenn ich dich rufe, möchte ich, dass du ein bisschen schneller kommst. Hast du gehört, was ich dir gesagt habe?«

»Ja, Mutter, verzeih mir.«

»Seit dein Vater fort ist, muss ich alles allein machen. Du bist die Älteste, du musst mir helfen. Geh zum Fluss und wasch die Wäsche, aber diesmal richtig! Gestern waren die Laken noch schmutzig.«

Der Fluss führte unterhalb des Dorfs vorbei. Man hörte sein Rauschen, aber man sah ihn nicht. Es war ein reißender Fluss, der schon viele unvorsichtige Kinder und verirrte Tiere fortgerissen hatte. In den langen Wintermonaten war er mit einer dicken Schnee- und Eisschicht bedeckt, und es wurde still im Tal, eine Stille, die nur vom Heulen hungriger Wölfe durchbrochen wurde.

Tag für Tag trug Bilqis auf ihren schmalen Schultern ein schweres Bündel bunter Wäsche zum Fluss hinunter, die sie über eine Stunde lang wusch. Wenn sie sich am Ufer niedergelassen hatte, hörte sie nur noch das Rauschen des Flusses. Sie stellte ihren Korb immer an denselben Platz, an eine Biegung des Flusses, wo die Strömung langsamer war. Sie sang, während sie ihre Wäsche über einem flachen, glatt geschliffenen Stein rieb. Heute war Djamileh nicht mit ihr gekommen. Djamileh war die Tochter der Nachbarn und Bilqis' einzige Freundin.

Am Ufer kauernd wusch sie sorgfältig die Sachen ihres kleinen Bruders. Sie wusste, dass die Mutter schimpfen würde, wenn nicht alle Flecken herausgingen, und sie wusste auch, dass der Rückweg lang war, der Hang steil und die nasse Wäsche schwer.

Sie ließ sich Zeit und rieb die Wäsche mit aller Kraft, während sie die Melodien vor sich hinsummte, die ihre Mutter ihr beigebracht hatte.

»Komm nicht zurück, bevor die Sonne hinter den Hügeln verschwunden ist«, hatte die Mutter sie ermahnt. »Wasche alles sorgfältig!«

Bilqis wusste, dass die Sonne noch lange scheinen würde. Wenn sie die Wäsche ausgewrungen hatte, würde sie sie schnell zum Haus hinauftragen und dann an der Leine aufhängen. Noch vor dem Abend wäre dann alles wieder trocken.

Am Rand des Wassers
sitzt ein kleiner Vogel,
er sieht mir beim Schlafen zu,
er taucht seinen krummen Schnabel ein,
seine Kehle ist rot,
er sieht mich ängstlich an,
er, er, er …

Plötzlich erstarrte sie. Im Wasser spiegelte sich ein Gesicht. Sie wagte nicht, sich umzudrehen. Ihr Herz schlug immer schneller, ihre Bewegungen wurden hastig und fahrig. Sie wollte dieses Männergesicht auslöschen, das sie im Wasser entdeckt hatte. Dreimal, viermal rieb sie ihr Laken, immer kräftiger, aber jedes Mal sah sie den Mann wieder, der hinter ihr stand. Sie war wie gelähmt vor Angst, konnte sich nicht rühren.

»*Salam!*«

Die Stimme war sanft, ruhig.

»Hab keine Angst, ich tu dir nichts.« Der Mann kam einen Schritt näher, dann blieb er stehen.

»Schau mich an – siehst du, ich spreche deine Sprache.«

Bilqis richtete sich auf ohne sich umzudrehen.

»Willst du Bonbons? Ich habe welche in meiner Tasche. Himbeer-, Zitronen- oder Orangengeschmack. Hier, nimm eins.«

Das Mädchen spürte plötzlich eine Hand auf ihrer Schulter. Einen Augenblick lang schaute sie den Mann an, dann senkte sie die Augen.

»Hier, nimm.«

Sie nahm das Bonbon und behielt es in der Hand.

»Du darfst es nicht zerbeißen, nur lutschen. Merkst du, wie gut das schmeckt?«

Der junge Mann war noch keine achtzehn Jahre alt, dunkelhäutig und sonnenverbrannt. Er hatte schwarze Haare, asiatische Gesichtszüge und trug eine Soldatenuniform, die das Mädchen sofort erkannte: ein bewaffneter Sowjetsoldat in voller Montur mit Stiefeln und Helm.

»Hab keine Angst, ich spreche deine Sprache, ich habe denselben Glauben wie du. Ich heiße Rahim, ich spreche dieselben Gebete wie du.«

Er kam näher.

»Und du, wie heißt du?«

Das Mädchen öffnete den Mund, brachte aber keinen Ton heraus.

Sie machte einen Schritt zurück, stolperte über einen Stein und stürzte. Der Soldat nahm ihren Arm und half ihr auf. Ein Kleidungsstück war ins Wasser gefallen, und er fischte es heraus.

»Hast du dir wehgetan?«

Bilqis schüttelte den Kopf.

»*Al hamdo-l-Allah,* Gott sei Dank.«

Rahim legte seine Waffe weg, nahm seinen Helm ab und hockte sich hin.

»Komm, ich helfe dir, dann geht es schneller. Danach tragen wir die Wäsche zu dir nach Hause. Das ist doch viel zu schwer für ein Kind wie dich!«

Ohne ein Wort zu wechseln, wuschen das Mädchen und der Soldat die Wäsche im Flusswasser, mit denselben rhythmischen und geschickten Bewegungen. Rahim stimmte ein Lied aus seiner Heimat an.

»Ich bin Tadschike, und mein Dorf heißt Gilikut. Wir haben auch einen Fluss, er heißt Vahs, und ich helfe meiner Mutter oft, wenn sie dort die Laken und Kleider der Familie wäscht.«

Er musterte das Mädchen, das immer noch nicht den Blick zu heben wagte.

»Hast du eine Mama?«

Bilqis nickte.

»Und Geschwister?«

Sie nickte wieder.

»Und einen Papa?«

Sie zögerte einen Augenblick, ehe sie erneut nickte.

»Komm, wir sind fertig. Jetzt wringen wir die Wäsche aus, damit das ganze Wasser herausgeht, dann ist sie nicht so schwer zu tragen.«

Diesmal war Bilqis gezwungen, Rahim in die Augen zu sehen; er stand vor ihr und lächelte sie an. Bilqis lächelte auch. Der Soldat fing fröhlich an zu singen.

»Weißt du, warum ich so froh bin?«

»Nein«, murmelte Bilqis.

»Weil ich nach Hause in mein Land zurückdarf. Ich habe meine Mutter seit zwei Jahren nicht mehr gesehen. Mein Vater ist tot, und sie muss für meine beiden kleinen Schwestern und meine drei Brüder sorgen. Das ist schwer für eine alleinstehende Frau.«

Rahim setzte seinen Helm wieder auf, hängte sich das Gewehr über die Schulter und packte den Korb am Henkel.

»*Ya Allah!* Komm!«

Kaum waren sie ein paar Schritte den Weg entlanggegangen, der vom Flussufer bergauf führte, da schrie jemand von oben herunter: »He, du, was machst du da?«

Der Soldat hob den Kopf und erkannte seinen Kameraden Vassili.

»Ich helfe ihr, die Wäsche hinaufzutragen.«

»Stell das auf den Boden, das ist nicht deine Aufgabe.«

»Nur den Steilhang rauf.«

Das Klicken eines Maschinengewehrs war zu hören.

»Stell das sofort hin, oder ich schieße.«

Der junge Mann stellte den Korb auf den Boden und schaute seinen Kameraden an, der die Waffe auf ihn gerichtet hatte.

»Und jetzt?«

»Jetzt steigst du schleunigst dort hinauf und gehst zu unserer Einheit zurück, bevor ich Meldung mache. Ich kümmere mich um die Kleine, na los, hau ab!«

Bilqis stand die Angst ins Gesicht geschrieben. Sie ließ den Korb los, an den sie sich geklammert hatte, und sah voller Entsetzen, wie der Mann zu ihr herunterkam. Vassili war groß und blond und hatte wasserblaue Augen, die tief in den Höhlen lagen. Er grinste breit. Als er nur noch einen Schritt von dem Mädchen entfernt war, blieb er stehen und fragte: »Wie heißt du? Dein Namen? Fatmeh? Massumeh? Wie?«

»Bilqis.«

»Bilqis. Du heißt Bilqis. Das ist doch kein Name! Und wie alt bist du?«

Das Mädchen schüttelte den Kopf und zuckte mit den Schultern.

Er zählte an seinen Fingern ab, um ihr begreiflich zu machen, was er wollte.

»Na, wie alt? Elf Jahre, zwölf? Oder mehr?«

Bilqis hob ihre rechte Hand und zählte. Sie hörte bei zwölf auf.

»Ah! Zwölf bist du also. Du siehst älter aus. Du bist groß und schön.«

Er berührte ihre Wange, und sie machte einen Schritt zurück.

»Hab keine Angst, ich tu dir nichts. Ich heiße Vassili. Komm näher ...«

Bilqis machte wieder einen Schritt zurück und stieß beinahe gegen einen Felsblock. Der Soldat packte sie und zog sie an seine Brust. Kein Schrei drang aus ihrem Mund, sie ließ sich fallen und schloss die Augen.

»Mein Gott, vergib mir ...«

Vassili hatte sich neben Bilqis ausgestreckt und versuchte ihren Rock hochzuziehen. Er schaffte es nicht gleich und wurde wütend. Schließlich riss er einen Dolch aus seiner Tasche und zerfetzte den geblümten Stoff. Ein Schenkel kam zum Vorschein, dann der zweite. Die raue Hand des Soldaten streichelte das zarte, weiße Fleisch und glitt bis zu Bilqis' Baumwollunterhose hinauf.

Der Sowjetsoldat hatte seit Monaten keine Frau mehr angefasst, und diese leichte Beute, dieses Kind, das mit Sicherheit noch Jungfrau war, machte ihn halb wahnsinnig vor Erregung. Er schwitzte stark in der einengenden Uniform unter der roten Sonne, die ihm auf den Rücken brannte. Es gelang ihm nicht, die Unterhose des Mädchens herunterzuzerren, und er richtete sich auf und kniete über ihr. Dann zog er seine Jacke aus, knöpfte seine Hose auf und riss die Unterhose des Mädchens brutal herunter. Bilqis rührte sich immer noch nicht. Langsam zwang er ihre Schenkel auseinander und schaute sie an.

»Du bist schön, weißt du das? Du bist noch ein Kind, deine Haut ist ganz zart ... Du bist noch unbehaart, so was habe ich noch nie gesehen – wie eine Puppe ... Lass uns ein bisschen spielen ...«

Er schob seine Hand zwischen ihre Schenkel und streichelte ihre Scham. In diesem Moment öffnete Bilqis die Augen und starrte ihren Vergewaltiger an. Ein fürchterlicher Schrei drang aus ihrer Kehle, ein durchdringender, endloser Schrei, der einen Raben aufschreckte und Vassili aus der Fassung brachte.

»Halt den Mund, du schmutzige Hure!«

Das ganze Tal hallte von ihren Schreien wider, aber niemand rührte sich. Die Leute hatten in den letzten zehn Jahren gelernt, sich nicht in die Angelegenheiten der Besatzer einzumischen: Vergewaltigungen gab es zu tausenden, und Morde auch. In der Ferne bellte ein Hund, eine Mutter rief ihre Kinder, die Leute verbarrikadierten sich in ihren Häusern.

Bilqis wehrte sich gegen den massigen Körper des Soldaten. Sie schleuderte ihm Erde ins Gesicht, er ohrfeigte sie brutal und legte sich auf sie, während er ihre Schenkel gespreizt hielt. Bilqis biss ihn ins Ohr, riss ihm die Haare nach hinten, aber es nützte nichts. Sie spürte einen heftigen Schmerz im Unterleib, eine Hitze stieg in ihr hoch, und dann nichts mehr.

Vassili lag mit heruntergelassener Hose auf seinem Opfer. Er schien eingeschlafen zu sein oder war zumindest erschöpft von der Anstrengung. Er hörte den Mann nicht, der über ihm den Hang herunterkam, langsam eine Pistole aus dem Halfter zog, die Mündung auf seinen Hinterkopf richtete und abdrückte. Der Knall war ohrenbetäubend. Das Echo der umliegenden Berge warf ihn tausendfach zurück. Raue Stimmen ertönten, Befehle wurden gebrüllt, Stiefeltritte näherten sich. Ein Trupp Soldaten kam den Hang heruntergestürmt und hielt abrupt an.

»Was ist los, Rahim?«

Der junge Tadschike drehte sich um, die Waffe in der Hand.

»Vassili, Herr Feldwebel.«

»Was hat er gemacht?«

»Er hat ein zwölfjähriges Kind vergewaltigt.«

»Na und?«

»Da hab ich ihm eine Kugel in den Kopf geschossen, Herr Feldwebel.«

»Leg deine Waffe weg, Rahim.«

Der Soldat gehorchte und hob die Arme. Wieder ertönte ein lauter Knall in der grellen Sonne. Der junge Tadschike stürzte zu Boden, mitten zwischen die Augen getroffen.

»Hebt die Leichen auf, los, marsch, ein bisschen schneller!«

Vier Soldaten packten Rahim und Vassili und stiegen mit ihnen den Hang hinauf, während Bilqis in einer Blutlache zwischen der verstreuten Wäsche lag. Niemand interessierte sich für ihr Schicksal oder bemerkte ihren krampfhaften, stoßweisen Atem. Die Sonne war hinter dem Hügel verschwunden, und Bilqis wusste, dass ihre Mutter sich allmählich Sorgen machen würde. Ihr Bauch und ihre Schenkel brannten, aber sie wusste nicht, was ihr geschehen war.

Sie schlief einen Augenblick lang ein, wachte dann aber auf, als die Kälte in ihr hochkroch. Langsam drehte sie sich auf die rechte Seite, stützte sich auf ihren Ellbogen und versuchte sich aufzurichten. Sie blickte sich um. Alles war still, nur der Fluss rauschte friedlich zwischen den Steinen und Ufern dahin. Als Bilqis ihre schmutzige, verstreute Wäsche sah, wollte sie aufstehen, aber ihr Unterleib schmerzte entsetzlich. Mit vorsichtigen Bewegungen kam sie auf die Beine, wankte, fiel wieder auf die Knie und stand noch einmal auf. Einen Augenblick wurde ihr schwindelig, und sie breitete die Arme aus, um nicht zu stürzen. Dann schaute sie sich um und erstarrte. Ein Soldat stand vor ihr und schaute sie schweigend an, ohne Waffe, ohne Helm, das Hemd offen, und zog an einer Zigarette.

»*Salam!*«

Bilqis brach fast in Tränen aus. Auf einmal fiel ihr alles wieder ein – Rahim, dann Vassili, dann die Gewehrschüsse. Aber wie war es möglich, dass ihre Mutter und die anderen Dorfbewohner ihr nicht zu Hilfe geeilt waren?

»*Salam*«, wiederholte der Soldat.

Bilqis nickte leicht mit dem Kopf, brachte aber kein Wort heraus.

Als der Sowjetsoldat seine Zigarette fertig geraucht hatte, stand er auf, zog seinen Hemdkragen zurecht, strich sich mit der Hand durchs Haar und lächelte sie an. Er sprach ein paar Worte Persisch.

»*Na tars, na tars* – hab keine Angst.«

Der Mann kam mit langsamen Schritten den Hang herunter und grinste immer breiter. Bilqis setzte sich auf einen Stein, und Tränen liefen ihr über die Wangen. Das Bild des näher kommenden Mannes verschwamm. Sie spürte nur zwei kräftige Hände, die sich auf ihre Schultern legten und sie festhielten, bevor sie ohnmächtig wurde.

»*Na tars, na tars …*«

Er legte sie behutsam auf den Boden und ging zum Fluss. Dort füllte er eine Feldflasche mit Wasser und besprengte das Gesicht des Mädchens. Sie zitterte, öffnete die Augen und lächelte den Fremden scheu an. Ihr Schal war heruntergeglitten und gab ihr dichtes, schwarzes Haar frei. Der Soldat streichelte sanft dieses unbekannte Gesicht, das mit Tränen und Erde verschmiert war.

»*Na tars, na tars*«, wiederholte er unablässig.

Dann glitt seine Hand an Bilqis' Hals und Brust herunter. Bilqis rührte sich nicht, presste jedoch die Knie zusammen. Sie hatte Angst, versuchte aber, sich nichts anmerken zu lassen.

»*Man Sergej!* Sergej! Ich heiße Sergej!«

Bilqis öffnete ihre fein gezeichneten Lippen, aber kein Ton kam aus ihrem Mund. Die Hand glitt weiter an ihrem Körper hinunter, immer tiefer, bis zu ihrem weiten, geblümten Rock, auf dem das Blut getrocknet war. Der Soldat kämpfte mit dem Stoff, hob ihn hoch, legte die Knöchel frei, dann die ganzen Beine. Das Mädchen wandte das Gesicht ab und weinte.

Sergej hielt einen Augenblick inne, betrachtete die kindlichen Züge des Mädchens, das er gleich vergewaltigen würde, und setzte seine Erkundung fort. Seine Hand glitt fieberhaft über diesen willenlosen Körper, der sich nicht mehr zur Wehr setzte und ihn immer mehr erregte.

»*Na tars* … *Duset daram* … Ich liebe dich …«

Dann ging alles sehr schnell: Er knöpfte seine Hose auf und legte sich vorsichtig auf sein Opfer. Das Kind rührte sich nicht und ließ ihn machen. Wie ein ausgehungertes Tier drang er in sie ein und stöhnte vor Erleichterung. Er hatte seit Monaten keine Frauen mehr gehabt, und die Bordelle von Herat widerten ihn an. Er kam mit einem Triumphschrei, in den er seine ganze Kraft, seinen ganzen Willen und die gesamte Wut legte, die er im Bauch hatte, seit er die Uniform trug.

»Sergej, was machst du da?«

Drei Soldaten schauten ihm neugierig zu. Der Mann richtete sich auf und brüllte zu seinen Kameraden hinauf: »Los, kommt her, das ist eine tolle Nummer! Die lässt alles mit sich machen, sie ist noch ein Kind.«

Die drei Kameraden kamen den Hang heruntergestürzt und sahen Bilqis, die mit entblößtem Körper dalag, die Schenkel gespreizt, das Gesicht von ihrem aufgelösten Haar bedeckt. Reihum vergewaltigten sie das reglose Mädchen und befriedigten ihre Begierden und Fantasien an ihm. Dann zogen sie ihre Hosen wieder an und kehrten fröhlich plaudernd in ihr Lager zurück.

»Heute Abend packen wir unsere Sachen, und dann geht's nach Hause!«

»Wenigstens können wir jetzt eine schöne Erinnerung aus diesem Dreckloch mit nach Hause nehmen. Zehn Jahre in so einem Scheißhaufen, das reicht!«

Es wurde dunkel über der Ebene. Ein paar Lichter gingen im Nachbarort an. Ein Wolf heulte, die Abendkälte breitete sich aus, die Leute schlossen sich in ihren Häusern ein. Seit ein paar Wochen wussten sie, dass die Sowjetsoldaten das Land verlassen würden, hatten erlebt, wie brutal und unzivilisiert sie waren. Es wurde gemunkelt, dass Frauen verschwunden waren, dass man ihre Leichen irgendwo gefunden hatte …

»*Madar djan*, Bilqis ist immer noch nicht zurück.«

Die Mutter schwieg. Unermüdlich stellte der Junge ihr dieselbe Frage: »Es wird gleich Nacht, soll ich sie suchen gehen?«

Homeira Khanoum antwortete nicht, sondern kochte das Abendessen für ihre große Kinderschar. Sie wusste, dass etwas passiert war, ließ sich aber nichts anmerken. In der Ferne hatte sie Soldaten gesehen, die sich in ihrem Lager außerhalb des Orts zu schaffen machten, und sie hatte ihren Kindern verboten, den Garten zu verlassen. Jeder konnte die Panzer, Lastwagen, Kanonen sehen. Seit zehn Jahren war es immer dasselbe: Man ging einander aus dem Weg und geriet in Panik, sobald Soldaten sich dem Dorf näherten, um Wasser zu holen oder ein Schaf oder Huhn zu stehlen.

»*Madar djan*, wo ist Bilqis?«

Von Zeit zu Zeit schaute die Mutter aus dem einzigen Fenster der Wohnstube, dann ging sie wieder an ihre Arbeit. Schließlich konnte sie Fatehs unablässige Fragerei nicht mehr ertragen, schlug ihn auf den Kopf und schrie: »Schluss jetzt! Geh Holz holen!«

»Das hab ich doch schon gemacht!«

»Dann mach es noch einmal. Du gehst mir auf die Nerven. Ich habe keine Zeit, dir zu antworten.«

Homeira war besorgt. Ihre Tochter verspätete sich nie und war jetzt schon seit vier Uhr weg. Aber Homeira weigerte sich, vom Schlimmsten auszugehen …

Sie legte einen Schal um ihre Schultern, befahl ihren Kindern, sich nicht von der Stelle zu rühren, und ging zu ihrer Nachbarin.

»Ist deine Tochter schon zurück?«

»Schon lange, warum?«

»Ich warte immer noch auf Bilqis, sie ist nicht zurückgekommen.«

»Wo ist sie denn hingegangen, um ihre Wäsche zu waschen?«

»In Richtung Kenar-Ab, wo sie immer hingeht. Und deine Tochter – wo ist sie?«

»Sie hat einen Abstecher zum Bürgermeister gemacht, und dann ist sie zu den anderen Frauen nach Sard-Ab gegangen.«

Die Nachbarin rief Djamileh: »Hast du Bilqis heute Nachmittag gesehen?«

»Nein, warum?«

»Nur so, geh wieder an deine Arbeit.«

Homeira verabschiedete sich von ihrer Freundin. Ein paar Schritte von ihrem Haus entfernt hörte sie ein Geräusch im Stall, das wie ein Röcheln klang. Sie ging leise hinüber, machte die Tür auf und sah eine Gestalt auf dem Stroh liegen. Sie beugte sich hinunter.

»Bist du das, meine Tochter?«

Das Bündel atmete mühsam und keuchend.

»Bilqis, bist du das?«

»*Madar djan … Madar djan*«, wimmerte das Mädchen.

Homeira beugte sich noch tiefer hinunter.

»Du bist es doch, meine Tochter? Du bist es doch?«

»Ja, ich bin's.«

Dann verlor Bilqis das Bewusstsein. Homeira hob sie vom Boden auf und brachte sie ins Haus. Sobald sie ins Licht kamen, sah sie, dass das Gesicht ihrer Tochter mit Schlamm und Erde beschmiert war und dass ihre Kleider blutverkrustet waren. Sie stieß einen Schrei aus, fasste sich aber schnell und befahl mit fester Stimme: »Bringt mir schnell Wasser und ein paar saubere Laken. Macht schnell! *Ya Allah!*«

Sie hielt eine brennende Kerze über das Gesicht ihrer Tochter und flüsterte ihr ins Ohr: »Bilqis, *batcheye man* – mein Kind, was ist passiert?«

Das Mädchen öffnete ein paar Sekunden lang die Augen, dann fiel ihr Kopf wieder zur Seite.

»Wasser, schnell!«

Die Mutter, außer sich vor Schreck, befeuchtete die Lippen ihrer Tochter mit einem Tuch, dann betupfte sie ihre Augen und säuberte langsam und systematisch, mit unendlicher Liebe und Zärtlichkeit, das Gesicht und den Hals ihrer Ältesten. Die Haare waren voller Schlamm, die Hände und Nägel schmutzig. Das Blut ging nur schwer ab, denn es war bereits angetrocknet. Wie eine Wölfin, die ihr verletztes Junges pflegt und wärmt, verband Homeira die Wunde an Bilqis' Stirn und säuberte Strähne für Strähne das schwarze Haar, das mit Erde und Gras verklebt war. Dann flößte sie ihr etwas zu trinken ein, redete mit ihr und sang ihr vor, um sie zu trösten.

»Kannst du mich hören, mein Kind?«

Fünf kleine dunkle Köpfe schauten neugierig zu, wie die Mutter sich um Bilqis bemühte. Im Zimmer war es still, nur der Ofen knackte und gab ein wenig Licht.

»Bilqis, ich bin's, deine Mutter, hörst du mich? Wenn du mich hören kannst, dann bewege deinen Kopf, aber langsam.«

Das Mädchen öffnete wieder die Augen, schaute die Mutter an und bewegte den Kopf von oben nach unten.

»Dem Himmel sei Dank, sie hat mich gehört! Ruh dich jetzt aus. Du darfst dich nicht anstrengen, ich bringe dir später ein wenig Suppe.«

Die ganze Nacht wachte Homeira über ihr Kind.

Bilqis war in einen unruhigen Schlaf gefallen, der von Schluchzen und leisem Wimmern unterbrochen war.

»Schlaf nur, ich bin ja bei dir.«

Als der Morgen graute, stand die Mutter leise auf, schürte die Glut und legte ein Scheit ins Feuer. Sie setzte Wasser für eine flüchtige Morgentoilette auf, kämmte sich die Haare und wusch Arme und Beine, indem sie die Röcke schürzte. Dann fuhr sie sich mit dem Finger über die Zähne und rieb sie energisch.

»*Madar djan, Madar!*«

Der Schrei ließ Homeira das Blut in den Adern stocken, und sie stürzte zum Lager ihrer Tochter. Die anderen Kinder rührten sich im Schlaf.

»*Madar*, wo bist du, Mutter?«

»Ich bin da, mein Kind, hab keine Angst. Ich wache über dich.«

Bilqis starrte ihre Mutter mit weit aufgerissenen Augen voller Angst an.

»*Na tars*, hab keine Angst, mein Kind, ich habe dir Tee und Brot gemacht.«

»*Madar, Madar djan*, warum bist du nicht gekommen? Warum nur …?«

Die Mutter verstand nicht. »Wohin, meine Tochter? Wohin bin ich nicht gekommen?«

»Warum bist du nicht zum Fluss gekommen, als ich dich gebraucht habe?«

»Aber du machst die Wäsche doch immer allein! Du brauchst mich schon lange nicht mehr dafür! Das kannst du sehr gut allein. Du hast selber gesagt, dass du allein waschen willst, weißt du nicht mehr?«

»Die Soldaten, die Soldaten sind gekommen …«

»Welche Soldaten?«

Bilqis zögerte und schaute ihre Mutter mit brennenden Augen an.

»Welche Soldaten?«

»Die *Schorawi*.«

Bestürzung zeichnete sich auf Homeiras Gesicht ab. »Ich weiß, sie haben ein Lager in der Nähe. Man sieht sie von weitem. Es heißt, dass sie nach Hause zurückgehen.«

Bilqis versuchte sich auf einen Ellbogen aufzurichten. Ihre Mutter stützte sie.

»Sie sind zum Fluss gekommen … Einer, zwei … und dann noch mehr …«

»Was wollten sie? Haben sie mit dir geredet?«

Bilqis senkte die Augen. Sie blieb stumm, dann fing sie wieder an: »Der Erste war nett. Er hat mir von seinem Land erzählt. Er ist Tadschike. Er hat wie wir gesprochen …«

»Und dann?«

»Er war glücklich, dass er wieder nach Hause durfte. Er hat seine Familie schon lang nicht mehr gesehen. Ich habe seinen Namen vergessen … Er wollte mir helfen, die Wäsche hinaufzutragen.«

Eine Träne rollte über ihr Gesicht, und sie wischte sie mit dem Handrücken weg.

»Aber warum weinst du dann?«

»Sie haben ihn getötet, *Madar*.«

»Wer hat ihn getötet? Die Unseren? Jemand, den du kennst?«

»Ein *Schorawi*. Ein *Schorawi* hat einen *Schorawi* getötet.«

Die Mutter verstand gar nichts mehr. Sie tupfte ihrer Tochter den Schweiß von der Stirn, strich ihr sanft über das Haar und wartete, bis sie sich beruhigt hatte.

»Jetzt erzähl noch einmal ganz von vorn. Du warst am Fluss, ein Soldat ist gekommen, er war nett, er hat dich angelächelt, er hat unsere Sprache gesprochen ...«

»Ich weiß jetzt wieder, wie er hieß. Rahim. Ja, Rahim hieß er.«

»Und dann?«

»Er hat mir geholfen, die Wäsche auszuwringen, damit sie nicht so schwer zu tragen ist. Wir haben sie in den Korb getan, und ich habe den Korb nicht auf den Kopf genommen, sondern wir haben ihn zu zweit getragen.«

»Das war wirklich nett von ihm. Und dann?«

Bilqis schwieg einen Augenblick und trank von dem Tee, den die Mutter ihr eingeschenkt hatte. Das Getränk beruhigte sie etwas. Sie kam wieder zu Atem, richtete sich auf ihrem Lager auf und schaute zum Fenster hinaus. Zwei Tränen liefen aus ihren grünen Augen.

»Weine nicht, mein Kind, erzähl weiter.«

»Wir haben ein paar Schritte gemacht, ich glaube, der *Schorawi*, dieser Rahim, hat sogar gesungen.«

»Was hat er gesungen?«

»Ein Lied aus seiner Heimat. Ein Lied, das ich nicht kenne. Es war schön ...«

»Und dann?«

»Dann … dann … dann ist Vassili gekommen.«

Bilqis brach erneut in Tränen aus und schluchzte verzweifelt. Homeira nahm sie in die Arme und drückte sie an sich. Als das Kind sich beruhigt hatte, fing sie wieder mit ihren Fragen an. »Dann ist also ein anderer *Schorawi* gekommen? Was ist passiert? War er auch nett?«

»Nein, *Madar djan*, er war sehr böse.«

»Warum war er böse?«

»Er hat ein paar Worte in seiner Sprache zu Rahim gesagt. Rahim hat den Korb auf die Erde gestellt, und dann …«

»Und dann? Was ist dann passiert?«

»Ich habe es nicht genau gesehen. Plötzlich hat es geknallt, ein Schuss … Der *Schorawi* ist auf mich gefallen, sein Blut ist auf mich gespritzt, und er hat sich nicht mehr gerührt.«

»Bist du sicher, dass er tot war?«

Bilqis zitterte, sie brachte nur noch ein paar unverständliche Laute hervor, ihr Gesicht war von Tränen und Schweiß überströmt.

»Woher weißt du, dass er tot war?«

»Er hatte ein großes Loch in der Stirn, *Madar*, und das Blut ist aus ihm herausgeschossen. Meine ganzen Kleider waren voller Blut, als er auf mich gefallen ist, ich hatte Blut an den Händen, überall …«

»Aber warum haben sie ihn getötet?«

Bilqis weinte unaufhörlich.

»Ich weiß nicht, ich weiß nicht …«

»Was ist dann geschehen?«

»Rahim ist zu mir gekommen, er hat gelächelt. Er hatte seine Waffe in der Hand, sein Hemd war offen, und er trug keinen Helm.«

Homeira nahm die beiden Hände ihrer Tochter und drückte sie fest.

»Er hat dem toten *Schorawi*, der auf dem Bauch lag, einen Tritt gegeben. Dann hat er ihn angespuckt und Sachen gesagt, die ich nicht verstanden habe. Und die ganze Zeit hat er gelacht, ein schreckliches Lachen …«

Bilqis presste die Hände auf ihre Ohren und schüttelte den Kopf. Die Mutter versuchte sie zu beruhigen.

»Daher kommt also das ganze Blut, das du an dir hast?«

Bilqis sah, wie ihre Mutter mit dem Finger auf ihre Kleider deutete.

»Das ist mein Blut, mein Blut. Es ist überall. Und Rahims Blut, ihn haben sie auch getötet.«

»Bist du verletzt, mein Kind? Wo bist du verletzt?«

»Ich bin … ich bin … oh, *Madar*, ich bin beschmutzt worden.«

Homeira wurde blass.

»Was willst du damit sagen, beschmutzt? Du bist mit Erde, Schlamm und Blut verschmiert, das sehe ich.«

»Ich bin beschmutzt worden, *Madar*. Ich bin überfallen und beschmutzt worden, von mehreren *Schorawi* … Mehrere, ich weiß nicht mehr …«

Homeira sprang ruckartig auf, wich einen Schritt zurück und brüllte durch das ganze Zimmer: »Du hast dich nicht gewehrt? Sie haben dich vergewaltigt?«

Bilqis schüttelte den Kopf. Die Mutter schrie und fuchtelte mit den Armen, die Kinder drückten sich ängstlich aneinander.

»Hure, du bist eine Hure! Ein Tier! Eine Hündin! In der Hölle sollst du brennen!«

Dabei schlug sie mit den Fäusten auf den Kopf ihrer Tochter ein und nahm eine Schüssel, die sie ihr ins Gesicht schleuderte. Alle schrien jetzt gleichzeitig. Die Nachbarin klopfte an die Tür, aber niemand hörte sie.

»Verlasse sofort dieses Haus! Hinaus mit dir! Ich will dich nie mehr sehen! Nimm deine Sachen und verschwinde!«

»Aber wo soll ich denn hin, *Madar djan,* wo soll ich nur hin?«

»Geh zum Teufel! Hinaus, sofort! *Ya Allah, zoud bach,* los, schnell!«

Bilqis stürzte vor ihrer Mutter zu Boden.

»Du kannst bei den Tieren schlafen, dort ist dein Platz, beim Vieh. Du bist selber ein Tier, hinaus mit dir!«

Und so jagte Homeira ihre Tochter aus dem Haus und brüllte ihren Schmerz und ihre Schande hinaus.

Eng zusammengekauert und an ein Lamm geschmiegt, das sie mit seinem Körper ein wenig wärmte, schlief Bilqis recht und schlecht in dem engen, stickigen Verschlag. Das Geschrei ihrer kleinen Geschwister weckte sie auf.

»Bilqis, Bilqis *djan*. Komm spielen.«

Bilqis erkannte die Stimme der kleinen Maryam, die

wie jeden Morgen ihre große Schwester suchte. Dann unterbrach die barsche Stimme der Mutter das Rufen. Ein Schluchzen ertönte, dann kehrte Stille ein.

Bilqis fror plötzlich. Die Tiere schliefen, nur das Lamm hatte sich aufgerichtet, um an den Zitzen seiner Mutter zu saugen. Der Gestank würgte sie in der Kehle. Sie öffnete die Luke, die als Fenster diente, und atmete tief die eisige Morgenluft ein. Als sie ein Geräusch hörte, legte sie sich wieder hin. Im selben Augenblick ging die Tür auf, und Homeira herrschte sie an: »Bring die Tiere hinaus und melke die Schafe. Du bleibst bei ihnen, bis es Nacht wird, isst mit ihnen, schläfst bei ihnen. Sieh zu, wie du dich wäschst. Von jetzt an bist du ein Tier. Ich spucke auf dich. Der Teufel soll dich holen!«

Die Mutter hatte eine Schale Milch und ein Stück Brot auf den Boden gestellt. Den ganzen Tag blieb Bilqis bei der kleinen Herde. Am Abend, nachdem sie die Schafe noch einmal gemolken hatte, bekam sie eine Suppe und wieder ein Stück Brot.

Ihre Geschwister sah sie nur noch von ferne, ihre Blicke begegneten sich, aber sie durfte nicht mit ihnen sprechen. Zweimal in der Woche ging sie zum Fluss hinunter, um die Wäsche der Familie zu waschen, aber sie machte einen großen Bogen um die Stelle, an der sie überfallen worden war. Sie begegnete anderen Soldaten, aber die kümmerten sich nicht um das Mädchen mit den grünen Augen und den verfilzten, schmutzigen Haaren.

Der Winter war hart. Bilqis musste sich nachts mit einer Decke begnügen und tagsüber mit Strümpfen. Da die Tiere nicht mehr auf die Weide gingen, musste sie jetzt alle schweren Arbeiten verrichten: Holz spalten, das Eis aufhacken, Feuer machen, die Wäsche im Freien mit geschmolzenem Schnee und ohne Seife waschen. Es hagelte Schläge. Selbst ihre beiden jüngeren Brüder, Rahim und Fateh, schlugen sie auf den Kopf, beschimpften sie als Hure und spuckten sie an. Mirwais und Maryam, die Zwillinge, fürchteten sich vor dieser großen Schwester, die nicht länger mit ihnen redete, ihnen keine Geschichten mehr erzählte und keine Lieder mehr vorsang. Maryam, das Mädchen, sah die Verstoßung ihrer Schwester als Spiel an und legte ihr hin und wieder Früchte oder ein Stück Brot auf den Fenstersims oder auf einen Ast. Shala, die Jüngste, war noch zu klein, um zu verstehen, was passiert war. Sie fürchtete sich vor dieser zerlumpten Schwester mit den schmutzigen Haaren. Manchmal machte sie sich einen Spaß daraus, Steine nach ihr zu werfen.

Homeira war seit der Vergewaltigung reizbar und autoritär geworden. War es richtig gewesen, ihre Tochter zu verstoßen? Wie hätte Gul Mohamad reagiert, wenn er dagewesen wäre? Und ihre Nachbarinnen, die kein Wort darüber verloren hatten? Durch dieses Unglück waren alle Pläne der Familie zunichte gemacht worden. Bilqis war Shokat Ali, dem Sohn von Homeiras bester Freundin, versprochen worden. Er war zu diesem Zeitpunkt sechzehn Jahre alt, konnte ein bisschen schreiben, spielte recht gut *ney* und war nicht zum Kriegsdienst eingezogen worden, weil er einen Klumpfuß hatte. Shokat Ali galt als gute Partie, denn seine Eltern besaßen ein ansehnliches Stück Land und ein Haus mit vier Zimmern. Bilqis' Heirat mit dem Sohn der Nachbarin hätte Homeira sicherlich zwei oder drei Schafe, ein paar Hühner und ein halbes Dutzend Obstbäume eingebracht. Und zu Hause wäre ein hungriges Maul weniger zu stopfen gewesen. All das war nun aus und vorbei. Homeira war überzeugt, dass sie im Sinn ihres verstorbenen Mannes gehandelt hatte. Wie ihre Großmutter immer sagte: »Eine Frau, die ihren guten Ruf verloren hat, ist wie eine Tote unter den Lebenden.« Sicher, Bilqis lebte noch in der Familie, wenn auch abgesondert von den anderen, sie musste die schwersten und unangenehmsten Arbeiten verrichten, bekam nur die Reste der Mahlzeiten vorgesetzt und schlief bei den Tieren, aber im Herzen ihrer Mutter war nicht nur kein Platz mehr für sie, sondern sie war tot, ein für alle Mal gestorben. Jedes Mal, wenn sie sich über den Weg liefen, spuckte die Mutter zum Zeichen ihres Abscheus und ihrer Verachtung auf die Erde. Sie streichelte die Tiere und redete sogar manchmal mit ihnen, aber für ihre Tochter hatte sie kein gutes Wort mehr übrig.

»Was habe ich Gott nur getan? Wann habe ich ihn je beleidigt? Wann habe ich ihm geflucht? Ich, die mehrmals am Tag betet, ich, die ihre Kinder zu frommen Menschen erzogen hat? *Tche gonahi man ast?* Welche Sünde habe ich begangen?«

»Der Allmächtige stellt uns oft auf die Probe. Du

hast richtig gehandelt. Ich hätte es genauso gemacht. Sie hat dein Haus und deine Familie beschmutzt.«

»Und wenn Gul Mohamad davon wüsste?«

»Hab keine Angst. Dort, wo er ist, kümmern sich die Jungfrauen um ihn. Er hat uns vergessen.«

Die Nachbarin hatte sicher Recht.

4 *Verkauft*

Eines Morgens in aller Frühe klopfte es dreimal an die Tür des strohgedeckten Backsteinhäuschens. Rahim machte auf und musterte den Unbekannten.

»*Salam.*«

»*Alaik es salam.* Wer bist du?«

»Ich bin der älteste Sohn von Homeira Khanoum, meiner Mutter.«

»Ist sie da?«

Die Mutter erschien auf der Schwelle. »Was wollen Sie von mir? Wer sind Sie?«

»Der *Wali* von Chaghcharan schickt mich. Ich heiße Shokrollah Massudi. Ich komme wegen Gul Mohamad Zahiri. Das ist doch Ihr Mann?«

»Vor vier oder fünf Jahren ist er in den Krieg gezogen, ich weiß nicht mehr genau. Er ist nie zurückgekommen, und ich habe nichts mehr von ihm gehört.«

»Seine Exzellenz, der Gouverneur von Chaghcharan, hat mich beauftragt, Ihnen mitzuteilen, dass der Gefreite Gul Mohamad Zahiri im *mordad* 1364 (August 1985) den Heldentod gestorben ist, als er mit zwölf

Gefechtskameraden die Stadt Shebergan verteidigt hat. Hier ist das offizielle Dokument.«

Der Fremde verneigte sich respektvoll und gab Homeira die Sterbeurkunde. Er wandte sich bereits zum Gehen, als die Witwe ihn plötzlich fragte: »Und jetzt?«

»Genaueres werden Sie später erfahren. Ich bin nicht befugt, mit Ihnen darüber zu sprechen. Später … später …«

Er verabschiedete sich, indem er das Haus dem Schutz des Propheten anempfahl.

»*Baba* ist tot, *Madar*?«

»Ja, jetzt gibt es keinen Zweifel mehr, mein Sohn. Ich wusste es, ich habe es seit langem geahnt, aber ich hatte keine Beweise. Er muss sofort gefallen sein, gleich in den ersten Kriegswochen. Sicher hat er nichts von alledem verstanden, er, der in seinem Leben nie eine Waffe angerührt hat …«

Eine dunkle Gestalt erschien im Türrahmen. Es war Leila, die Mutter von Shokat Ali.

»Das war der Todesbote, dieser Kerl. Drei Häuser im Dorf hat er in Verzweiflung gestürzt. Dich auch?«

»Er hat mir bestätigt, dass Gul Mohamad vor vier Jahren gefallen ist. Ich wusste es, ich wusste es …«

Die beiden Frauen setzten sich auf die Bank vor dem Haus und verharrten dort schweigend. Von ferne beobachtete Bilqis die Szene. Sie spürte, dass etwas Ernstes im Gang war. Hatte es mit ihr zu tun? Mit ihrem Vater? Oder vielleicht mit ihrer Mutter? Die beiden Frauen schauten immer wieder zum Stall hinüber, als ob sie spürten, dass sie beobachtet wurden. Das Mädchen wich einen Schritt zurück und setzte sich auf einen Strohballen.

»Jetzt bin ich wirklich *Biveh*, eine Witwe mehr in diesem verfluchten Dorf.«

»Sprich nicht so, Homeira, wir sind nicht verflucht! Viele andere Dörfer haben in diesen Unglücksjahren genauso gelitten wie wir. Zugegeben, mein Mann ist nicht im Krieg gefallen, aber ich habe auch sechs Kinder, so wie du, die ich so gut wie möglich allein aufgezogen habe. Drei Heiratsanträge habe ich abgelehnt und bereue es nicht. Heute will mich keiner mehr, weil es zu spät ist, mein Schoß ist nicht mehr fruchtbar. Du hingegen hast noch Zeit, du hast noch ein ganzes Leben vor dir.«

Homeira war noch keine dreißig Jahre alt, aber sie sah zehn Jahre älter aus. Ihr feines Gesicht war von der Sonne verbrannt und von den Strapazen des Alltags gezeichnet. Die großen grünen Augen waren von tausend winzigen Fältchen umgeben, die noch deutlicher sichtbar wurden, wenn sie am Feuer saß. Ihre Hände waren rau und schwielig und hatten ihre Anmut verloren. Sie hackte das Holz mit der Axt, schleppte schwere Wassereimer, um Essen für ihre Kinder zu kochen, nähte, bügelte, flickte und putzte. Für die Mahlzeiten schlachtete sie Lämmer, Hasen oder Hühner, säte und erntete auf den Feldern und im Obstgarten wie ein Mann.

»Die erste Zeit, als sie meinen Mann mitgenommen haben, war hart. Aber dann habe ich mich daran gewöhnt. Später hat Bilq... nun ja, die Älteste hat mir geholfen. Heute komme ich ohne sie aus, auch wenn ich noch schwerer arbeiten muss und meine Gesundheit angegriffen ist …«

Leila fragte vorsichtig: »Bist du sicher, dass du richtig an deiner Tochter gehandelt hast? Hast du keine Zweifel? Hast du wirklich die richtige Entscheidung getroffen?«

Homeira hob einen Augenblick die Stimme. »Ich habe die richtige Entscheidung getroffen, auch wenn sie nicht die beste ist. Sie wurde beschmutzt und hat nichts getan, um sich zu retten. Damit hat sie uns alle beschmutzt, selbst die Erinnerung an meinen Mann.«

Die Nachbarin fragte nicht weiter. Sie spürte eine tiefe Trauer in ihrer Freundin, die ohne Mann und Unterstützung im Haus war.

»Wenn du Hilfe brauchst, schicke ich dir meine Jungen.«

»Gott schütze dich.«

Rahim war inzwischen zwölf Jahre alt und offiziell die Stütze seiner Mutter. Er wusste, dass er das neue Familienoberhaupt war und prahlte damit. Bei jeder Gelegenheit schlug er seine ältere Schwester, verletzte und demütigte sie. Er weigerte sich, ihr die Mahlzeiten zu bringen und ihr bei der Feldarbeit oder beim Wasserholen zu helfen.

»*Faeche!* Hure!«

Bilqis antwortete nicht, was ihren jüngeren Bruder noch wütender machte.

»Hündin, *harami*! In der Hölle sollst du brennen!«

Das Mädchen grub gerade Kartoffeln aus der Erde,

als sie plötzlich ein Stein am Kopf traf. Sie stürzte zu Boden und rührte sich nicht mehr. Als ihr weißer Schal sich rot zu färben begann, verlor sie das Bewusstsein. Wie lange lag sie so da? Eine Stunde? Länger? Maryam war es, die schließlich ihre Mutter rief: »*Madar!* Bilqis ist gestürzt und bewegt sich nicht mehr. Und das ist schon so lange her!«

Homeira ging zu ihrer Tochter.

»Steh auf, du faules Stück! Nichtswürdige!«

Sie streckte einen Fuß vor und stieß leicht gegen Bilqis' Pantoffel. Das Mädchen rührte sich immer noch nicht. Homeira ging um sie herum und entdeckte endlich den blutigen Schal. Sie rief Rahim und Fateh: »Bringt eine Decke! *Ya Allah!*«

Zum ersten Mal seit Monaten gewann ihr Mutterinstinkt einen Augenblick lang die Oberhand. Aber sie fasste sich schnell wieder.

»Legt sie auf die Decke. Rahim, Fateh, nehmt jeder eine Ecke, ich nehme die beiden anderen. Vorwärts! Ja, genau so, und jetzt legen wir sie auf den Boden.«

Rahim ließ seine Ecke los und Bilqis' wehrloser Körper schlug schwer auf den Boden. Der Junge lachte hämisch. Homeira gab ihm einen Schlag auf den Kopf, dass ihm die Tränen in die Augen traten.

»Ich weiß, dass du den Stein nach ihr geworfen hast. Du bist gesehen worden.«

»Sie hat nur bekommen, was sie verdient, diese Schlampe. Wenn Vater hier gewesen wäre, hätte er sie mit eigenen Händen erwürgt. Warte nur, bis ich groß bin …«

Die Wunde wurde gesäubert und Bilqis' Haare abgeschnitten, damit die Wunde besser versorgt werden konnte.

Leila legte Bilqis einen Verband an und flüsterte ihr ins Ohr: »Halte noch ein wenig durch! Ich glaube, ich habe eine Lösung für dich gefunden. Lass den Verband eine Woche lang an. Ich komme wieder und sehe nach dir.«

Was wollte sie damit sagen, dass sie eine Lösung für sie gefunden hatte? Wollte Leila sie mit ihrer Mutter aussöhnen? Oder wollte sie sie bei sich wohnen lassen? Würde sie das Haus oder gar das Dorf verlassen und anderswo leben?

Bilqis wurde zwei Tage von ihren Pflichten befreit, dann nahm sie ihre Arbeit im Stall und auf den Feldern wieder auf. Wieder war ein Winter vergangen und ein weiteres *nowroz*-Fest.

Eines Morgens wurde Bilqis von lauten Schlägen gegen ihre Tür geweckt. Ein Lamm sprang erschrocken hoch. Bilqis stand auf, öffnete die Tür und schrie erschrocken auf. Vor ihr stand ein hässlicher kleiner Mann. Er lachte laut, als er sie sah, und tanzte wild um sie herum. Bilqis wollte die Tür zumachen, aber er setzte seinen Fuß dazwischen.

»Fröhliches *nowroz*! Gutes neues Jahr! Ich bringe Glück. Viel Glück! Wie heißt du?«

Dann mischte sich eine ernstere Stimme ein, die einem großen, schwarz gekleideten Mann gehörte. Der Mann lächelte und hielt Bilqis eine Süßigkeit hin.

»Ich heiße Najmuddin. Ein frohes neues Jahr, mein Kind. Wie heißt du?«

»Bilqis.«

»Also, Bilqis, ein frohes neues Jahr.«

Eine schrille Frauenstimme unterbrach diesen sonderbaren Auftritt.

»Hierher, Najmuddin! Kommt hierher, ihr habt euch in der Tür geirrt … Hierher!«

Homeira hatte die Situation schnell wieder unter Kontrolle.

»Guten Tag, Najmuddin. Mein Haus und das Haus meiner Kinder ist hier. Dort drüben leben nur die Tiere.«

»Aber ich …«

»Wenn ich euch doch sage, dass im Stall nur die Tiere leben!«

Eine Viertelstunde lang herrschte Feststimmung bei Homeira. Die Kinder waren das ganze Jahr über brav gewesen und bekamen ein paar Süßigkeiten und bunte Bildchen und lauschten gebannt der Geschichte, die ihnen erzählt wurde. Die Witwe hatte kein Geld, um die beiden Neujahrsboten zu bezahlen. Sie wusste, dass es ein Geschenk ihrer Nachbarin war. Aber warum waren diese beiden Nichtsnutze zuerst in den Stall gegangen, anstatt an die Tür ihres Hauses zu klopfen, das doch viel größer und schöner war?

Leila sagte zu ihr: »Verzeih mir, ich wollte dir nichts Böses tun. Wenn ich dich vorher gefragt hätte, hättest du es verboten.«

»Was willst du damit sagen? Ich verstehe dich nicht.«

»Du lebst seit Wochen in einem Albtraum. Du weißt nicht, was du mit Bilqis anfangen sollst. Ich weiß, dass du leidest, schließlich bist du ihre Mutter ... Ich habe mit den anderen Müttern im Dorf gesprochen, vor allem mit Shokria und Hosniah.«

Leila schwieg einen Augenblick, trank einen Schluck Tee und fuhr fort: »Wir haben uns gedacht, dass es die einfachste Lösung wäre, Bilqis eine Weile aus dem Dorf verschwinden zu lassen. Das ist für alle das Beste: für deine Familie, für deine Nachbarn, für uns alle. Seit Monaten geht sie nicht mehr aus dem Haus – wohin sollte sie auch gehen? Meine Tochter Kahdidjeh will sie nicht mehr sehen, sie ist unglücklich und weint die ganze Zeit ...«

Leila schaute ihre Freundin an, während sie redete. Homeira hielt den Kopf gesenkt und versuchte zu verstehen, was sich da hinter ihrem Rücken zusammengebraut hatte.

»Najmuddin hat Bekannte in Alandar und Chaghcharan. Wir haben uns gedacht, dass deine Tochter als Dienstmädchen in der Stadt arbeiten könnte. Dort wissen die Leute nichts von Bilqis' Zustand, wir würden einfach sagen, dass sie ihr Dorf verlassen hat, um etwas Neues zu lernen, eine Abendschule zu besuchen, ein paar Afghani zu verdienen ...«

»Und wer kümmert sich um meine Tiere, um das Melken, um die Wiese, wer holt mir das Wasser vom Fluss?«

Die Nachbarin sagte verwundert: »Du hältst dir Bilqis also nur für die schweren Arbeiten? Lässt sie bei den

Tieren leben, siehst zu, wie ihr armer kleiner Körper vor der Zeit verbraucht wird?«

»Aber ihr Körper ist doch schon verbraucht und zerstört! Er wurde beschmutzt, hast du das vergessen?«

»Nein, natürlich nicht, aber du vergisst auch etwas: Deine Tochter war zur falschen Zeit am falschen Ort. Was ihr zugestoßen ist, ist schrecklich und unverzeihlich. So viele afghanische Frauen haben dasselbe Schicksal erlitten und ihre Familien entehrt. Unsere Traditionen sind, was sie sind, aber was wäre geschehen, wenn diese *Schorawi*, die keinen Gott und keine Gesetze kennen, uns alle vergewaltigt hätten, auch dich und mich? Wie hätten unsere Kinder ohne Vater und ohne Mutter überleben sollen? Dann hätten auch wir bei den Tieren leben, wie Schatten umherschleichen und unseren Schmerz und Kummer stumm hinausschreien müssen …«

Homeira hörte wortlos zu. Sie wusste, dass ihre Freundin Recht hatte, aber das Einzige, was sie beschäftigte, war die Frage, wie sie ohne die Hilfe ihrer Tochter auskommen sollte, wie oder durch wen sie ersetzt werden konnte.

»Aber du hast doch Rahim, deinen Ältesten! Das ist ein prachtvoller Junge, stark wie ein Boxer. Mit seinen elf Jahren ist er schon viel kräftiger als deine Tochter, und es wird ihm gut tun, wenn er ein paar Lasten trägt, die Schafe hütet und dir bei der Feldarbeit hilft. Hast du ihm nicht vor kurzem gesagt, dass er jetzt das Oberhaupt der Familie sei? Was hat Gul Mohamad getan, als er noch bei euch war? Alle diese Arbeiten, die ich dir aufgezählt habe, machen einen Mann stolz. Mein Sohn arbeitet schon lange mit, trotz seines verkrüppelten Fußes, und fragt immer: ›Bin ich so stark wie *Baba*? Mache ich das so gut wie er?‹«

Nach der dritten Tasse Tee war der Handel abgeschlossen. Najmuddin würde sich darum kümmern, dass Bilqis zu einer anständigen Familie ins Tal kam. Von dieser Lösung profitierten alle Parteien: die Mutter, die Nachbarin und der Mittelsmann. Und Homeira würde, wie es Brauch war, jeden Monat den Lohn ihrer Tochter bekommen.

»Was sind das für Leute?«

»Das weiß ich noch nicht. Drei Familien möchten deine Tochter gern als Dienstmädchen haben. Ich habe gehört, dass das Oberhaupt einer dieser Familien ein Getreidehändler ist. Der Zweite soll einen *tchai khaneh* besitzen, einen Ausschank, wo die Leute zum Trinken, Essen und Reden hingehen, und über den Dritten weiß ich nichts.«

Die Mutter hatte es jetzt eilig, die Sache zu Ende zu bringen.

»Wann geht sie fort?«

»Wer? Deine Tochter? Ich weiß nicht. In zwei oder drei Wochen vielleicht.«

»Erst in drei Wochen? Nicht früher?«

Es dauerte noch einen Monat, bis die Angelegenheit geregelt war. Homeira wurde nervös. Sie schrie wegen jeder Kleinigkeit herum, teilte Schläge aus, sobald ihr etwas gegen den Strich ging, und beobachtete voller

Misstrauen alles, was im Dorf vorging. Selbst ihre Nachbarin beklagte sich über ihre Wutausbrüche.

»Jetzt beruhige dich doch! Alles geht gut, hab noch ein bisschen Geduld.«

»Dieses Mädchen bringt uns Unglück. Ich muss sie so schnell wie möglich loswerden. Das Leben bei uns ist die Hölle geworden. Ich ertrage es nicht mehr, dass sie bei den Tieren ist, sie wird sie noch anstecken ...«

Als Najmuddin zurückkam, wurde der Handel in Leilas Haus abgewickelt. Geldscheine wanderten von Hand zu Hand. Immer wieder wurde nachgezählt. Homeira beharrte darauf, dass sie mehr bekommen müsse. Am Ende einigte man sich, aber keiner war wirklich zufrieden. Bilqis schnürte ihr kleines Bündel und verließ wortlos und ohne einen Blick zurück auf ihre Mutter und ihre Geschwister das Haus, aus dem sie an einem Frühlingstag im Jahr 1989 verstoßen worden war, als sie am Fluss Wäsche gewaschen hatte.

Die Reise dauerte zwei Stunden. Zuerst ein Fußmarsch von einer halben Stunde bis zu der Haltestelle, an der in unregelmäßigen Abständen ein Bus vorüberkam, dann die Fahrt mit anderen Reisenden, die Kisten, Hühner, Truthähne und elektrische Haushaltsgeräte mit sich führten.

Bilqis entdeckte eine ganz neue Welt. Sie war noch nie mit einem öffentlichen Verkehrsmittel gefahren, noch nie mit Fremden zusammengekommen, hatte noch nie neben einem Mann gesessen, außer manchmal neben ihrem Vater auf der Bank vor ihrem Haus. Noch nie in ihrem Leben hatte sie einen Truthahn gesehen und fürchtete sich vor diesem Vogel, der ihr, verglichen mit den mageren Hühnern zu Hause, riesig erschien.

Der Bus hielt mehrmals an; ein paar Leute stiegen aus, andere stiegen ein. Ein kleines Mädchen setzte sich neben sie und lächelte sie an. Bilqis senkte den Kopf. Zum ersten Mal seit vielen Monaten schenkte ihr jemand ein Lächeln, und sie hatte nicht die Kraft, es zu erwidern.

»Wie heißt du?«

Die Kleine, die ungefähr zehn Jahre alt war, schaute sie mit großen schwarzen Augen an. Sie war sauber gekleidet, trug ein Blümchenkleid und eine schwarze Hose. Ihre Leinenschuhe waren weiß, und sie hatte kleine goldene Ohrringe in den Ohren.

»Wie heißt du?«

»Ich heiße Bilqis.«

Die Kleine machte große Augen.

»Bilqis? Ich heiße auch Bilqis, wie meine Mutter und meine beste Freundin.«

Dann fragte sie unvermittelt: »Willst du meine Freundin werden?«

Bilqis schaute sie überrascht an und senkte den Kopf.

»Was macht dein Papa?«

»Er ist … tot.«

»War er alt?«

»Nein, er war nicht alt.«

»Warum ist er dann gestorben?«

»Er ist vor langer Zeit in den Krieg gezogen und nicht mehr zurückgekommen.«

Die Kleine nahm die Hand des älteren Mädchens und sagte nichts. Die Reise ging schweigend weiter. Je näher sie der Stadt kamen, desto dichter wurde der Verkehr: überall Lastwagen, Autos, Karren, Obst- und Gemüsestände, schreiende Leute, durcheinander laufende Kinder.

Das kleine Mädchen drückte die Hand ihrer neuen Freundin noch fester.

»Ich muss hier aussteigen. Siehst du das Haus dort unten zwischen den Bäumen? Dort wohne ich. Kommst du mich besuchen? Nun sag schon, kommst du mich besuchen?«

Bilqis versprach es. Der Bus fuhr weiter und bahnte sich einen Weg durch das Getümmel. Najmuddin, den alle Hadji Agha nannten und der eine Reihe vor ihr saß, drehte sich zu ihr um.

»Nimm deine Sachen, wir sind da. *Ya Allah! Zoud bash*, mach schnell!«

Bilqis fühlte sich verloren in dieser bunten, lärmenden Menge. Wortlos folgte sie dem Mann. Sie gingen eine Viertelstunde lang zwischen Eseln, hupenden Fahrzeugen und schreienden und gestikulierenden Händlern hindurch.

»So, wir sind da. Warte hier, ich komme gleich wieder. Lauf nicht weg.«

Bilqis schaute angstvoll auf das Gewühl um sie herum. Hunderte von verschleierten Frauen glitten an den Häuserwänden entlang, während die Männer in der Mitte liefen oder lachten. Bilqis sah zum ersten Mal in ihrem Leben ein Fahrrad, auf dem gleich drei Personen hockten. Garm-Ab mit seiner Stille, seinen Feldern, Wiesen und Bäumen, die im Herbst so gut rochen, war weit weg. Hier gab es weder Bäume noch Wiesen, geschweige denn Blumen.

Plötzlich wurde Bilqis von einer tiefen Stimme aus ihren Gedanken gerissen.

»Bist du Bilqis?«

Sie stand auf, ohne etwas zu sagen.

»Bist du Bilqis?«

Bilqis senkte den Kopf.

»Warum antwortest du nicht, wenn ich mit dir rede? Nimm deine Sachen und folge mir. Schneller!«

Bilqis folgte dem Mann durch einen Garten, wo zwei Frauen in einem Wasserbecken Wäsche wuschen, in ein Haus. Als Bilqis vorüberging, hoben sie den Kopf und schauten ihr nach.

»Du schläfst hier bei den beiden anderen Mädchen. Stell deine Sachen ab und geh an die Arbeit.«

Und schon hielt Bilqis einen Besen in der Hand.

»Hier, nimm und schütte Wasser auf den Boden. Du machst erst dieses Zimmer hier sauber, und wenn du fertig bist, putzt du das Zimmer dort unten und das dort auf der linken Seite. Hast du verstanden?«

Die Gießkanne musste an einem Wasserhahn im Hof gefüllt werden. Bilqis hatte noch nie fließendes Wasser erlebt. Sie stellte sich vor den Hahn, aus dem alle paar Sekunden ein Tropfen fiel, und wartete. Die beiden Wäscherinnen hielten in ihrer Arbeit inne und schauten sie an.

»Na, worauf wartest du noch?«

»Dreh den Hahn auf!«

Bilqis streckte erschrocken die Hand aus und berührte den Wasserhahn, dann zuckte sie zurück. Die beiden Frauen lachten.

»Nimm ihn in die Hand und dreh ihn langsam herum. Nicht zu weit, das Wasser schießt schnell heraus.«

Ein starker Strahl kam aus dem Loch und spritzte das Kleid und die Füße des jungen Mädchens voll. Bilqis ließ alles los und stürzte rücklings zu Boden. Sofort bildete sich eine große Lache auf den Steinplatten des Gartens. Eine der Frauen stand auf und machte den Hahn zu. Inzwischen hatte sich Bilqis wieder aufgerappelt, sie war vom Bauch bis zu den Zehen nass. Ihr Schal war ihr auf die Schultern gerutscht, und die Gießkanne lag am Boden.

»Schnell, wir wischen das hier auf. Wenn der *Saheb* das sieht, schlägt er dich. Er ist sehr streng und seine Frau noch mehr.«

»Das habe ich doch nicht absichtlich gemacht! Ich kenne so einen Brunnen nicht. Das ist nicht wie bei uns zu Hause.«

Zu dritt wischten sie das Wasser auf. Der Hausherr kam heraus, um seine *nargileh*, seine Wasserpfeife, in der Trinkbude an der Ecke zu rauchen. Seine Frau war bei ihrer Schwester und das Haus war leer.

»Gib mir deine Hand. Hier, sieh mal. Du fasst hier an, dann drehst du langsam auf, und das Wasser kommt heraus. Du hältst die Gießkanne darunter, und wenn sie voll ist, drehst du den Wasserhahn wieder zu. Der *Saheb* mag es nicht, wenn Wasser danebengeht. Er sagt, das kostet Geld.«

Die beiden Frauen gingen wieder an ihre Arbeit im Hof. Inzwischen ging die Sonne unter, und eine Stunde später hatte Bilqis alle drei Zimmer sauber gemacht. Sie stellte den Besen und die Gießkanne neben den Wasserhahn und ging zu den beiden Dienerinnen, die Baumwolltücher wuschen.

»Ich bin fertig. Kann ich euch helfen?«

»Nimm die Handtücher dort und wasche sie. Du kannst doch waschen, oder?«

»Ich habe bei uns zu Hause die ganze Wäsche für meine Mutter und meine Geschwister gemacht.«

»Und dein Vater?«

»Er ist in den Krieg gezogen und nicht zurückgekommen.«

Die beiden Frauen schauten sich an.

»Bist du *bad ghadam*?«

Bilqis riss die Augen auf. »Was ist das, *bad* …«

»*Bad gadham?* Das heißt, dass du Unglück bringst, dass man sich von dir fern halten muss.«

»Nein, ich glaube nicht. Ich tu niemand etwas Böses, ich mache meine Arbeit gut …«

Aber im Stillen dachte sie, dass nach dem ganzen Unglück, das sie in den letzten Monaten gehabt hatte, vielleicht doch irgendein Fluch auf ihr lag. Warum hätte ihre Mutter sie sonst verstoßen? Bedrückt arbeitete sie weiter.

Bilqis war todmüde nach ihrem ersten Arbeitstag in der Stadt. Der Hausherr hatte spät abends mit Nachbarn getafelt. Bilqis hatte mit den beiden anderen Dienerinnen das Essen gekocht, bei Tisch bedient und auf die Befehle ihres Herrn gewartet.

»Bilqis! *Bodo,* komm schnell! Bring Wasser, Bilqis, bring das *sharbat,* bring noch mehr Gemüse ... Keine Honigmelonen heute Abend, Wassermelonen!«

Dann musste sie die Reste der Mahlzeit abräumen, das Geschirr abwaschen, das Zimmer von den unzähligen Reiskörnern und winzigen Fleischbröckchen säubern, die überall auf dem Boden herumlagen, den Tee zubereiten und eine neue Wasserpfeife anzünden. Die beiden anderen Dienstmädchen hatten sich zurückgezogen. Bilqis war allein.

Der jüngste Nachbar sprach sie an: »Wie alt bist du?«

»Dreizehn oder vierzehn, ich weiß nicht genau.«

»Woher kommst du? Ich habe dich noch nie gesehen.«

»Aus Garm-Ab.«

»Wo ist das?«

»Etwas weiter weg, in den Bergen.«

»Gefällt es dir hier?«

»Ich weiß nicht, ich bin gerade erst gekommen.«

Der *Saheb* unterbrach sie: »Du weißt, dass ich dich deiner Mutter abgekauft habe. Du gehörst jetzt mir, mir ganz allein. Du musst alles machen, was ich dir sage, wann immer ich will.«

Bilqis senkte den Kopf. Der Blick des Hausherrn machte ihr Angst.

»Hast du verstanden, was ich dir gesagt habe?«

»Ja.«

»Ja, was?«

»Ja, Herr.«

Die Männer unterhielten sich noch lange miteinander. Bilqis saß mit überkreuzten Beinen in einer Ecke des Zimmers. Die Augen fielen ihr zu vor Erschöpfung. Der Rauch schläferte sie ein, und sie hörte nur noch das eintönige Murmeln der Stimmen.

»*Batche! Beke!* Steh auf!«

»Du hast nicht zu schlafen, wenn du bedienst«, schimpfte der Hausherr auf sie ein. »Geh und koche frischen Tee!«

Der Mond stand am Himmel, als Bilqis endlich auf ihre Matratze fiel. Die beiden Dienerinnen schliefen unter weißen Laken, die im fahlen Mondlicht schimmerten. Bilqis rollte sich zusammen und schlief rasch ein. Sie sah ihre Berge wieder, ihre kleine Schwester Maryam, den Fluss ... Sie träumte von den Wiesen, den Vögeln, ihren Lämmern und Najmuddin.

Innerhalb weniger Stunden war sie in eine fremde Welt versetzt worden. Sie wusste nicht mehr genau, wo sie eigentlich war.

»*Beke* – aufstehen, du faules Stück!«

Der Schmerz in ihrem Rücken riss Bilqis aus dem Schlaf. Jemand hatte sie geschlagen. Sie sprang auf, zog ihren Schal zurecht und schaute die Frau an, die vor ihr stand.

»Ich bin die *Saheb Khanoum*.«

»Guten Tag, Herrin.«

»Du bist gestern spät schlafen gegangen. Deshalb habe ich dich heute Morgen eine Stunde länger schlafen lassen, aber morgen stehst du mit den anderen auf.«

»Ja, *Saheb Khanoum*.«

»Wasch dir das Gesicht am Wasserhahn und trink deinen Tee. *Zoud kone*, mach schnell. Sobald du fertig bist, kommst du zu mir in den Laden.«

Der Laden war ein riesiges Lagerhaus, in dem der Hausherr alles stapelte, was er in die Finger bekam: Drei verrostete Fahrräder und zwei Automotoren lagen zwischen Besen, Reis- und Kornsäcken, Ölflaschen, Tee, Minze, Obst- und Gemüsekisten auf dem Boden herum, daneben Hefte, Bleistifte und Bonbons. Außerdem bewahrte er dort Girlanden, bunte Glühbirnen, verstaubte Tranistorradios, Ventilatoren, Glasbehälter, die laut Aufschrift Medikamente und Gartendünger enthielten, fromme Bildchen und Fotos von Ringkämpfern und *bozkashi* und Schwarz-Weiß-Postkarten von früher auf, die die Buddha-Statuen von Bamiyan, die Band-i-Amir-Seen oder die Zitadelle von Herat zeigten. In einem Regal waren Haushaltswaren aller Art untergebracht: Scheren, Nadeln, Faden und Wolle, Hämmer, Schraubenzieher und Nägel, Schüsseln, Trinkgläser, Farbtöpfe und bunte Strohmatten.

In einem Nebenraum trank die Hausherrin mit ihren Freundinnen Tee, führte die Bücher und überwachte von ferne ihre drei Dienstboten. Als Bilqis zu ihr kam, erhielt sie den Auftrag, das Lager sauber zu machen, aber »fass mir ja die Sachen nicht an. Du putzt nur den Boden, dann kommst du wieder zu mir.«

Eine Stunden später wurde das Mädchen gerufen: »Bring mir Wasser für den Samowar. Und vergiss nicht, den Hahn gut zuzudrehen.«

Den ganzen Tag musste Bilqis in gebückter Haltung bürsten, waschen, fegen und die Zimmer und Nebengebäude sauber machen. Die einzigen Pausen bestanden in einer kurzen Mahlzeit am Mittag und einer Tasse Tee gegen vier Uhr nachmittags. Abends warf Bilqis sich auf ihre Matratze, ohne noch etwas zu essen. Der Rücken und die Hüften taten ihr weh, ihre Finger waren geschwollen, und sie konnte sich kaum noch auf den Beinen halten.

So verging ein Tag nach dem anderen, und Bilqis wurde von morgens bis abends herumgescheucht. Selbst die beiden Dienerinnen erteilten ihr Befehle. Sie musste ihnen helfen, die Wäsche zu waschen und auszuwringen, die Körbe zu tragen und das Wasser im Becken zu wechseln. Wenn es nicht schnell genug ging, wurde sie mit einem Schlag auf den Kopf bestraft oder bekam kein Essen. Und wenn die Arbeit nicht gut genug gemacht war, musste sie wieder von vorne anfangen, selbst mitten in der Nacht, um die Herrschaft zufrieden zu stellen.

Ein junger Getränkelieferant hatte sich im Lauf der Zeit mit Bilqis angefreundet. Er brachte jeden Tag Kisten mit Limonade oder Fruchtsäften, und während er seine Ladung abstellte, wechselte er ein paar kurze Sätze mit Bilqis.

»Warte, ich helfe dir, das ist zu schwer für dich.«

»Nein, nein, der Herr schlägt mich.«

»*Na tars*, hab keine Angst. Siehst du, schon erledigt.«

Ein Lächeln hier, ein paar tröstende Worte dort, und Bilqis' Welt veränderte sich allmählich. Hamid war der einzige Lichtblick in ihrem trostlosen Alltag. Wenn er nicht kam, war sie traurig. Wenn sie seine Stimme hörte, klopfte ihr das Herz bis zum Hals. Der junge Mann war fröhlich, immer barfüßig, und mit einer Hose und einem Hemd bekleidet. Er hatte dieselben grünen Augen wie Bilqis, und auch er hatte sein Dorf verlassen und seinen Vater verloren.

5 *Hamid*

Der Schlag traf Bilqis mitten ins Gesicht, und sie flog der Länge nach zwischen die leeren Flaschen und die Reis- und Hirsesäcke. Sie schrie auf, hörte Glas splittern und stöhnte.

»Steh auf, du Dreckstück!«

Die Stimme des Hausherrn bebte vor Zorn und Entrüstung. Im nächsten Moment war der Laden voller Leute, die diskutierten, gestikulierten und gafften. Aber niemand wagte es, dazwischen zu gehen. Nicht einmal die beiden Dienerinnen, die in ihrer Arbeit innehielten.

»*Beke, ya Allah!* Ein bisschen schneller, oder du bekommst noch mehr Prügel!«

Mühsam versuchte Bilqis sich aufzurappeln. Sie kam auf die Knie, wollte aufstehen und fiel wieder hin. Ihr Schal war heruntergerutscht, sodass ihr kurzes, schlecht geschnittenes und schmutziges Haar zum Vorschein kam. Ein neuer Schlag, und Bilqis stürzte gegen das Regal mit den Haushaltswaren, die allesamt auf den Boden fielen. Blut strömte über das Gesicht des Mädchens, das bewusstlos zwischen den Waren lag.

»Aufstehen!«, brüllte der dicke Mann.

Die Zuschauer schwiegen betroffen.

»Du Nichtswürdige, ich hätte dich nie in meine Dienste nehmen sollen. Ihr da«, zischte er und zeigte auf die beiden Dienerinnen, »hebt sie auf und wascht sie, und dann soll sie wieder an ihre Arbeit gehen. Ich möchte, dass sie mein Zimmer noch einmal sauber macht – es ist viel staubiger als heute Morgen. Und sie soll mir das Geld zurückgeben, das sie mir gestohlen hat, und die goldene Halskette meiner Frau … habt ihr mich verstanden?« Damit verschwand er im Garten.

Bilqis wurde hochgehoben und zum Wasserbecken gebracht, wo ihr die beiden Dienerinnen das Blut abwuschen, das über ihr Gesicht lief. Auch ihr Schleier, ihre Hände und ihre Stoffschuhe waren blutverschmiert. Da sie keine Kleider zum Wechseln hatte, liehen ihr die beiden Dienerinnen das Nötigste für den restlichen Tag, bis ihre Sachen getrocknet waren. Die Hausherrin trug eine Salbe auf ihre Wunde auf und machte ihr einen Verband um den Kopf.

»Ich habe meine Halskette wiedergefunden«, sagte sie zu Bilqis. »Aber mein Mann hat gesagt, dass du ihm Geld gestohlen hast. Gib es ihm zurück, dann ist alles wieder in Ordnung. Und danach kommst du wieder und machst sein Zimmer sauber, und meins auch. *Bo do*, Mädchen, fort mit dir!«

»*Saheb Khanoum*, ich habe nichts angerührt! Ich habe dem Herrn nichts weggenommen … Ich habe noch nie etwas gestohlen!«

»Dann geh und sage es ihm, vielleicht hat er das Geld inzwischen selbst gefunden! Geh und sag's ihm.«

Bilqis hatte Angst, vor den Hausherrn zu treten, dessen Wutausbrüche im ganzen Viertel gefürchtet waren. Selbst Hamid hatte schon darunter zu leiden gehabt, als ihm eine Kiste heruntergefallen war und alle Gläser und Flaschen zerbrochen waren. Bilqis ging ihrem Herrn den restlichen Tag aus dem Weg und begnügte sich damit, den Boden mit Wasser zu besprengen, zu fegen, abzustauben und die Strohmatten und Teppiche auszuklopfen

Dann kam der Moment, vor dem sie sich die ganze Zeit gefürchtet hatte. Der Hausherr rief sie in das Hinterzimmer seines Ladens. Er war nicht allein, sondern erwartete sie im Kreis seiner Freunde, die jeden Tag zum Tricktrack-Spielen kamen.

»Ah, da bist du endlich, du Dreckstück. Du lässt dir ja alle Zeit der Welt. Wenn ich dir einen Befehl gebe, hast du sofort zu kommen, verstanden?«

Bilqis stand mit gesenktem Kopf da und antwortete nicht.

»Hast du gehört, was ich dir gesagt habe?«

Das Mädchen flüsterte kaum hörbar: »Ja.«

»Lauter, ich habe dich nicht verstanden!«

»Ja.«

»Ja, was?«

»Ja, Herr.«

»Meine Frau hat ihre Halskette wiedergefunden, aber mein Geld ist immer noch verschwunden. Geh und gib es mir wieder!«

Das Mädchen blieb wie angewurzelt vor all den Männern stehen, die mit überkreuzten Beinen im Halbkreis auf dem Boden saßen, die Würfel in der einen, die Teetasse in der anderen Hand. Der jüngste Spieler schaute Bilqis lauernd an.

»Na, was ist, Mädchen? Hast du nicht gehört, was dein Herr gesagt hat?«

Bilqis war wie gelähmt vor Schreck und rührte sich nicht.

»Bist du taub, oder was?«

Der Mann richtete sich drohend halb auf.

»Lass nur, ich mache das schon.«

Mühsam kam der Ladenbesitzer auf die Beine. Dann streifte der unförmige Mann mit den kurzen Beinen, der immer schlecht rasiert war und sein Hemd über der haarigen Brust weit offen trug, seine Pantoffeln über und ging auf Bilqis zu, die reglos mit gesenktem Kopf dastand.

»Hast du mich nicht gehört? Ich habe dir gesagt, du sollst das Geld holen, das du mir gestohlen hast. Hast du verstanden?«

Zwei dicke Tränen rollten über die Wangen des jungen Mädchens.

»Du kannst weinen, so viel du willst, das nützt dir gar nichts. Das hättest du dir vorher überlegen sollen. Hörst du mich?«

Und im nächsten Moment schoss der rechte Arm des Hausherrn nach vorne, und seine Hand schlug gegen die Wange des Mädchens, das der Länge nach zwischen die Spieler und ihren Spieltisch fiel. Die Männer murrten, fluchten und prügelten mit vereinten Kräften auf den Störenfried ein, der sie daran gehindert hatte, ihr Spiel fortzusetzen. Der jüngste Spieler ging in die Knie, hob Bilqis auf und schaute ihr in die Augen. Ihr Gesicht war wieder blutüberströmt.

»Du blutest wie ein Schwein und stinkst. Hau ab, *gom sho*!«

Der Ladenbesitzer rief die beiden Dienerinnen, die wie immer mit ihrer Wäsche im Hof beschäftigt waren, und befahl ihnen, »diese Hündin von einem Dienstmädchen mitzunehmen, die zu nichts nütze ist«.

»Sie soll verschwinden, ich will sie hier nicht mehr sehen. Mit ihr ist der Teufel in mein Haus gekommen!«

Nach diesem Zwischenfall verrichtete Bilqis nur noch Arbeit für die Hausherrin. Sie versteckte sich, sobald sie die Stimme des Ladenbesitzers hörte, und ließ sich überhaupt so wenig wie möglich sehen. Der *Saheb* wusste, dass das Dienstmädchen immer noch im Haus war, und wollte sie auch nicht verlieren. Da er Geld für sie bezahlt hatte, würde er sich nur von ihr trennen, wenn er einen guten Preis für sie bekam. Er dachte nicht daran, auf das Mädchen zu verzichten, solange sie ihm noch etwas einbrachte.

»Ich habe gar kein Geld verloren, sondern wollte sie nur einschüchtern und dafür sorgen, dass sie mir Tag und Nacht zur Verfügung steht. Dieses Dreckstück muss man in Angst und Schrecken versetzen, sonst bestiehlt sie uns und bringt uns um Haus und Hof. So muss ich ihrer Mutter wenigstens kein Geld mehr geben. Ich werde sogar verlangen, dass sie mir zurückzahlt, was sie mir schuldet.«

Seine Frau sagte nichts dazu. Sie kannte ihren Mann und wusste, wozu er fähig war.

»Dass du dieser Hündin bloß nichts verrätst. Du hättest gar nicht zugeben dürfen, dass du deine Halskette wiedergefunden hast. Jetzt stehst du schön da. Niemand wird dir jemals wieder glauben.«

Eines Tages kam Hamid nicht mehr in den Laden. Was war mit ihm passiert? Ein anderer Lieferbursche hatte seinen Platz eingenommen. Bilqis' Wunden waren allmählich verheilt, aber die Narben blieben. Sie konnte sich nur unter Schmerzen die Haare kämmen, die wieder so lang und schön geworden waren wie früher. Ihr Kopf war voller Krusten, die oft aufgingen und erneut zu bluten anfingen. Immer wieder hagelte es Schläge, und Bilqis hatte sich angewöhnt, wie zum Trotz nicht mehr die Hände vor das Gesicht zu halten, was den dicken Mann noch wütender machte, denn er konnte es nicht ertragen, dass man ihm die Stirn bot. Einmal warf sich seine Frau dazwischen.

»Hör auf, sie hat dir nichts getan. Ich habe die Tasse selber zerbrochen.«

»Misch dich nicht in meine Angelegenheiten ein. Ich weiß, dass sie es war, sie macht alles kaputt.«

»Wenn ich dir doch sage, dass ich es war!«

»Schweig still, Frau, ich bin hier der Herr im Haus. Du hast gefälligst den Mund zu halten.«

Als Bilqis ihrer Herrin an diesem Abend den Tee brachte, sagte sie mit leiser Stimme: »Ich danke Ihnen, *Saheb Khanoum*, vielen Dank.«

»Wofür dankst du mir?«

»Für die Tasse …«

»Ich hätte besser den Mund halten sollen. Du bringst uns nichts als Kummer und Sorgen. Ich werde ein anderes Haus für dich finden müssen.«

Hamids Rückkehr war ein Schock für Bilqis. Sie fegte gerade das Lager, als eine Stimme hinter ihr ertönte und sie zusammenfahren ließ.

»*Salam!*«

Bilqis erkannte die Stimme sofort wieder, nach der sie sich seit einem Monat vergeblich gesehnt hatte. Sie richtete sich auf, und ein Schauer lief ihr über den Rücken.

»*Salam*«, antwortete sie mit gesenktem Kopf, damit Hamid ihr Gesicht nicht sehen konnte, das von den Schlägen am Morgen geschwollen und voller Blutergüsse war.

»Ich war zu Hause in meinem Dorf, weil meine Mutter gestorben ist. Dann habe ich meine Geschwister in die Stadt mitgebracht, sie sind bei meiner Tante. Jetzt bin ich das Familienoberhaupt und muss mich um sie kümmern.«

Bilqis antwortete nicht. Sie war glücklich, dass der einzige Mensch, der es gut mit ihr meinte, wiedergekommen war.

Sie wollte ihm nicht sagen, dass sie regelmäßig geschlagen und gedemütigt wurde, um ihm keinen Kummer zu machen. Sie verbarg ihre blau verfärbten Wangen und die aufgeplatzten Lippen.

»Ich muss jetzt gehen. Ich komme bald wieder. *Khoda hafez.*«

Und damit verschwand er genauso schnell wie er gekommen war. Bilqis schöpfte neue Hoffnung, und ihr Lebensmut kehrte zurück. Sie nahm Eimer und Besen und holte Wasser im Hof. Die Begegnung mit Hamid, seine Stimme, sein Anblick hatten ihr so viel Kraft gegeben, wie sie es nie für möglich gehalten hätte. Was kümmerten sie die Schläge und Beleidigungen, solange sie wusste, dass Hamid nicht weit von ihr war, dass er sie vielleicht beschützen würde, wenn sie ihn darum bat?

Bilqis hatte inzwischen alle Geschwister von Hamid kennen gelernt, denn er brachte jedes Mal einen Bruder oder eine Schwester mit, und das gefiel ihr. Mit den Kindern ging sie ungezwungener um und war weniger schüchtern als bei ihrem großen Bruder. Sie lächelte, redete mit ihnen und zupfte ihre Kleider zurecht. Manchmal schenkte sie ihnen eine Pistazie oder ein Bonbon, das sie im Laden gestohlen hatte.

Abgesehen von diesen kleinen Lichtblicken gingen die Tage freudlos dahin, und Bilqis war vom frühen Morgen bis tief in die Nacht auf den Beinen, je nach der Laune des Hausherrn und seiner Kumpane. Sie bekam immer noch Schläge, aber nicht mehr so oft. Sie arbeitete besser, und der Boden war sauberer, das Lager aufgeräumter und der Tee stark genug. Aus dem kleinen Bauernmädchen aus Garm-Ab war eine schöne junge Frau geworden, hoch gewachsen und mit anmutigen Formen, die sich unter der ärmlichen Kleidung abzeichneten. Ihr Haar, das sie einmal in der Woche in dem Wasserbecken im Hof wusch, wenn die Herrschaft nicht da war, war wieder lang und glänzend. Sie hatte einen neuen Rock bekommen, und die Hausherrin hatte ihr zum *nowroz* 1371 (1992) ein Paar Pantoffeln geschenkt. Es war das dritte Neujahrsfest, das Bilqis fern von ihrem Dorf verbrachte. Sie hatte keinerlei Nachrichten von ihrer Familie oder von Najmuddin, der in den umliegenden Dörfern und Bergen herumreiste und den braven Kindern Leckereien und Süßigkeiten brachte. Bilqis dachte an ihre Mutter, die sich plötzlich in eine hasserfüllte, tobende Furie verwandelt hatte, als sie erfahren hatte, was am Fluss unten geschehen war. Und Maryam? Und Shala? Was war aus ihnen geworden? Sie waren sicher ein ganzes Stück gewachsen und hübsche kleine Mädchen geworden. Rahim musste inzwischen zwölf oder dreizehn und Fateh über zehn sein. Bilqis nahm an, dass die beiden Jungen der Mutter bei den täglichen Arbeiten halfen. Mirwais dagegen, der kleine Teufel, der überall herumrannte und die Hühner aufscheuchte … Sie lächelte in sich hinein. All das war so weit weg, und doch dachte sie oft an ihre Berge, an ihr Dorf, an ihre Mutter und an Leila, die Nachbarin …

»Ist da jemand?«

Bilqis stellte ihren Besen ab und horchte auf.

»Kessi hast?«

Was sollte sie tun? Sie wusste nicht, wo der *Saheb*

war. Zögernd ging sie in den Laden hinüber. Ein großer Mann mit einem dicken Schnurrbart knabberte ungeniert Rosinen, Mandeln und Trauben, die er sich aus den Körben genommen hatte. Plötzlich sah er das junge Mädchen.

»Endlich, da bist du ja – das hat aber gedauert.« Der Mann kam auf sie zu und musterte sie.

»Wie heißt du?«

»Bilqis.«

»Das ist ein schöner Name. Meine Schwester heißt auch so. Also, Bilqis, du bist die Tochter von …?«

»Nein, nein – ich bin nur die Dienerin.«

»Und wie alt ist die Dienerin?«

Bilqis verstand die Frage nicht.

»Wie alt bist du?«

»Dreizehn vielleicht, oder vierzehn …«

»Nicht älter?«

Das Dienstmädchen hielt den Kopf gesenkt. Der Mann hob ihr Kinn mit dem Zeigefinger hoch.

»Mach die Augen auf, wenn ich mit dir spreche.«

Bilqis hob den Blick, und der Mann zuckte erschrocken zurück.

»Nein, was für Augen! Wie zwei *zomorod*, zwei dicke *zomorod*.«

Bilqis verstand gar nichts und verharrte reglos vor diesem Fremden, der unverständliche Dinge sagte und die Dreistigkeit besessen hatte, ihr Gesicht zu berühren.

»Gib mir hundert Gramm Rosinen und hundert Gramm *tokhmeh*.«

Bilqis rührte sich nicht.

»Hast du nicht verstanden? *Ya Allah! Zoud kone,* ich bin in Eile.«

»Ich … das darf ich nicht … Ich darf die Sachen hier nicht anrühren. Der *Saheb* schlägt mich sonst …«

»Er schlägt dich? Das soll er nur versuchen!«

Der Mann nahm eine Tüte aus Zeitungspapier und füllte sie mit Rosinen. Dann machte er dasselbe mit den getrockneten Sonnenblumenkernen, die er verlangt hatte.

»Ich nehme auch Pistazien und Mandeln. Weißt du, wie viel das kostet?«

Bilqis wusste es nicht. Sie bekam nie Geld in die Hände und kannte seinen Wert nicht.

»Hier, nimm das Geld. Nimm es und gib es deinem Herrn. Auf Wiedersehen, mein Kind, und Gott schütze dich.«

Als der Hausherr in den Laden zurückkam, gab Bilqis ihm die Geldscheine.

»Was ist das? Wo hast du das Geld gestohlen?«

Bilqis wich einen Schritt zurück, die Hand mit den Geldscheinen immer noch ausgestreckt.

»Ich habe dich gefragt, wo dieses Geld herkommt? Wem hast du es weggenommen?«

»Da war ein Herr, der *tokhmeh* genommen hat, und dann hat er mir das hier gegeben.«

»Wer ist dieser Mann? Kenne ich ihn? Hast du ihn schon einmal gesehen?«

Bilqis schüttelte den Kopf.

»Wie viele Sonnenblumenkerne hat er genommen?«

»Eine Tüte voll«, antwortete Bilqis und zeigte auf das Regal.

»Und sonst hat er nichts genommen?«

»Er hat noch *keshmesh*, Rosinen, genommen, auch eine Tüte voll.«

»Das ist alles?«

»Und Pistazien und Mandeln.«

»Hast du ihn bedient?«

»Er hat sich selber bedient, dann hat er mir das Geld gegeben und ist wieder gegangen.«

»Wo ist er hingegangen?«

»Dort hinunter«, sagte Bilqis und zeigte auf die andere Seite der Straße.

»Weißt du, was du getan hast? Du hast mich bestohlen. Ist dir überhaupt klar, was du da angestellt hast? Was er genommen hat, ist das Zehnfache, das Zwanzigfache wert – vielleicht sogar noch mehr!«

Und wieder hagelte es Schläge. Bilqis stürzte auf den Boden, und der Ladenbesitzer schlug sie in den Rücken und auf den Hinterkopf. Dann trat er sie mit Füßen. Bilqis schrie nicht, was den Mann noch wütender machte, sodass er immer brutaler zuschlug.

»Aufhören, aufhören!«

Der Ladenbesitzer drehte sich um und sah Hamid auf der Türschwelle stehen.

»Was suchst du hier?«

»Ich bringe die Flaschen.«

»Stell sie auf den Boden.«

Der junge Mann stellte seine Last ab.

»Und jetzt hau ab, los, verschwinde!«

»Sie dürfen Bilqis nicht schlagen. Sie dürfen sie nicht schlagen.«

»Was geht dich das an, du unverschämter Kerl? Kümmere dich gefälligst um deinen eigenen Dreck.«

»Sie dürfen Bilqis nicht schlagen. Das ist nicht in Ordnung, glauben Sie mir.«

»Sie hat mich bestohlen. Sie hat mein Geld gestohlen.«

»Ich habe alles gehört, sie hat nichts gestohlen. Sie hat Ihnen das ganze Geld gegeben, das sie von dem Kunden bekommen hat.«

»Welcher Kunde? Es gibt keinen Kunden. Sie hat alles erfunden.«

»Ich habe den Kunden gesehen. Als er aus dem Laden gekommen ist, habe ich ihn getroffen. Ich ...«

»Kennst du ihn?«

»Natürlich kenne ich ihn.«

»Dann sag mir, wer es ist.«

»Aber *Saheb*, Sie haben doch gesagt, dass sie alles erfunden hat, dass es gar keinen Kunden gibt, und jetzt wollen Sie wissen, wer es ist?«

»Das hast du falsch verstanden.«

Bilqis schämte sich, dass sie von Hamid beobachtet worden war. Hamid dagegen schien stolz zu sein, dass er rechtzeitig dazugekommen war.

»Und? Wer ist dieser Mann?«

»Amanollah, der Werkstattbesitzer, der Cousin Ihrer Frau.«

Der dicke Mann war plötzlich sehr erschöpft. Er ließ sich auf einen Stuhl fallen und blieb einen Augenblick lang reglos sitzen. Man hatte ihn dabei erwischt, wie er sein Dienstmädchen wegen eines Vergehens geschlagen hatte, das sie nicht begangen hatte. Er hatte bestritten, dass der Kunde, von dem sie sprach, tatsächlich existierte, und jetzt hatte Hamid dem Unbekannten einen Namen gegeben und bewiesen, dass das Dienstmädchen im Recht war.

»Geht es Ihnen nicht gut, Chef?«

Der Ladenbesitzer antwortete nicht.

»Soll ich Ihnen ein Glas Wasser holen?«

»*Gom sho* – hau ab und lass dich hier nie wieder blicken!«

Hamid hatte oft bemerkt, dass Bilqis Blutergüsse und Schwellungen im Gesicht hatte, die von Schlägen herrührten. Ohne großen Erfolg bemühte sich das Mädchen, die Spuren der Misshandlungen zu verbergen. Hamid hätte ihr gern geholfen, aber er wusste nicht, wie er das anstellen oder wie er sie darauf ansprechen sollte. Er wusste fast gar nichts über dieses Dienstmädchen, das eines Tages aus den Bergen gekommen war. Nie hatte er sie auf der Straße oder in Begleitung eines gleichaltrigen Mädchens gesehen. Er traf sie immer nur in gebückter Haltung bei der Arbeit im Laden oder im Lager an, wo sie schweigend viel zu schwere Lasten auf den schmalen Schultern trug, Tee servierte, die Wasserpfeife anzündete und wie ein Schatten, der das Licht fürchtet, immer an der Wand entlanghuschte.

Aber eines Morgens bot sich die Gelegenheit, auf die Hamid so lange gewartet hatte. Als er mit seinen

Getränkekisten kam, sah er den Hausherrn weggehen und hörte, wie er seiner Frau zurief: »Kümmere dich um alles, ich bin erst heute Abend wieder zurück.« Hamid ging in den Laden hinein.

»Saheb Khanoum, salam.«

Die Ladenbesitzerin grüßte zurück.

»Ist der Herr da?«

»Er ist eben weggegangen.«

»Das ist schade.«

»Warum schade?«

»Weil ich mir meine Rechnung bezahlen lassen wollte. Er ist zwei Wochen im Rückstand.«

»Komm morgen wieder, dann ist mein Mann zu Hause.«

»Aber was wird mein Chef dazu sagen? Wie soll ich ihm das erklären?«

»Richte ihm aus, was ich dir gerade gesagt habe. Er bekommt sein Geld morgen.«

Hamid brachte seine Kisten herein und schaute sich dabei verstohlen nach Bilqis um. Plötzlich hörte er das vertraute Scharren des Besens, mit dem sie nebenan den Boden fegte. Er warf einen Blick ins Lager, und als er Bilqis dort entdeckte, flüsterte er ihr schnell zu: »Bleib, wo du bist. Rühr dich nicht vom Fleck, ich komme gleich zurück.«

Er stellte die letzten Kisten ab, dann rief er der Hausherrin zu, die in der angrenzenden Küche verschwunden war: »Auf Wiedersehen, *Saheb Khanoum,* bis morgen!«

»Bis morgen, Hamid!«

Auf Zehenspitzen schlich der junge Mann ins Lager hinüber und machte Bilqis ein Zeichen, ihm in eine dunkle Ecke zu folgen.

»Mach mit deiner Arbeit weiter und hör mir zu – hör mir gut zu.«

Bilqis' Herz klopfte voller Angst. Was wollte dieser Junge von ihr, den sie kaum kannte und der ihr doch so viel bedeutete?

»Ich habe gesehen, was dein Herr dir neulich angetan hat, und ich weiß, dass er dich oft schlägt.«

Bilqis schob ihren Besen weiter über den Boden.

»Wenn du von hier weg möchtest, brauchst du es nur zu sagen. Ich habe Platz zu Hause, und du könntest auf meine kleinen Geschwister aufpassen. Dann kann ich unbesorgt zur Arbeit gehen, weil ich weiß, dass jemand bei meiner Tante ist und die zehn Kinder hütet, die bei ihr leben. Was meinst du dazu?«

Bilqis gab keine Antwort. Sie ließ den Besen einen Augenblick ruhen, dann nahm sie ihre Arbeit wieder auf. Ihre Blicke begegneten sich einen Augenblick lang, und Hamid glaubte ein schüchternes Lächeln auf Bilqis' Gesicht gesehen zu haben.

»Ich komme morgen wieder, und dann sagst du mir, was du davon hältst. Ich werde gegen Mittag hier sein, an derselben Stelle. Um diese Zeit raucht der *Saheb* seine Pfeife beim Nachbarn.«

Am nächsten Tag kam Hamid wieder. Bilqis lag auf den Knien und putzte den Boden. Unbeobachtet schlich er ins Lager hinein.

»Und?«

Bilqis schrubbte weiter und schaute nicht auf.

»Hast du dich entschieden? Willst du mit mir kommen?«

Bilqis nickte langsam.

»Gut. Dann komm nächste Woche. Ich habe schon mit meiner Tante gesprochen, sie freut sich auf dich. Lass dir nichts anmerken, mach weiter wie sonst auch, ich kümmere mich um alles.«

Der junge Mann ging unbemerkt in den Laden hinüber und rief nach der Herrin des: »Ist da jemand? *Saheb Khanoum*, sind Sie da?«

»*Amadam*, ich komme! Was gibt es? Ach, du bist es, Hamid. Warum schreist du denn so laut?«

»Weil ich heute gut gelaunt bin. Wo ist denn nun der *Saheb*? Es geht um meine Rechnung.«

Die Herrin brummte mürrisch, und Hamid lief aus der Tür zum Nachbarn hinüber.

Eine Woche später lebte Bilqis bereits am anderen Ende der Stadt in dem einstöckigen Häuschen von Homa Khanoum, Hamids Tante. Der Umzug war einfach gewesen. Bilqis hatte nichts weiter als einen Rock, ein Hemd, ein Paar Wollstrümpfe und einen Kamm in ihr Bündel gepackt. Während der junge Mann die vollen Getränkekisten hinein- und die leeren hinausschleppte, schmuggelte er unbemerkt Bilqis' Sachen mit hinaus, und als der Hausherr und die Hausherrin sich zu ihrem Mittagsschlaf zurückgezogen hatten, holte er Bilqis selber und wies sie an, ihm unauffällig durch die Straßen zu folgen. Zehn Minuten später kamen sie zu einem Haus aus Backstein und Lehm, das gut instand gehalten war. Ein kleiner Garten mit einem Wasserbecken verlieh dem Ort eine angenehme Kühle. Tiefe Stille lag über allem.

»Um die Zeit schlafen alle. So ist das jeden Tag. Du machst es genauso. Um vier Uhr wird es hier wieder lebendig, dann laufen alle herum und schreien und lachen …«

Zum ersten Mal seit zwei Jahren war Bilqis auf die Straße gegangen. Sie hatte nie die Türschwelle des Ladenbesitzers überschritten, hatte nie weiter gesehen als bis zum Ende der Straße.

»Komm, ich gebe dir etwas zu trinken, einen Sirup, du hast bestimmt Durst … Setz dich hierher, ich führe dich im Haus herum, wenn alle wach sind.«

Eine halbe Stunde später erschien ein zerzauster Kinderkopf in der Tür.

»Ist sie das?«

»Ja, das ist Bilqis. Sie ist meine Freundin. Sie wird sich um euch kümmern … komm her und sag ihr guten Tag.«

Dann erschien ein zweiter Kopf, gefolgt von einem dritten. Bald war das Zimmer zu klein, um die ganze neugierige Kinderschar aufzunehmen, die das neue Mädchen sehen wollten. Endlich erschien auch Hamids Tante, Homa Khanoum. Bilqis stand auf und senkte schüchtern den Kopf.

»*Salam.*«

»*Salam alaikum, Khanoum.*«

»*Khosh amadi* – willkommen bei uns.«

Homa Khanoum war etwa so alt wie Homeira, vielleicht etwas jünger. Sie war groß, schlank, hielt sich aufrecht und hatte ein feines, freundliches Gesicht.

»Seit dem Tod meiner Schwester sind wir hier zu zwölft. Aber das weißt du vielleicht schon … Mein Mann ist vor drei Jahren im Krieg gefallen. Ich muss allein für die ganzen Kinder sorgen, und Hamid hilft mir viel dabei. Er ist ein guter Junge, der von morgens bis abends arbeitet. Ich weiß nicht, wann er die Zeit zum Schlafen findet. Er legt sich als Letzter hin und steht als Erster wieder auf. Hier bist du willkommen, fühl dich wie zu Hause bei uns. Du hilfst mir im Haushalt, ich gebe dir zu essen, und du schläfst bei mir und den beiden ältesten Mädchen, die zwölf und elf Jahre alt sind. Wir werden uns gut verstehen, du wirst schon sehen.«

Bilqis hatte immer noch kein Wort gesagt. Das alles kam ihr wie ein Traum vor. Die Kinder fassten sie an, lächelten ihr zu und wollten auf ihre Knie klettern …

»*Batchaha*, Kinder! Ruhig jetzt, *yavash*! Lasst Bilqis in Ruhe … Sie bleibt hier, sie läuft euch nicht weg …«

Dem jungen Mädchen traten die Tränen in die Augen. Sie sah sich wieder zu Hause, wie sie ihrer Mutter dabei half, die kleinen Geschwister zu waschen, zu füttern und abends ins Bett zu bringen … Das alles war so weit weg!

»Weinst du?«, fragten die Kinder. »Warum weinst du denn?«

»Sie weint nicht«, sagte Hamid, »sie ist nur glücklich, dass sie hier ist, und sie ist ein bisschen müde. Geht jetzt spielen und lasst sie in Ruhe!«

Sofort verschwand die ganze Kinderschar, genauso schnell wie sie gekommen waren.

»Es sind liebe Kinder, du wirst schon sehen, aber wenn Besuch kommt, ist das immer eine Aufregung für sie.«

Bilqis wusch sich kurz, legte ihr kleines Bündel auf ein Regal und ging zu Homa Khanoum in die Küche.

»Hamid hat mir von deinen Sorgen erzählt. Vergiss deine frühere Herrschaft, denk nicht mehr an sie. Ich kenne sie kaum, aber sie haben keinen guten Ruf. Sie hatten schon viele Dienstmädchen, aber keines ist lange dort geblieben. Zeig dich nicht auf der Straße, bis Gras über die Sache gewachsen ist. Sie werden nicht lange nach dir suchen und bald Ersatz für dich finden. Hier gehörst du zur Familie, du isst mit uns, du schläfst mit uns, du machst deine Arbeit mit mir, und wir gehen zusammen in den Bergen spazieren. Und wenn du Sorgen hast, dann komm zu mir und sag es mir.«

Noch nie war jemand so freundlich zu Bilqis gewesen, nicht einmal zu Hause in Garm-Ab.

»Besonders viele Sachen hast du nicht. Ich gebe dir ein paar Kleider, die ich nicht mehr trage, und du bekommst eine neue Hose und anständige Sandalen. Ich habe auch einen schönen Schal für dich.«

Der Ladenbesitzer hatte vergeblich Nachforschungen angestellt und war wütend.

»Dieses liederliche Stück! Nicht genug, dass sie gestohlen hat, sie hat auch nicht gearbeitet, nur schlecht gerochen und meine Kunden verrückt gemacht. Hast du sie nicht gesehen, Hamid, du kommst doch so viel im Ort herum?«

»Nein, Herr, aber wenn ich etwas höre, sage ich Ihnen Bescheid.«

»Ich weiß, dass du etwas weißt … Aber sieh dich vor! Wenn du mir nicht die Wahrheit sagst, wirst du mir das büßen …«

»Warum sollte ich Ihnen nicht die Wahrheit sagen? Ich war ja nicht einmal da, als sie verschwunden ist. Ich weiß nichts, ich schwöre es Ihnen!«

»Glaubst du, ich hätte nicht gemerkt, dass dir die kleine Schlampe gefallen hat? Gib es ruhig zu – sag schon, hab ich nicht Recht?«

»Was fällt Ihnen ein, Herr? Ich kenne sie doch kaum. Sie hat mit niemandem gesprochen, ich habe sie nicht einmal gegrüßt …«

Die Hausherrin mischte sich ein: »Ich habe einmal gesehen, wie du mit ihr gesprochen hast. Was wolltest du von ihr?«

Aber die Zeit verging, und nach ein paar Wochen war Bilqis vergessen. Ein anderes Mädchen war an ihre Stelle getreten und musste die Misshandlungen des jähzornigen, herzlosen Ladenbesitzers erdulden.

Homa hielt sich mit Näharbeiten über Wasser, die sie zu Hause machte: Blusen, Hosen, Burkas, Deckchen, Taschentücher, Schals … Bilqis hatte in ihrem Dorf nähen gelernt, aber sie staunte über die Geschicklichkeit ihrer neuen Herrin. Geduldig und beharrlich lernte sie die Nadel zu führen und die fußbetriebene Nähmaschine zu bedienen, mit der Schere und dem Bügeleisen umzugehen, das auf der Herdplatte erhitzt wurde. Wenn Hamid kam, lächelte sie ihm zu und senkte dann schnell wieder den Blick auf ihre Arbeit. Sie hatte diesen Jungen ins Herz geschlossen, der immer ausgeglichen und gut gelaunt war, geduldig mit den Kindern, respektvoll gegenüber seiner Tante und zu ihr selber stets freundlich und hilfsbereit. In gewisser Weise war Hamid der Herr im Haus. Obwohl er nie die Stimme erhob, gehorchten ihm alle. Er half seiner Tante, die schwersten Lasten zu tragen, die Wäsche aufzuhängen, das Wasser im Becken zu wechseln, den Boden zu wischen und die Fliesen zu bohnern. Er begleitete sie auf den Markt, wo er die Preise aushandelte, scherzte und grüßte.

Wenn er am Mittag oder am Abend nach Hause kam, brachte er immer etwas für Bilqis mit: manchmal ein Bonbon, Pistazien oder Mandeln und hin und wieder eine Blume, die er irgendwo gepflückt hatte. Ab und zu streifte er wie zufällig ihre Schulter oder berührte ihre Hand … Eines Tages stach Bilqis sich mit einer Nadel tief in den Finger und Hamid wusch ihre Wunde unter dem Wasserhahn im Garten aus und machte ihr einen Verband aus Watte und Nähgarn. Als er fertig war, gab er ihr einen Kuss auf die Stirn und lief schnell auf die Straße hinaus.

»Sie gefällt dir, nicht wahr?«

»Was redest du da, Tante?«

»Ich sehe es dir doch an, seit einiger Zeit bist du nicht mehr derselbe …«

»Ich weiß nicht, was du meinst. Ich tue meine Arbeit, helfe allen, so gut ich kann, und natürlich auch Bilqis.«

»Und soweit ich sehe, lässt sie sich deine Aufmerksamkeiten gern gefallen. Sie stellt mir keine Fragen, aber ich sehe wohl, dass sie glücklich ist, wenn du nach Hause kommst. Sie bringt dir deinen Tee, setzt sich in deine Nähe, ich bin ja nicht blind!«

»Ich finde Bilqis sehr nett, sie macht ihre Arbeit gut und hilft dir, so viel sie kann. Ich glaube, sie hat hier ein Zuhause gefunden, und das freut mich für sie.«

»Hat sie dir gesagt, dass sie weder lesen noch schreiben kann?«

»Na und?«

»Deine kleinen Geschwister sind jeden Tag zwei Stunden in der Schule, und deine Cousins auch. Bilqis hat nie einen Fuß in die Schule gesetzt, was sagst du dazu?«

»Was soll ich dazu sagen? Ich werde jeden Tag das Alphabet und ein paar einfache Wörter mit ihr üben, und wenn sie Fortschritte gemacht hat, kann sie auch in die Schule gehen. Ist dir das recht?«

»Aber woher willst du die Zeit dafür nehmen?«

»Das wird sich schon finden, mach dir keine Sorgen. Frag sie nur, Tante, ob sie einverstanden ist. Und wenn sie abends mit den Kleinen die Schulaufgaben macht, kommt sie selbst noch schneller voran.«

Gesagt, getan. Bilqis bekam ihre erste Unterrichtsstunde im Herbst, und im Frühjahr konnte sie bereits über zweihundert Wörter schreiben. Im nächsten

Herbst wäre sie weit genug, um in die vierte Klasse der gegenüberliegenden Schule zu gehen, sofern sie dazu überredet werden konnte! Die Straße machte ihr Angst, sie war nie ausgegangen, weder allein noch mit anderen.

»Sie will nicht aus dem Haus …«

»Mach dir keine Sorgen, Tante. Ich sorge dafür, dass sie ihre Meinung ändert. Und außerdem haben wir noch sechs Monate Zeit …«

6 *Die Flucht*

Sommer 1993. Die kleine Stadt Alandar glühte vor Hitze. Die Luft war unerträglich stickig, die Hauptstraße totenstill und verlassen. Von Zeit zu Zeit tauchte ein streunender Hund auf und suchte nach einem Knochen oder weggeworfenen Abfällen. Die wenigen Bäume standen unbeweglich in der Sonne, wie vom Staub erstickt.

Selbst der Harirud, der im Norden des Städtchens floss, war ausgetrocknet und voll magerer Fische, die mit dem Bauch nach oben trieben. Kein Wölkchen war am Horizont zu sehen, nicht einmal der kleinste Vogel am Himmel.

Die Siesta war allen heilig, und der ganze Ort lag in tiefem Schlaf. Auf einigen Dächern wehten Fahnen, Mücken schwirrten gierig um die Obst- und Gemüsekarren im Inneren der Läden, und die afghanische Flagge auf dem Rathausdach war so grau wie der Boden und die Hauswände.

Plötzlich dröhnte ein Motor in der Ferne. Das Geräusch kam näher und verebbte wieder, je nach den Biegungen, die die Straße machte. Schließlich wurde es immer lauter, und dann erschienen ganz am Ende der

Straße drei Fahrzeuge, die langsam in den Ort hineinrollten.

Die Bewohner kamen nacheinander mit fragendem und neugierigem Blick aus ihren Häusern. Einige hatten nur eine Schlafanzughose an, andere trugen eine kurze Unterhose oder hatten sich ein Tuch um den Leib geschlungen.

Der vorderste Wagen hielt vor dem Rathaus, dem Sitz des Bürgermeisters.

»Shahrwali kodjast?«

»Der Bürgermeister ist zu Hause, ich gehe ihn holen«, bot ein junger Mann an und stürzte zum Fluss hinunter.

Die etwa zehn bewaffneten Männer waren Soldaten – bärtige, kurz geschorene, relativ junge und abgebrühte Gestalten, die sich jetzt auf die Bank vor dem Rathaus setzten.

»Tchai biarin.«

»Sofort. Ich bringe Ihnen gleich Tee«, bot ein anderer Dorfbewohner an. »Einen Augenblick.«

Der Bürgermeister kam, zog die Hose hoch und stopfte sein Hemd in den Bund.

»*Khosh amadid,* seid willkommen. Was kann ich für Sie tun?«

Einer der Männer, der sich als Anführer zu erkennen gab, fiel ihm ins Wort.

»Bist du der Bürgermeister des Orts?«

»Ja, der bin ich.«

»Seit wann?«

»Seit ungefähr acht Jahren.«

»Dann musst du eine Liste von allen Einwohnern deiner Stadt haben, richtig?«

»Ja, die habe ich. Sie ist in meinem Büro.«

»Geh und hole sie und lass alle Männer im Ort zusammentrommeln. In einer Viertelstunde müssen sie hier versammelt sein. *Ya Allah, zoud kone!*«

Der Bürgermeister gehorchte und verschwand.

Von seinem Jeep herunter wandte sich der Wortführer der Soldaten an die Männer der Stadt: »Wisst ihr, wer ich bin?«

Die Männer schauten sich an, Gemurmel wurde laut, dann herrschte wieder Schweigen.

»Ich bin Hauptmann Azizollah Khan und komme mit meinen Männern aus Herat. Wie viele von euch kennen Herat? Hebt den Arm!«

Acht, zehn, zwölf, zwanzig Arme gingen in die Höhe.

»Du dort, da vorne, was weißt du über Herat?«

Der Mann stotterte: »Das ist eine große Stadt, ich habe noch nie einen solchen Ort gesehen …«

»Und du dort, was ist Herat?«

»Dort gibt es die große Al Djami-Moschee, den Palast … den Palast …«

Der Hauptmann hob beide Arme.

»Die *Schorawi* sind vor vier Jahren abgezogen«, sagte er und spuckte auf den Boden. »Der Teufel soll sie holen.«

Die Männer wiederholten im Chor: »Der Teufel soll sie holen!«

»Aber ein anderer Feind bedroht uns im Landesinneren, und der ist genauso gefährlich und niederträchtig … Wisst ihr, wer diese Schurken und Feinde Gottes sind?«

Die Männer schauten sich wieder an und machten betretene Gesichter.

»Nun, ich will es euch sagen: Diese neuen Feinde sind die Leute aus dem Norden, die aus Mazar-Sharif, aus Kunduz und Pandschir … Alle die, die ihr Geld und ihre Waffen aus dem Ausland bekommen … Die Krieg gegen unseren Präsidenten und meinen Vorgesetzen Ismail Khan führen. Habt ihr mich verstanden, Männer?«

Alle nickten.

»Ja, Herr Hauptmann!«

Der Offizier räusperte sich und schlug das Register auf, das der Bürgermeister ihm gegeben hatte.

»Ich werde jetzt die Namen der Männer ganz langsam vorlesen, einen nach dem anderen. Wenn ihr aufgerufen werdet, dann macht einen Schritt nach vorne und meldet euch bei meinen Leutnants. Habt ihr verstanden?«

»Ja, Herr Hauptmann.«

Hamid beobachtete die Szene von ferne. Er war vom Lärm der Jeeps aufgewacht und hatte es vorgezogen, sich abseits zu halten. Von weitem sah er, wie die Gruppe der Männer größer wurde, er wusste, warum die Soldaten hergekommen waren. Er hatte nicht die geringste Lust, in den Krieg zu ziehen.

114 Namen wurden vorgelesen und die unter Vier-

zehnjährigen wieder in ihre Häuser geschickt. Vierzig Männer blieben in der Sonne zurück und warteten in Reih und Glied, bewacht von zehn Militärs, die ihre Waffen über der Schulter trugen.

»Es fehlen elf Männer. Ich lese die Namen noch einmal vor.«

Niemand rührte sich.

»Wisst ihr, wo sie sind?«

Einer der Abwesenden war in Chaghcharan bei seinem kranken Vater. Ein anderer hatte seinen Bruder nach Badgah begleiten müssen. Der dritte lebte jetzt in Kamanj ... Die Männer beratschlagten untereinander.

»Und Hamid Zikria?«

Jeder kannte Hamid, den jungen Getränkelieferanten. Niemand antwortete.

»Wo ist sein Haus? Ich wiederhole: Wo ist sein Haus?«

Ein paar Arme deuteten nach Norden, in Richtung der Moschee.

»Du dort, begleite den Leutnant zu seinem Haus und bring ihn mir her. Los, schnell!«

Homa machte den beiden Männern auf.

»Hamid ist nicht mein Sohn. Er ist der Sohn meiner verstorbenen Schwester.«

»Wo ist er?«

»Er ist vor ein paar Tagen nach Masjed Negar gegangen, wo seine Mutter gelebt hat, um die Angelegenheiten der Familie zu regeln. Seine Mutter ist tot, und er hat Brüder und Schwestern, ist das Oberhaupt der Familie und muss sich um die Kinder kümmern.«

»Wann will er wiederkommen?«

»In einer Woche, glaube ich. Ich weiß es nicht genau ...«

Dem Hauptmann wurde Bericht erstattet.

»Alle Abwesenden haben eine Woche lang Zeit, um sich im Rathaus zu melden. Wer sich bis dahin nicht gestellt hat, wird als Deserteur behandelt und sofort standrechtlich erschossen, zur Abschreckung für die anderen. Habt ihr das verstanden?«

»Ja, Herr Hauptmann.«

Azizollah Khan und der Bürgermeister redeten noch einen Augenblick miteinander, dann brausten die drei Fahrzeuge in einer Staubwolke davon. Der Bürgermeister ergriff das Wort: »Diese Männer kommen in einer Woche wieder. Ich weiß, dass ihr euren Ehemann, Sohn oder Vater beschützen wollt. Auch ich will nicht, dass mein sechzehnjähriger Sohn den Kopf hinhält und im Krieg umkommt. Niemand will das. Aber ich will auch nicht, dass auf diesem Platz Blut vergossen wird, wenn sich ein Deserteur im Ort findet. Seid also vernünftig, Leute, geht nach Hause und trefft eine kluge Entscheidung. Der Allmächtige möge euch beistehen!«

Die Männer gingen nach Hause und erörterten die Befehle des Hauptmanns und die Ratschläge des Bürgermeisters. Der Ort war wieder ruhig und still, die Szene hatte ungefähr eine Dreiviertelstunde gedauert. Es war das vierte Mal innerhalb von zehn Jahren, dass ein Rekrutierungskommando kam und junge und erwachsene Männer zur »Verteidigung des bedrohten

Vaterlands« abholte. Die kleine Stadt hatte bereits vierundvierzig Männer in diesem endlosen Bürgerkrieg verloren …

Homa Khanoum und Hamid redeten an diesem Abend lange miteinander. Sollte Hamid sich im Rathaus melden? Alle wussten, dass er in der Stadt war, er konnte jeden Augenblick verraten werden, besonders da bereits Belohnungen für Denunzianten ausgesetzt worden waren. Sollte Hamid sich im Ort verstecken und überall aushelfen, so wie er es immer getan hatte, auf die Gefahr hin, dass er von einer Militärpatrouille aufgegriffen und verhaftet wurde? Oder sollte er lieber aus Alandar fliehen und in das Dorf seiner Mutter zurückkehren, bis die Gefahr vorüber war und alles wieder seinen gewohnten Gang ging?

»Wenn du dich meldest, kannst du nicht mehr desertieren, so viel steht fest. Weißt du noch, was sie letztes Jahr mit den Zwillingen des Brunnenbauers gemacht haben? Außerdem habe ich gehört, dass sie euch dieses Mal ans andere Ende des Landes schicken, viel weiter als nach Kabul, in die Berge und die Wüsten …«

»*Khaleh djan,* meine liebe Tante, ich habe bereits entschieden, als ich diese Männer gesehen habe. Es ist nicht meine Art, vor meinen Pflichten davonzulaufen. Seit Jahren arbeite ich und scheue keine Anstrengung. Ich werde Soldat sein, solange es sein muss, und jeden Monat schicke ich euch ein Lebenszeichen und meinen Sold.«

»Du weißt doch genau, dass sie dich nicht bezahlen! Als dein armer Onkel damals in den Krieg gegen die *Schorawi* gezogen ist … in den drei Jahren, bevor er gefallen ist – Gott behüte seine Seele, und er möge in Frieden ruhen …«

»Gott behüte seine Seele, und er möge in Frieden ruhen …«

»… in diesen drei Jahren habe ich nicht einen einzigen Afghani bekommen, nicht einmal!«

»Es macht mich nur traurig, liebe Tante, wenn ich daran denke, dass du mit deinen Kindern und den Kindern deiner Schwester ganz allein zurückbleibst. Das ist zu viel für dich, viel zu viel …«

»Bilqis ist da und hilft mir. Sie ist ein Geschenk Gottes. Es war gut, dass du sie zu uns gebracht hast. Sie wird mir zur Hand gehen, als wäre sie meine älteste Tochter oder meine kleine Schwester …«

»Ja, sicher – Bilqis hilft dir, aber sie bringt dir kein Geld, so wie ich, denn sie kann sich ihren Lebensunterhalt nicht selber verdienen. Sie lernt gerade erst lesen und schreiben und kann noch nicht gut zählen.«

»Mach dir keine Sorgen, es wird alles gut gehen. Dank meiner Arbeit wird es uns an nichts fehlen, wir werden immer genug zu essen haben, und Gott wird uns beschützen. Hab keine Angst um uns.«

Es war schon spät, als Homa und ihr Neffe endlich auseinander gingen. Die Nacht würde Rat bringen, und am nächsten Morgen würden sie die endgültige Entscheidung treffen.

Am übernächsten Tag stieg Homa mit ihren zwölf

Kindern in einen Überlandbus und fuhr zu der Hochzeit einer anderen Schwester in einem Ort jenseits von Chaghcharan.

»Ich komme morgen Abend wieder und lasse dich mit Bilqis allein hier. Geh zum *Shahrwali* und sag ihm, dass du dich am Donnerstagmorgen im Rathaus melden wirst. Die Leute sollen wissen, dass du dich nicht versteckst, dass du ein tapferer Junge bist, der seine Pflicht erfüllt, so wie alle Männer hier.«

Hamid ging die Hauptstraße des Orts entlang, als er plötzlich von einem Mann angesprochen wurde.

»Kennst du mich, Hamid?«

»Nein, ich kenne dich nicht. Wer bist du?«

»Komm, schau mich an … Erinnerst du dich nicht an mich?«

Hamid musterte ihn sorgfältig, erkannte ihn aber nicht.

»Du bist doch der Neffe von Homa Khanoum und der Sohn von Shihr-Ali, der im Krieg gefallen ist?«

»Ja, der bin ich, und wer bist du?«

»Ich reise von Dorf zu Dorf. Ich kannte deinen Vater, deine arme Mutter und deine Brüder und Schwestern. Ich kenne alle Leute hier, ja, alle Leute …«

Der Mann hielt einen Augenblick inne, dann fuhr er fort: »Und ich kenne auch Bilqis, ich habe sie selber aus Garm-Ab hierher gebracht.«

»Ja und?«

»Ich weiß gewisse Dinge über sie … Viele Dinge, von denen du keine Ahnung hast …«

»Und was soll das sein?«

»Zum Beispiel den Grund, warum sie ihre Familie und ihr Dorf verlassen musste …«

»Nun, dann sag es mir!«

Der Mann lächelte herablassend. »Das ist eine lange Geschichte, mein Sohn … das lässt sich nicht so einfach in ein paar Sätzen erklären …«

Hamid forderte ihn heraus: »Wenn du nichts sagst, dann weißt du auch nichts – absolut gar nichts.«

Und er drehte sich um, als ob er weggehen wollte. Der Mann hielt ihn am Ärmel zurück.

»Komm, setz dich einen Augenblick mit mir in die Teestube dort drüben. Was willst du trinken?«

Eine halbe Stunde später wusste Hamid alles über Bilqis und ihre Vergewaltigung durch die Sowjetsoldaten. Er blieb eine ganze Weile stumm sitzen, ehe er aufstand.

»Ich muss jetzt gehen, muss wieder an meine Arbeit. Ich habe noch so viel zu tun, bevor ich zur Armee gehe, so viele Dinge zu erledigen …«

Als er nach Hause kam, war Bilqis im Garten und goss das Gras und die Blumen. Sie lächelte ihn an, aber er würdigte sie keines Blickes und schloss sich in dem Zimmer ein, das er mit seinen zwei kleinen Brüdern und seinen drei Neffen teilte. Als das junge Mädchen ans Fensterkreuz klopfte und ihn zum Essen rief, brüllte er hinaus: »Ich habe keinen Hunger!«

Dann legte er sich zur Mittagsruhe hin, konnte aber nicht einschlafen. Er starrte an die Decke, wo die Fliegen um das Ofenrohr herumschwirrten. Und wenn der

Mann nun die Wahrheit über Bilqis gesagt hatte? Es passte so vieles zusammen. Warum hatte er ihm diese Geschichte gerade jetzt erzählt, wo er in den Krieg musste? Hamid fand keinerlei Antwort auf all die Fragen, die ihn quälten. Wusste seine Tante davon? Vermutlich nicht. Und der Ladenbesitzer? Wenn der etwas gewusst hätte, wäre das Gerücht längst in der ganzen Stadt herumgegangen.

Am späten Nachmittag verließ Hamid unbemerkt das Haus, um mehr über die Geschichte herauszufinden. Aber wen sollte er fragen? Er ging zu Bilqis' ehemaligem Herrn in den Laden und setzte sich.

»Willst du Tee, mein Junge?«, brummte der dicke Mann.

»Nein, einen Sirup.«

Der Mann setzte sich neben ihn.

»Arbeitest du heute nicht?«

»Nein, ich bin zu erschöpft. Meine Tante ist zu ihrer Schwester gefahren, das Haus ist leer. Ich nütze die Gelegenheit, um sauber zu machen und ein bisschen aufzuräumen.«

»Ist Bilqis auch wegegangen?«

»Wie – Sie haben von Bilqis gewusst?«

Der Ladenbesitzer lachte.

»Natürlich habe ich es gewusst. Und ich wusste auch, dass du ihr geholfen hast. Gut, dass sie fort ist, habe ich mir gedacht. Ich bin froh, dass ich diese Diebin, dieses faule Stück endlich los bin!«

»Sie hat nie etwas gestohlen.«

»Das sagst du!«

»Nein, die Herrin hat es gesagt, erinnern Sie sich nicht?«

Der dicke Mann tupfte sich die Stirn ab.

»Wenn du den Frauen alles glaubst, bist du herzlich naiv! Und außerdem hat Bilqis einen schlechten Ruf.«

»Einen schlechten Ruf? Was soll das heißen?«

»Nun, dass sie einen schlechten Ruf hat, was sonst? Ich habe Gerüchte über sie gehört, und ich sage dir, es war gut, dass du sie hier weggeholt hast.«

Die Hausherrin, die im Zimmer nebenan war und alles gehört hatte, mischte sich jetzt ein: »Es gibt Dinge, die eine Frau spürt und in denen sie sich nicht täuscht.«

»Ich weiß nicht, was du damit sagen willst«, brummte der Mann.

»Ich habe schon früher mit dir darüber gesprochen, aber du hörst mir ja nie zu …«

»Nun, dann sag es mir noch einmal!«

»Meine Cousine, du weißt schon, die, die in Pasaband wohnt, hat mir gesagt, dass es vor einigen Jahren eine Vergewaltigung gegeben hat, möglicherweise in Garm-Ab, das wusste sie nicht mehr so genau. Ein paar betrunkene *Schorawi* haben ein zwölf- oder dreizehnjähriges Mädchen, das seine Wäsche am Fluss gewaschen hat, missbraucht. Vielleicht war das Bilqis, vielleicht auch ein anderes Mädchen …«

»Nur gut, dass wir sie los sind, wenn sie das war. Der Teufel soll sie holen, sie und die ihren!«

Hamid sagte nichts. Er bezahlte sein Getränk und verabschiedete sich.

»Ich habe gehört, dass du dich in die Liste im Rathaus eingeschrieben hast, mein Junge. Dein Vater und deine Mutter wären stolz auf dich. Ich hätte mich auch gemeldet, aber mich wollten sie nicht, weil ich zu schwer bin und ein schwaches Herz habe.«

Nun hatte Hamid keinen Zweifel mehr. Nach allem, was ihm der Fremde heute Morgen erzählt und was er am Nachmittag aus dem Mund des Ladenbesitzers und seiner Frau gehört hatte, musste Bilqis das junge Mädchen sein, das von den abziehenden *Schorawi* vergewaltigt worden war. In Hamids Kopf drehte sich alles, er wusste nicht mehr, was er denken sollte. Er hörte kaum, was seine Freunde ihm auf der Straße zuriefen.

»Bravo, Hamid, du bist ein tapferer Kerl!«

»Hab keine Angst, es wird alles gut gehen!«

»*Afarine*, bravo!«

Hamid war so aufgewühlt, dass er mit dem Bürgermeister und dem Zimmermann zusammenstieß, die friedlich miteinander plauderten.

»He, Hamid, willst du dich nicht entschuldigen?«

»Lass nur, er hat sich heute Morgen bei der Armee gemeldet, das bringt ihn wahrscheinlich durcheinander …«

Als Hamid nach Hause zurückkam, nahm er sich in der Küche einen Apfel und ein Stück Brot und ging wieder in sein Zimmer. Er warf sich auf seine Matratze und brach in Tränen aus.

»Also stimmt es doch! Ich wollte es nicht glauben! Wie konnte ich mich nur von diesem Mädchen angezogen fühlen? Von dieser Hure, dieser *Faeche*? Wie konnte ich sie in das Haus meiner Tante bringen, wie konnte ich zulassen, dass sie sich um meine Familie kümmert, unsere Mahlzeiten mit uns teilt? Wie konnte ich sie anlächeln, mit ihr reden, sie verteidigen, wenn sie gequält wurde? Wie in aller Welt konnte ich das nur tun?«

Die Fragen überschlugen sich in seinem Kopf, und er fand keine Antwort darauf.

Es war schon lange Nacht, als er endlich aus seinem Zimmer kam und zu Bilqis in die Küche ging. Das Mädchen hatte *ache* für ihn gekocht, die Suppe, die er besonders gern aß, und dazu Reis und Lammspießchen. Wieder lächelte sie ihn an, aber er erwiderte ihr Lächeln nicht, sondern tunkte sein Brot in den Teller und schlang die Suppe geräuschvoll hinunter. Es war das erste Mal, dass er allein mit dem Mädchen aß, und genau wie Bilqis war er verlegen. Aber er wollte Gewissheit haben. Er musste die Wahrheit wissen, bevor er zu seiner Einheit ging. Wie sollte er das Thema anschneiden, wie sollte er sie ansprechen?

Schließlich brach Bilqis das Schweigen: »Willst du noch Suppe? Sie ist noch heiß.«

Hamid brummte etwas, das Bilqis nicht verstand. Als sie eine Schöpfkelle voller Suppe zu seinem Teller führte, flog plötzlich die Kelle samt der Suppe durch das ganze Zimmer.

»Ich hab dir doch gesagt, dass ich nichts mehr will! Hast du mich nicht gehört?«

Bilqis begriff gar nichts mehr und starrte den jungen

Mann erschrocken an. Dann hob sie die Kelle auf, nahm ein Tuch und wischte die Suppenspritzer auf. Als sie sich wieder an den Tisch setzte, war Hamid bereits aus dem Zimmer gegangen. Sie rief ihn, suchte ihn im Garten, schaute in die Zimmer und warf einen raschen Blick auf die Straße. Dort war alles finster, nichts rührte sich, kein Laut war zu hören. Nur ein Esel, der einen Karren zog, klapperte an der Tür vorüber. Rechts von ihr schimmerten die Lichter der Schankbude, auf der linken Seite, am Ortsausgang, war nur die Straße zu sehen, die in die Nacht hinausführte.

Bilqis ließ den Reis auf dem Herd stehen, in der Hoffnung, dass der junge Mann bald zurückkommen würde. Sie begriff nicht, was in Hamid gefahren war, aber sie war es gewöhnt, dass die Männer, die sie bediente, grob mit ihr umgingen. Hamids Reaktion hatte sie erschreckt, aber sie war ihm nicht böse. Sie wusste, dass er in den Krieg ziehen mußte, und war ihm den ganzen Tag mit Blicken gefolgt. Er war nicht mehr derselbe Mensch und hatte mit niemandem mehr gesprochen, seit seine Tante fortgegangen war. Zuerst hatte er sich in seinem Zimmer eingeschlossen und war danach am Nachmittag lange fort gewesen. Bilqis war froh, als er zurückkam, denn sie blieb nicht gern allein im Haus, wenn die Herrin nicht da war. In Hamids Gegenwart fühlte sie sich sicherer.

Noch nie hatte Bilqis als Erste das Wort an Hamid gerichtet. Sie antwortete nur, wenn sie gefragt wurde, und immer mit leiser, sanfter Stimme. Sie hatte Hamids Antwort nicht gehört. Hatte er Ja oder Nein gesagt?

»Stimmt es, was über dich geredet wird?«

Bilqis stand mit dem Rücken zur Tür, als Hamids Stimme hinter ihr ertönte. Ein Schauder lief ihr über den Rücken. Sie rührte sich nicht. Was wollte Hamid von ihr?

»Dreh dich um, wenn ich mit dir spreche. Stimmt es, was über dich geredet wird?«

Bilqis schaute Hamid an, dann senkte sie die Augen.

»Was wird über mich geredet?«

»Dass du … dass du, na ja, dass du früher mal in deinem Dorf von *Schorawi*-Soldaten beschmutzt worden bist. Und dass du … dass du …«

Bilqis schaute ihn mit brennenden Augen an. Diesmal senkte der junge Mann den Blick.

»Es gehen Gerüchte im Ort herum, dass du von den *Schorawi* beschmutzt worden bist, als sie aus dem Land gejagt wurden«, fing Hamid wieder an. »Ist das wahr? Warum antwortest du nicht?«

Bilqis' Augen füllten sich mit Tränen. Seit Jahren hatte sie niemand mehr mit diesen schrecklichen Erinnerungen gequält, die sie um jeden Preis aus ihrem Gedächtnis auslöschen wollte – niemand. Und jetzt kam ausgerechnet Hamid daher, der Mensch, der ihr am meisten bedeutete, und demütigte sie mit ihrer entsetzlichen Vergangenheit.

Er machte einen Schritt auf sie zu, und Bilqis wich zurück. Hamids Blick hatte sich völlig verändert: Seine Augen waren hart, fast unmenschlich geworden, derselbe Blick, den ihre Mutter gehabt hatte, als sie Bilqis an dem Tag nach der Vergewaltigung aus dem Haus geprügelt hatte. Bilqis' Herz klopfte heftig; sie hörte den keuchenden Atem des jungen Mannes, der drohend vor ihr stand.

»Dann stimmt es also! Dann bist du wirklich die Schlampe, die sich diesen Dreckskerlen angeboten hat! Gib zu, dass es wahr ist, gib's zu!«

Dann ging alles sehr schnell. Hamid stürzte sich auf sie, zerkratzte ihr das Gesicht, riss ihr den Schal herunter, zerriss ihre Bluse und erstickte sie beinahe mit einem Kissen. Bilqis wollte schreien, aber es kam kein Laut über ihre Lippen. Sie spürte, wie Hamid unter ihren Kleidern ihren Körper betastete. Er hatte unglaubliche Kräfte, die von seiner Wut und Begierde noch verdoppelt wurden. Bilqis wehrte sich gegen ihn, so gut sie konnte, aber schließlich gab sie auf. Ihr Kleid war halb zerrissen, ihre Hose zerfetzt. Sie war erschöpft, ihr Atem ging stoßweise, ihr Herz klopfte zum Zerspringen.

Hamid nahm sie mit Gewalt und brüllte ihr dabei ins Ohr: »*Faeche*, du Hure – du bist eine Hure!«

Bilqis verlor einen Augenblick lang das Bewusstsein. Sie sah wieder den Fluss dort oben in den Bergen vor sich. Die Soldaten, die sie missbraucht hatten, den langen Weg zurück zum Haus, wie sie sich dort hinaufgeschleppt hatte, am ganzen Körper mit Blut und Erde verschmiert …

Sie hörte das hasserfüllte Geschrei ihrer Mutter, sah den Stall vor sich, die Schafe und ihre Reise in die Ebene hinunter …

Als sie wieder zu sich kam, war es still im Haus. Sie stand auf, goss Wasser ins Feuer, stellte Teller und Töpfe an ihren Platz zurück, räumte alles auf, was herumlag, löschte die Petroleumlampe und ging in ihr Zimmer. Dort zündete sie eine Kerze an, zog sich frische Kleider an, die sie auf einem Regal liegen hatte, kämmte sorgfältig ihr Haar, nahm ihre Sachen und verstaute sie in einem Stück Sackleinwand, das sie zu einem Bündel zusammenknotete. Leise schloss sie die Tür hinter sich, und während Hamid im Nebenzimmer schlief, tastete sie sich im Licht der Kerze zur Tür hinaus.

Sie wagte kaum zu atmen, als sie auf der Straße stand. Es war das erste Mal, dass sie Homa Khanoums Haus verließ. Wie ein Schatten glitt sie an den Häuserwänden der schlafenden Stadt entlang. Wohin sollte sie gehen? Sie hatte keine Ahnung und wusste nur, dass sie so schnell wie möglich aus Hamids Haus und aus dem Ort verschwinden musste. Das Gerücht würde sich in der ganzen Stadt verbreiten, alle würden es erfahren … Hamid würde damit prahlen … Und hier könnte sie niemand mehr verstecken, so wie in Garm-Ab. Sie legte sich für die Nacht hinter eine halbfertige Mauer zum Schlafen. Am nächsten Morgen würde sie weitersehen. Jetzt war sie nur noch müde und wollte vergessen.

Das Dröhnen eines Motors riss sie noch vor Sonnenaufgang aus dem Schlaf. Sie stand auf und spähte in die Nacht hinaus. Die Scheinwerfer des Fahrzeugs waren aufgeblendet, und der Motor lief. Bilqis sah eine schattenhafte Gestalt, die ein paar Kisten vor einem Laden ablud. Unendlich vorsichtig richtete sie sich auf und schlich auf den Lastwagen zu. Als der Fahrer sich entfernte, um eine weitere Kiste vor dem Laden abzustellen, nutzte Bilqis ihre Chance und kletterte geschickt auf die Ladefläche hinauf, wo sie sich zwischen unzähligen Obst- und Gemüsekisten, Flaschen und Dosen versteckte. Im nächsten Moment hörte sie Stimmen und duckte sich noch tiefer hinunter.

»Das wäre dann alles, ich habe sogar noch Bier dazugetan.«

»Ich bezahle dir deine Rechnung auf dem Rückweg. Wann kommst du wieder vorbei?«

»In zwei oder drei Tagen, *Inch Allah*!«

»*Inch Allah! Safar bekheir*, gute Fahrt!«

Der Mann schlug die Plane herunter, fixierte sie mit einer Schnur und legte den Gang ein. Ein dumpfes Dröhnen erfüllte die Luft, als der Lkw losfuhr und der Fahrer beschleunigte. Bilqis hörte Musik aus dem Fahrerhaus und machte es sich bequem, so gut es eben ging.

Eng zusammengekauert saß sie da und kämpfte gegen die Kälte an, die so früh am Morgen schneidend war. Die Straße war holprig, und bei jedem Schlagloch wurde sie herumgeworfen, rutschte hin und her, oder eine Kiste stieß ihr gegen die Knie.

Als sie gerade wieder eingenickt war, hielt der Lastwagen an. Sie machte sich noch kleiner als vorher. Eine Tür knallte zu, die Plane wurde hochgeschlagen, und ein blasses Licht fiel in den Wagen. Dann wurden ein paar Kisten herausgehoben, die anderen umgestapelt, und der Motor sprang wieder an. Viermal hielt der Wagen und war bald darauf leer. Bilqis hatte sich unter den Decken und einem Haufen Tücher versteckt, die nach Öl und Benzin rochen, und sich zwei Äpfel und eine Tomate genommen und in ihr Bündel gesteckt. Endlich hielt der Wagen etwas länger an. Bilqis schnappte ein paar Gesprächsfetzen auf.

»Hast du die Kuchen und den Käse mitgebracht?«

»Das nächste Mal. Es gab keinen Käse mehr.«

»Bleibst du in der Stadt?«

»Ja, ich stelle nur meinen Wagen ab und komme dann zurück. Warte auf mich.«

Bilqis hatte keine Ahnung, wo sie war, und es war ihr auch egal. Sie wollte nur so weit wie möglich fort von Homas Haus. Dann kehrte ihre Erinnerung zurück, und eine Flut von Bildern stürmte auf sie ein: Hamid, der brutal über sie herfiel, sein Geschrei und seine Fragen, die ihr so wehgetan hatten, ihr früherer Herr, der sie auch geschlagen hatte, oft sogar, der ständige Schlafmangel und die schwere Arbeit, wenn es eiskalt war, immer schlecht gekleidet, die Hände wund und blau gefroren. Sie sah das sanfte Gesicht von Homa Khanoum wieder vor sich, die so geduldig und freundlich zu ihr gewesen war, die Kinder, mit denen sie gescherzt und gespielt hatte … Sie hatte in den letzten Monaten wieder Freude am Leben gefunden, sie hatte eine Zeit lang eine Familie gehabt und ihre Vergangenheit vergessen.

Als der Hunger sie weckte, hob sie die Decken hoch, blickte sich um und sah nur ein paar leere Kisten und verstreute Kartons. Vorsichtig, ganz vorsichtig nahm sie einen Apfel aus ihrem Bündel und biss gierig hinein. Es war jetzt nicht mehr so kalt im Wageninneren. Bilqis richtete sich auf und drückte ihr Auge an ein Loch in der Plane. Sie sah drei Schankbuden, ein Stück Straße und ein paar dürre Gräser, die der Wind hin und her wehte. Es musste um die Mittagszeit sein. Kein Laut war zu hören, nichts rührte sich …

Bilqis setzte sich wieder und aß ihren Apfel auf. Wie sollte sie aus dem Wagen herauskommen? Jetzt sofort, solange die Leute in der Mittagshitze ruhten? Das war zu gefährlich! Oder sollte sie warten, bis es Nacht wurde, und in der Dunkelheit in einem Ort herumirren, den sie nicht kannte? Vielleicht, aber dann durfte sie nicht in dem Lastwagen bleiben. Der Mann konnte jeden Moment zurückkommen, um neue Kartons und Kisten aufzuladen, und dann würde er sie mit Sicherheit entdecken! Und wenn der Lastwagen umkehrte und den ganzen Weg zurückfuhr? Dann konnte es sein, dass sie wieder dort landete, wo sie aufgebrochen war!

Bilqis aß den zweiten Apfel und nickte ein. Sie hatte eine ganze Weile geschlafen, als sie plötzlich von Stimmengeräusch geweckt wurde: »Wann fährst du zurück?«

»Morgen in aller Frühe. Ich muss am späten Nachmittag in Chaghcharan sein.«

»Hast du Ware zu transportieren?«

»Nicht viel – Benzinkanister, Reis, Möbel und eine Badewanne.«

»Komm erst zum Essen, dann helfe ich dir, deinen Wagen zu beladen.«

Bilqis hatte also nicht mehr viel Zeit. Der Tag neigte sich dem Ende zu, aber es war immer noch sehr hell. Soweit sie es beurteilen konnte, war sie in einem kleinen Gässchen gelandet. Auf Zehenspitzen schlich sie zur Ladeklappe und hob vorsichtig die Plane ein Stück an. Der Lastwagen war dicht an einer Mauer geparkt und die Lücke war gerade groß genug, dass sie hinausklettern konnte. Bilqis wollte gerade hinunterklettern, als sie schon wieder Stimmen hörte. Ein paar Jungen redeten miteinander.

»Glaubst du, dass es dort etwas zu holen gibt?«

»Steig doch rein und schau nach!«

»Dann hilf mir mal hinauf, los, mach schon!«

»Du brauchst nur die Plane anzuheben. Wirf einen Blick rein und sag mir, was du siehst.«

Bilqis hatte sich wieder unter ihren Decken versteckt. Ihr Herz klopfte heftig, und sie hatte Angst, entdeckt zu werden.

»Die Karre ist leer, hier ist gar nichts zu holen. Nur ein Haufen Decken, alte Tücher und umgestürzte Kartons.«

»Schau trotzdem mal rein.«

Da ertönte plötzlich eine Männerstimme: »He, ihr da! Was macht ihr da?«

»Nichts, Herr. Gar nichts, wir wollten nur mal schauen …«

»Komm her, du Rotzbengel!«

Bilqis hörte ein lautes Klatschen, dann einen Schrei und eilige Schritte, als die Jungen davonrannten. Der Mann brummte vor sich hin und ging wieder fort.

Es war höchste Zeit, dass sie aus dem Lastwagen herauskam. Das war gerade noch einmal gut gegangen. Bald würde der Fahrer mit seinem Freund zurückkommen, um die Waren aufzuladen. Bilqis hob die Plane hoch, schaute nach rechts und nach links und kletterte aus dem Wagen. Sie konnte gerade noch weghuschen, als auch schon der Fahrer zurückkam und sich in sein Fahrerhaus setzte, um den Wagen zum Beladen umzuparken.

Endlich kam die Nacht. Es wurde kalt, die Straßen leerten sich, und ein paar spärliche Lichter gingen in den Häusern und in den Läden an, die noch geöffnet hatten. Bilqis glitt an den Häuserwänden entlang und versuchte sich zu orientieren, ohne gesehen zu werden. In der zunehmenden Dunkelheit bemerkte sie eine Brücke und stieg zum Ufer des Flusses hinunter. Sie ging auf den Brückenbogen zu, tastete die Mauer und den Boden mit den Händen ab und entschloss sich, an diesem geschützten Platz die Nacht zu verbringen. Todmüde streckte sie sich auf dem Boden aus, mit dem Jutebündel als Kopfkissen. Trotz der Kälte, die in ihr hochkroch, schlief sie sofort ein.

7 *Shokat Khanoum*

»*Biayid,* kommt schnell!«

Vom Ufer des Harirud drang der Schrei einer Frau herauf.

»*Zoud kone,* beeilt euch!«

Die Frau watete mit geschürzter Burka ins Wasser und gestikulierte mit ein paar anderen Frauen, die in der Strömung ihre Wäsche wuschen. Zwei, drei und schließlich zehn Frauen kamen schweigend näher und starrten auf die Gestalt, die dort auf dem nackten Boden lag.

»Ist sie tot?«

»Ich weiß nicht.«

»Schau nach, fass sie an.«

»Da sei Gott vor, das würde ich nie wagen!«

»Aber wir müssen doch etwas tun. Wir können sie nicht einfach hier liegen lassen!«

»Schau dir nur ihre Hände und Füße an – sie sind schon ganz blau!«

Eine Frau, die etwas älter war als die anderen, kam näher.

»Lasst mich das machen … Nun lasst mich schon durch!«

Die Frau kniete sich neben die ausgestreckt liegende Gestalt und beugte ihr Gesicht zu ihr hinunter.

»Was machst du denn da?«

»Ruhe! Ich lausche …«

Die Alte betrachtete prüfend das Gesicht der Unbekannten, beobachtete aufmerksam ihre Nasenlöcher, ihre Lippen, und sagte: »Sie atmet noch, sie atmet ganz schwach.«

»Aber wer kann das nur sein?«

»Hat jemand von euch sie schon mal gesehen?«

»Nein, ich kenne sie nicht.«

»Ich auch nicht.«

»Dieses Gesicht ist mir nicht vertraut.«

»Wir müssen sie von hier fortbringen. Habt ihr ein Tuch, in das wir sie einwickeln können? Dann können wir sie leichter tragen.«

Vier Frauen stiegen mit der schlafenden Fremden das Steilufer hinauf. Niemand bemerkte sie – die Männer waren auf den Feldern oder in ihren Läden und Werkstätten, die Kinder in der Schule und die Alten beim *tchai khaneh*.

Die Fremde wurde bei Shokat, der Wortführerin der Frauen, abgesetzt.

»Legt sie auf die Strohmatte, *yavash*, aber ganz vorsichtig …«

»Kann ich mein Tuch wiederhaben?«

»Da, nimm.«

Die Hausherrin setzte Wasser zum Kochen auf, tauchte ein Laken hinein und tupfte vorsichtig Bilqis' Füße damit ab. Sie wiederholte die Behandlung ein paarmal: Beine, Hände, Arme, Stirn und Wangen. Allmählich kehrte Farbe in das reglose Gesicht zurück.

Endlich schlug Bilqis die Augen auf. Zwei dicke Tränen rollten über ihre Wangen.

»Wie heißt du, mein Kind?«

Bilqis versuchte die Lippen zu bewegen, den Mund aufzumachen, aber es kam kein Laut heraus.

»Sag mir, wie du heißt. Ich heiße Shokat.«

Das Mädchen murmelte kaum hörbar: »B... B... Bil... Bilqis.«

»Hast du Bilqis gesagt?«

Bilqis nickte.

»Und woher kommst du, Bilqis? Hast du meine Frage verstanden?«

Das junge Mädchen nickte erneut, schlug die Augen auf und schloss sie wieder. Sie war vollkommen erschöpft. Zu einer Nachbarin, die ihr zu Hilfe geeilt war, sagte Shokat: »Geh und bereite Tee zu.«

Die alte Frau hatte sich auf ihrem Teppich niedergelassen, den Rücken gegen die Zimmerwand gelehnt. Sie hatte zwei Kissen unter Bilqis' Kopf gelegt und ihren Schal abgestreift. Alle Kleider des jungen Mädchens waren nass und mussten so schnell wie möglich gewechselt werden.

»Bring mir zwei Decken und hilf mir, sie auszuziehen. Sie zittert vor Kälte.«

Eine halbe Stunde später war Bilqis wieder kräftig genug, um den beiden aufmerksam lauschenden Frauen – wenn auch nur stockend – zu erzählen, was ihr zugestoßen war.

»Ich bin fünfzehn oder sechzehn Jahre alt, so genau weiß ich das nicht.«

»Woher kommst du? Hast du eine Familie?«

»Ich komme aus Garm-Ab, das ist weit weg, in den Bergen. Ich bin schon vor vielen Jahren von dort weggegangen. Mein Vater ist tot, meine Mutter ist … auch tot. Ich weiß nicht, wo meine Schwestern und Brüder sind.«

»Und warum hast du dein Dorf verlassen?«

»Es war an *nowroz*, vor ein paar Jahren. Da ist ein Mann nach Garm-Ab gekommen und hat mich in die Stadt zu einem Kaufmann mitgenommen, bei dem ich arbeiten sollte.«

»Und wo war das?«

»Ich weiß nicht, vielleicht … Ja, es war in Chaharbagh oder so ähnlich.«

»Meinst du vielleicht Chaghcharan?«

»Ja … oder vielleicht war es auch Alla … Allah …«

»Alandar?«

»Ja, genau – Alandar.«

»Was ist in Alandar geschehen?«

Bilqis trank einen Schluck heißen Tee, richtete sich ein wenig auf, um sich ebenfalls an die Wand zu lehnen, und fuhr fort: »Der *Saheb* hat mich geschlagen, er war nie mit mir zufrieden. Die beiden anderen Mädchen, die für ihn gearbeitet haben, wurden nie beschimpft oder geschlagen, aber ich die ganze Zeit!«

»Warum hat er dich geschlagen?«

»Vielleicht weil ich die Jüngste war, vielleicht weil ich als Letzte gekommen bin … ich weiß nicht …«

»Bist du lange bei ihm geblieben?«

»Mindenstens zwei *nowroz*, vielleicht auch drei.«

Bilqis wollte nicht über Hamid reden, und noch weniger über Homa Khanoum. Sie wollte auch nicht über die *Schorawi* reden, die sie misshandelt hatten.

»Und wie hast du es angestellt, von ihm fortzukommen?«

»Das war vorgestern. Er hat mich wieder beschimpft und ins Gesicht und auf den Kopf geschlagen, und da war mir plötzlich klar, dass ich fliehen musste. Ich wollte nur noch weg, ich habe nicht weiter überlegt. Mitten in der Nacht bin ich dann aufgestanden und habe mich hinausgeschlichen, ohne dass mich jemand gehört hat. Ich habe mich versteckt und gewartet, und nach ungefähr einer Stunde ist ein Lastwagen gekommen. Ein Mann hat ein paar Kisten und Kartons ausgeladen, und als er mir den Rücken zukehrte, bin ich schnell hineingeklettert.«

»Und dann?«

»Wir sind die ganze Nacht lang gefahren. Der Mann hat immer wieder angehalten und seine ganze Ware abgeladen, und gestern bin ich hier angekommen. Ich weiß nicht, wo ich bin. Unbemerkt bin ich aus dem Lastwagen geklettert und habe mich versteckt. Dann bin ich zum Flussufer hinuntergegangen, wo ich mich auf einen großen Stein gelegt habe.«

»Hast du denn nicht gefroren, so nah am Wasser?«

»Anfangs schon, aber dann bin ich schnell eingeschlafen und habe die Kälte nicht mehr gespürt … Das ist alles, woran ich mich erinnere …«

»Du bist hier in Kamanj. Wenn du willst, kannst du eine Weile bei mir bleiben. Ich bin Witwe, und meine Kinder sind groß und längst aus dem Haus. Zwei von meinen Söhnen sind im Krieg gefallen, und ein dritter ist irgendwo im Norden in Gefangenschaft. Meine beiden Töchter sind verheiratet und wohnen in anderen Dörfern in der Gegend hier. Ich bin allein, und du könntest ein eigenes Zimmer haben. Es sei denn, du willst lieber wieder fortgehen?«

»Ich weiß nicht, wo ich hingehen soll … Ich danke Ihnen.«

Bilqis nahm die Hand der alten Frau und küsste sie.

»Ich werde nicht lange bleiben … ich störe Sie nicht … ich mache mich ganz klein.«

»Rede keinen Unsinn, Mädchen, du kannst mir helfen. Kannst du kochen?

»Ich kann Reis kochen.«

»Wäschst du ihn auch lange genug?«

»Ich wasche ihn drei- oder viermal.«

»Man muss ihn noch länger waschen, damit die ganze Stärke herausgeht. Mindestens sechs- oder siebenmal, ich zeige es dir.«

»Ich kann auch *borani* machen, mit Zitronenkraut, und *kaboli* mit Lammhaxen, *dopiaz* mit enthülsten Erbsen, *morgh khebab* mit Huhn und *dolma* mit Blumenkohl.«

»Und was kannst du noch?«

»Ich bereite Tomaten zu und Kartoffeln und Salat, ich kann auch Öl und Essig mit Kräutern mischen, damit es besser schmeckt. Ich kann, ich kann … ach ja, ich kann auch noch Rosensirup und Joghurt machen, *badrang* mit Gurke, Rosinen, Minze und Nüssen …«

»Das genügt, ich glaube, du bist eine ausgezeichnete Köchin. Kannst du auch *shorwan, tchopan* und *koufta tchelo* machen?«

»Ich weiß nicht, was das ist.«

»Nun, das werde ich dir beibringen. Ich zeige dir auch, wie man *kokou* macht, *mahi* oder Brot. Kannst du Brot backen?«

»Nein, bei uns in den Bergen hat Javad das Brot gebacken. Das war ein Mann.«

»Bei uns kann jeder Brot backen. Es ist ganz leicht, du wirst schon sehen.«

Bilqis lebte allmählich wieder auf.

»Ruh dich jetzt aus und versuche ein wenig zu schlafen. Ich gehe mit meiner Freundin weg, ein paar Einkäufe machen. Rühr dich nicht vom Fleck, bis ich zurückkomme. Wir kochen heute Abend ein gutes Essen, denn du musst vor allem wieder zu Kräften kommen, du bist noch ganz blass, und deine Füße sind eiskalt. Bleib schön im Warmen unter der Decke, und mach ja nicht auf, wenn jemand an die Tür klopft. Niemand kann herein, ich schließe die Tür von außen ab, wenn ich weggehe. Wenn du dich waschen willst, dann geh nach rechts in den Garten hinaus. Dort ist eine kleine Tür, und dahinter findest du einen Wasserhahn und eine Gießkanne.«

Als die beiden Frauen zurückkamen, schlief Bilqis immer noch. Die Frauen waren mit Früchten, Gemüse, Dosen und Flaschen beladen. Sie stellten ihre Last geräuschlos in der Küche ab, zündeten den Holzofen an und setzten einen Kessel auf das Feuer. Eine Stunde später zog ein leichter Rauch durch das Haus. Shokat zündete sich eine Zigarette an. Das war das einzige Vergnügen, das sie sich gönnte: Jeden Abend um die Essenszeit rauchte sie eine Zigarette, und manchmal, am Freitag, auch eine zweite am Flussufer unten.

Shokat verbrachte den ganzen Tag mit den anderen Witwen im Ort. Sie wuschen ihre Wäsche gemeinsam, kauften zusammen ein, wenn die Gemüsebauern ihre Ware brachten, und bepflanzten gemeinsam das Stück Land, das jede von ihnen besaß. Sie besuchten sich gegenseitig, um zu sticken, zu weben und zu stricken. All diese Frauen waren zwischen vierzig und sechzig Jahren alt und standen in hohem Ansehen bei den Männern und den anderen Frauen, denn sie waren mutig und vernünftig und wussten ihre Würde zu wahren. Sie durften nicht wieder heiraten, das verbot ihnen die Tradition. Man erkannte diese Witwen schon von weitem: Sie waren immer schwarz gekleidet, immer allein, ohne Mann oder Kinder, und glitten stumm wie Schatten an den Wänden entlang. Nur Shokat sprach mit dem Bürgermeister, wenn es ein Problem gab, oder wenn sie ihm ein Bittgesuch unterbreiten musste. Es waren um die zwanzig Witwen, die durch die Hauptstraße des Ortes zogen, wie Raben auf der Suche nach Nahrung. Ungefähr einmal pro Jahr kam eine neue Witwe zu ihrem Kreis hinzu. Die Neue musste, sofern sie nicht zu alt war, ein

Ritual befolgen: den Frauen des Witwenbundes ein Geschenk machen, eine Woche lang für sie kochen, waschen und die Wäsche bügeln, ihre Häuser putzen, und wenn alle zufrieden waren, wurde sie respektvoll aufgenommen.

Der Essensgeruch, der aus der Küche drang, weckte Bilqis, und sie richtete sich auf ihrem Lager auf. Erschrocken stellte sie fest, dass sie nackt und nur in eine Decke gehüllt war. Sie schämte sich und setzte sich wieder hin. Als Shokat sie sah, lächelte sie.

»Ich glaube, deine Kleider sind jetzt trocken. Sie waren ganz nass, und ich hatte Angst, dass du dich erkältest. Warte, ich hole sie dir.«

Als das junge Mädchen in der Küche erschien, klatschten die beiden alten Frauen.

»*Afarine*, bravo! Willkommen bei uns!«

Bilqis ging zu Shokat und küsste ihr wieder die Hände.

»Ich habe dir doch gesagt, dass du mir nicht die Hände küssen sollst.«

»Ich will Ihnen zeigen, wie dankbar ich bin, Ihnen und allen anderen, die mich hierher gebracht haben. Ohne Sie … Wo wäre ich jetzt, wenn Sie nicht gewesen wären?«

Shokat schaute ihre Freundin an, die den Salat zubereitete.

»Erzähl keinen Unsinn. Wenn wir dich nicht hierher gebracht hätten, dann hätte dich jemand anderer aufgelesen. Du bist sehr jung und naiv, so jung … In deinem Alter war ich schon verheiratet und Familienmutter! Obwohl das nicht besonders klug war; ich war zu unerfahren. Ich wurde dem Sohn des Nachbarn gegeben, einem braven Jungen, aber ein Nichtsnutz, ein wenig faul und schmutzig. Wir haben sofort einen Sohn bekommen, da war ich kaum vierzehn Jahre alt. Glaub mir, es ist besser, wenn du noch eine Weile wartest. Wenn der richtige Augenblick kommt, findest du schon einen Mann, und da du keine Eltern mehr hast, kannst du ihn dir selber aussuchen, aber lass dir vor allem Zeit, ein Mann ist fürs ganze Leben!«

Bilqis wurde nachdenklich. Heiraten? Davon konnte in ihrer Situation keine Rede sein! Es war undenkbar, weil sie eine Aussätzige geworden war.

Drei Tage lang gab sich Bilqis die größte Mühe, Shokat Khanoum ihre Dankbarkeit zu zeigen. Sie putzte den Boden, ohne dass Shokat sie darum bitten musste, sie schüttelte die Teppiche aus, besprengte den Hof mit Wasser, wusch das Geschirr, trug die Wäsche zum Flussufer, um sie mit den anderen Witwen zu waschen, brachte den schweren Korb zurück … alles, was sie immer gemacht hatte. Aber diesmal machte sie es freiwillig und gern. Ohne Schläge, Beschimpfungen oder Entbehrungen. Shokat sagte sogar zu ihr: »Lass die Arbeit doch eine Weile ruhen, komm her und trink Tee mit uns, ruh dich ein wenig aus.«

»Ich komme gleich, Shokat Khanoum, ich bin fast fertig.«

Am vierten Tag sagte die alte Frau zu ihrem Schützling: »Du weißt, dass ich nur wenig Geld habe, ich bekomme keine Pension und lebe ärmlich. Eine zweite Person zu ernähren ist für mich sehr schwer. Wir haben uns darüber beraten und eine Arbeit als Haushalts- und Küchenhilfe bei der Schwester von einer unserer Freundinnen für dich gefunden. Ihr Mann hat einen *tchai khaneh*, ein Gasthaus, und er vermietet Zimmer an durchreisende Gäste. Es ist eine gute Stellung, du wirst schon sehen. Du bekommst jeden Monat deinen Lohn und kannst weiter bei mir wohnen. Du schläfst und isst bei mir zu Abend. Von acht Uhr morgens bis acht Uhr abends gehst du dort arbeiten und gibst mir die Hälfte deines Lohns ab. Was hältst du davon?«

Bilqis zögerte lange mit ihrer Antwort. Die Trennung von Shokat Khanoum fiel ihr sehr schwer.

»Ich finde das sehr gut, und am Abend kann ich ja wieder zu Ihnen kommen.«

»Heute ist *shabe djomeh*, also fängst du übermorgen an, am Samstag.«

Was blieb ihr anderes übrig? Bilqis wusste, dass sie nicht die ganze Zeit bei Shokat bleiben konnte, ohne ihr finanziell unter die Arme zu greifen. Sie hatte noch nie in ihrem Leben Geld verdient, oder zumindest war es ihr nicht direkt ausbezahlt worden. Sie wusste nicht, ob ihre Mutter ihren Monatslohn bekommen hatte, als sie in Alandar gearbeitet hatte. Sie wusste auch nicht, wie viel dieser Mann ihr bezahlen und wie viel sie Shokat geben würde. Wer war dieser Mann überhaupt?

»Er heißt Lotfali. Morgen treffen wir uns mit ihm. Ich kenne vor allem seine Frau und seine Schwägerin. Wir gehen nie zu ihm, denn in seinem Ausschank verkehren nur Männer. Deshalb kommt er zu der Schwester seiner Frau, dann könnt ihr miteinander reden. Er braucht eine Küchenhilfe, weil in der Nähe seines Ladens eine Baustelle ist und die Arbeiter mittags zum Essen zu ihm kommen. Er ist überlaufen und braucht Hilfe.«

In dieser Nacht schlief Bilqis sehr schlecht. Der Gedanke, Tag für Tag unter so vielen Männern zu arbeiten, war ihr entsetzlich. Menschenmengen hatten ihr immer Angst gemacht. Auch früher zu Hause in ihrem Dorf hatte sie sich bei Hochzeiten oder am Nationalfeiertag abseits gehalten, um dem Gewühl und Lärm zu entgehen. Beim *nowroz*-Fest war ihr die kleine Feier, die zu Hause im Kreis der Familie abgehalten wurde, am liebsten: das Zubereiten und Herrichten der Mahlzeit und der Austausch der bescheidenen Geschenke. Das Toben und Lärmen draußen gefiel ihr gar nicht, die Sprünge durchs Feuer, mit denen die bösen Geister gebannt werden sollten, die Schausteller aus den Städten, die ihre dressierten Bären, Affen und Ziegen vorführten und alle Welt um sich herum versammelten. Bilqis saß lieber mit ihrer Freundin Djamileh auf einer Bank und schaute den Tieren und Gauklern von fern zu.

Lotfali war groß und hager und ungefähr vierzig Jahre alt. Er trug einen Backenbart und einen Schnurrbart und hatte auf der linken Gesichtshälfte eine Narbe. Nach afghanischer Sitte war er in eine weite Hose und ein weites Hemd gekleidet und drehte mit flinken Fingern seine Gebetsmühle. Seine Frau und seine Schwägerin teilten sich einen Sessel, während er auf einem Holzstuhl saß. Shokat und Bilqis hatten sich gleich auf bunt schillernde Kissen auf den Boden gesetzt.

Die Hausherrin schenkte Tee ein und bot ein paar Süßigkeiten an. Es wurde über alles und nichts geredet, bis Lotfali fragte: »Wie ich höre, bist du fünfzehn oder sechzehn Jahre alt, Waise und eine gute Köchin. Hast du schon einmal gearbeitet?«

»Ja, ich habe in Alandar gearbeitet, bei meinem früheren Herrn. Aber dort musste ich weggehen.«

»Warum bist du dort weggegangen?«

»Weil er mich die ganze Zeit geschlagen hat, von morgens bis abends.«

»Hast du schlecht gearbeitet?«

Bilqis antwortete nicht.

»Was war deine Arbeit?«

»Ich habe die Böden gewischt, die Wäsche gemacht und die Zimmer, die Küche und den Laden geputzt, und manchmal habe ich auch gebügelt.«

»Und wo hast du Kochen gelernt?«

»Bei meiner Mutter, als ich noch zu Hause in meinem Dorf war.«

»Wann war das?«

»Vor vielleicht drei Jahren.«

»Da musst du aber noch sehr jung gewesen sein.«

»Ich habe immer gern für meine Brüder und Schwestern gekocht, und es macht mir Freude, Shokat Khanoum zu helfen.«

»Das ist wahr«, fiel ihr die alte Frau ins Wort. »Die Kleine ist tatsächlich eine begabte Köchin, und das Wenige, das ich bisher gesehen habe, hat mich sehr überzeugt.«

Der Mann fing wieder an: »Ich denke, du wirst es schon gehört haben – mittags kommen ungefähr dreißig Männer zum Essen zu mir. Sie arbeiten für eine ausländische Firma, die die Straße verbreitert und eine Brücke baut. Sie haben nicht einmal eine Stunde Zeit zum Essen, es muss also sehr schnell gehen! Reis, Fleischspieße, Gemüse, frische Getränke, Obst … An manchen Tagen, wenn sie nicht kommen können, muss man ihnen das Essen auf die Baustelle hinausbringen. Du kommst dann mit mir im Lastwagen mit. Bist du damit einverstanden?«

»Ja, Herr, ich bin einverstanden.«

»Außerdem musst du das Geschirr spülen, den Speisesaal putzen und alles aufräumen. Das wird ungefähr eine Stunde dauern, während ich meinen Mittagsschlaf halte. Wenn dann die Gäste am späten Nachmittag fort sind, kannst du nach Hause gehen.«

Die Hausherrin servierte frischen Tee, und es wurde über das Wetter geredet und den Regen, der auf sich warten ließ.

»Ach, fast hätte ich es vergessen: Du bekommst jeden Monat einen kleinen Geldbetrag. Ich werde noch mit Shokat Khanoum darüber sprechen. Sie wird das Geld für dich aufbewahren, das ist besser so, denke ich. Hast du noch etwas zu sagen?«

Nein, Bilqis hatte nichts zu sagen. Für sie zählte nur, dass sie jeden Abend zu der alten Frau zurückkehren durfte.

»Ich warte am Samstagmorgen um sieben Uhr auf dich. Du weißt doch, wo mein *tchai khaneh* ist?«

»Ja, er ist grün und rot gestrichen. Das Haus neben dem Barbier. Ich bin auf dem Weg hierher daran vorbeigekommen.«

»Noch eine letzte Frage: Kannst du lesen und schreiben?«

»Ein wenig, ich habe es in Alandar gelernt.«

»Was heißt hier, ein wenig? Ja oder Nein?«

Bilqis senkte den Kopf und antwortete nicht.

»Kannst du zählen? Kennst du den Wert des Geldes?«

»Ja, ich kann zählen, und ich kenne den Wert des Geldes. Aber ich hatte noch nie Geld in der Tasche.«

Shokat ließ es sich nicht nehmen, ihren kleinen Schützling am Samstagmorgen zu Lotfali zu bringen. Sie wurden von der Frau des Gastwirts in Empfang genommen.

»Mein Mann ist weggefahren, um Fleisch und Getränke zu besorgen. Er wird in einer halben Stunde zurück sein. Möchten Sie auf ihn warten?«

»Nein, ich komme im Lauf des Tages wieder, um nachzusehen, ob alles gut geht.«

Der Tag verlief nicht anders, als Bilqis es erwartet

hatte: Sie wischte das Zimmer, das als Speisesaal diente, legte Kissen auf den Boden, stellte Mineralwasser- oder Fruchtsaftflaschen um den Platz herum, auf dem der große Topf mit dem Reis stehen würde, den die Arbeiter mit der Hand aßen. Jeden Tag wurden zehn Kilo Reis zweimal gründlich gewaschen, dann trocken geschleudert und noch einmal gewaschen. Lotfali feuerte den Ofen mit Holzscheiten an, die in einem feuchten, fensterlosen kleinen Verschlag aufgeschichtet waren. Manchmal wurde das Feuer mit Kohle geschürt, wenn reisende Händler welche mitbrachten. War kein anderer Brennstoff da, schickte der Gastwirt seine beiden Söhne los, um abgestorbene Äste, kaputte Möbelstücke oder Papier und Kartons zu sammeln …

Je näher die Mittagsmahlzeit rückte, desto größer wurde die Aufregung im Laden, und alle waren angespannt und nervös: Jeden Tag brachte ein Lastwagen ungefähr zwanzig Arbeiter, manchmal auch mehr, die staubbedeckt waren und einen starken Schweißgeruch verströmten. Sie setzten sich im Schneidersitz um den großen Topf herum, der ungefähr einen halben Meter Durchmesser hatte und aus dem ein verlockender Duft aufstieg. Knuspriger Reis, mit Rindfleisch oder Lamm oder Huhn gemischt, oft auch mit Gemüse, über den sich zwanzig mehr oder weniger saubere Hände in einer fast andächtigen Stille hermachten. Jeder Gast hatte ein Brot vor sich liegen, einen großen duftenden Fladen, der ihm zugleich als Teller, Löffel und Serviette diente, mit der er sich den Mund und die

Hände abwischte. Niemand sprach, die Mahlzeit war eine ernste Angelegenheit, für manche sogar die einzige des Tages.

Als Shokat im Lauf des Nachmittags zurückkam, war Bilqis in der Küche und räumte die Gläser auf, die sie abgewaschen hatte.

»Geht alles gut, mein Kind?«

Das junge Mädchen fuhr zusammen.

»Ja, es ist alles gut – ich habe das Geschirr abgewaschen und das Zimmer nebenan aufgeräumt. Ich bin fast fertig.«

»Warte, ich helfe dir.«

»Nein, bitte nicht, Shokat Khanoum. Der Herr schimpft sonst mit mir.«

»Niemand schimpft mit dir. Ich werde doch wohl noch das Recht haben, dir zu helfen?«

Als alles erledigt war, setzte sich die alte Frau einen Augenblick hin.

»Komm, setz dich neben mich.«

»Ich darf mich während der Arbeit nicht hinsetzen.«

»Nur einen Augenblick. Lotfali wird wegen so einer Kleinigkeit schon nicht mit dir schimpfen. Aber nun sag mir, wie war dein erster Tag hier?«

»Sehr gut, Shokat Khanoum. Nur mittags fand ich es ein bisschen schwierig.«

»Warum schwierig? Wegen der vielen Männer?«

»Ja. Sie haben von allen Seiten nach mir gerufen, und ich musste schnell machen: Sie wollten mehr Brot und Wasser, der Reis musste noch einmal warm gemacht werden … Und plötzlich sind sie alle gegangen, und es war wieder still im Haus …«

»Bist du müde?«

»Ja, ein wenig, aber das geht schon vorbei.«

»Ich warte mit dem *nan shab* auf dich. Vergiss nicht, pünktlich zu sein.«

Als der Gastwirt seine Mittagsruhe beendet hatte, rief er wieder nach seinem Dienstmädchen.

»Bilqis! *Bia! Zoud kone*, mach schnell!«

»Ja, *Saheb*.«

»Ist der Tee fertig? Dann bring mir eine Tasse, und meine Frau möchte ihren Tee in ihrem Zimmer trinken.«

»Ja, sofort.«

»Hast du den Zucker mit dem kleinen Hammer zerkleinert?«

»Noch nicht, *Saheb*. Ich bin gerade erst mit dem Aufräumen fertig geworden.«

»Dann fang damit an, wenn du uns den Tee gebracht hast.«

Als die Nacht allmählich anbrach, kehrte Bilqis zu Shokat zurück. Der erste Tag war sehr anstrengend gewesen, und sie war so erschöpft, dass sie keinen großen Hunger hatte.

Sie hatte am Mittag, nachdem die Arbeiter fertig waren, kräftig zugelangt, und das Essen lag ihr wie ein Stein im Magen.

»Ich habe etwas für deinen Magen, warte.«

Als Shokat zurückkam, war Bilqis bereits auf ihrem Kissen eingeschlafen. Shokat weckte sie nicht.

Gegen Mitternacht hatte Bilqis einen Albtraum und schrie so laut, dass es durch das ganze Haus hallte.

»Nein, nein, Herr! Bitte, bitte nicht schlagen! Bitte schlagen Sie mich nicht! Sie tun mir weh!!«

Das junge Mädchen war schweißüberströmt. Als Shokat sie vorsichtig rüttelte, schlug sie die Augen auf und wusste nicht, wo sie war.

»Du hast schlecht geträumt – du hast geträumt, dass dein Herr dich geschlagen hat. Das war doch nicht Lotfali?«

»Aber … aber … was mache ich denn hier in Ihrem Zimmer? Wo bin ich?«

»Du bist gestern Abend ohne Essen eingeschlafen. Ich hatte dir einen Kräutertee zubereitet, aber du warst schon eingeschlafen. Jetzt mache ich dir den Tee noch einmal heiß. Dann gehst du in dein Zimmer und schläfst weiter. Ich wecke dich, wenn es Zeit für dich ist, zur Arbeit zu gehen. Schlaf nur ruhig, es ist alles gut.«

Im Lauf der Wochen, dann der Monate gewöhnte Bilqis sich an ihre neue Umgebung. Shokat war für sie wie die Großmutter, die sie nie gehabt hatte, der Gastwirt war freundlich zu ihr und die Arbeit nicht unangenehm. Zum ersten Mal in ihrem kurzen Leben wurde sie von allen geachtet, die Gäste lächelten sie an, fragten nach ihrem Befinden, und manche von den jungen Männern suchten sogar ihre Gesellschaft und halfen ihr, die feuchte Wäsche vom Fluss zum Haus hinaufzutragen oder Kisten zu schleppen, die für ihre schmalen Schultern sichtlich zu schwer waren. Bilqis kannte inzwischen die meisten Einwohner von Kamanj, und an ihrem sechzehnten Geburtstag richtete man sogar ein wunderschönes Fest für sie aus.

»Wir haben den Tag genommen, an dem wir dich gefunden haben, den 26. *shahrivar* (17. September). Was hältst du davon? Und wir haben uns darauf geeinigt, dass du heute sechzehn Jahre alt wirst.«

»Sechzehn Jahre, das ist aber alt!«

»Nein, du bist noch jung. Aber sechzehn Jahre sind viel für ein schönes Mädchen wie du, und es wird bald Zeit, dass du ans Heiraten denkst ...«

Bilqis schoss die Röte in die Wangen, und sie senkte den Bick.

»Nun sei nicht so schamhaft ... Wir reden ein anderes Mal darüber ... Heute ist dein sechzehnter Geburtstag, und wir haben alle zusammengelegt, um dir ein Geschenk zu machen. Hier, mach die Schachtel auf!«

Mit zitternden Händen und weichen Knien stand Bilqis auf und nahm einen großen Karton, der mitten im Zimmer auf dem Teppich stand.

»Nun komm schon, nicht so schüchtern ...«

Bilqis hielt den Karton mit beiden Händen von sich weg und wusste nicht, was sie tun sollte.

»Stell ihn vor dir auf den Boden und mach ihn auf.«

Unendlich vorsichtig, als wäre er mit Eiern oder mit Glas gefüllt, stellte Bilqis den Karton auf den Boden und nahm den Deckel ab. Sie schrie auf vor Überraschung.

»*Khoda ya* – mein Gott!«

Bilqis traute ihren Augen kaum: Der Karton enthielt ein geblümtes Hemd, eine blaue Baumwollhose und einen blaugrünen Schleier mit aufgedruckten Arabesken.

»So etwas Schönes habe ich noch nie besessen!«

Tränenüberströmt warf sie sich in Shokats Arme, und die alte Frau konnte das schluchzende Mädchen kaum beruhigen.

»Ich … ich … das hab ich doch alles gar nicht verdient … Warum nur?«

»Weil wir dich gern haben und schätzen. Du hast uns in den letzten paar Monaten so viel von deiner Zeit geopfert und uns Glück gebracht. Du warst Lotfali eine große Hilfe, du bist eine fleißige Schülerin, du machst gute Fortschritte im Lesen und Schreiben, seit du in unsere kleine Schule gehst, du hilfst uns im Haus, am Fluss unten und auf den Feldern. Inzwischen kannst du wieder lachen und hast uns mit deiner Lebensfreude angesteckt, und das hier ist in gewisser Weise unser Dank an dich …«

»Aber wo haben Sie nur so schöne Stoffe gefunden, wo haben Sie diese Herrlichkeiten gekauft?«

»Wir haben nichts gekauft, wir hatten alle Stoffreste im Haus, die seit Jahren ungenutzt herumlagen. Vor ungefähr einem Monat haben wir uns getroffen, um zu sichten, was wir hatten. Dann haben wir die Farben ausgewählt, und während du im Gasthaus gearbeitet hast, haben wir diese Kleidungsstücke für dich genäht. Du hattest ja nichts Passendes für deine freien Tage, für Feste oder Geburtstage.«

»Hier«, sagte eine der Frauen. »Hier hast du noch ein Paar *chaplak* für deine Füße. Sie sind auch grün, siehst du.«

»Und hier noch ein Taschentuch«, sagte eine andere.

Bilqis wusste nicht, wie ihr geschah. Sie hatte noch nie in ihrem Leben Geschenke bekommen, außer ein paar Süßigkeiten zum *nowroz*. Noch nie war sie mit Achtung und Dankbarkeit behandelt worden, noch nie hatte man sie so akzeptiert und angenommen wie hier.

Sie bekam auch noch einen Kamm, einen Spiegel, eine Seife, ein kleines Fläschchen mit parfümiertem Wasser, zwei Hefte, Buntstifte, ein Bilderbuch und ein paar Süßigkeiten geschenkt.

»Wie kann ich das alles je wieder gutmachen? Wie kann ich euch je dafür danken?«

»Indem du so bleibst, wie du bist«, sagte Shokat. »So einfach, liebenswürdig, freundlich und fleißig. Das ist alles.«

Dann tranken sie gemeinsam Tee, Shokat zündete ihre tägliche Zigarette an, kleine Kuchen wurden serviert, und am Abend gingen alle nach Hause zurück.

»Bring die Geschenke in dein Zimmer. Sie gehören alle dir, niemand außer dir darf sie anrühren.«

Die beiden Frauen redeten bis tief in die Nacht miteinander, und Shokat ermahnte ihren jungen Schützling noch einmal: »Vergiss nicht, was ich dir heute Morgen gesagt habe: Du musst bald daran denken, eine Familie zu gründen. Du bist jetzt eine erwachsene Frau.«

»Aber ich will nicht von hier weggehen!«

»Wer redet denn davon, dass du weggehen sollst? Du kannst in ein Haus neben meinem ziehen, und wir können uns jeden Tag sehen. Du würdest für deinen Mann arbeiten, anstatt für Lotfali, indem du deinen Haushalt gut führst und eure Kinder aufziehst.«

Der Gedanke an eine Heirat machte dem jungen Mädchen Angst. Niemand hier wusste, was ihr vor vielen Jahren am Ufer des Flusses zugestoßen war. Sie hatte versucht, es zu vergessen, hatte die Erinnerung in die verborgensten Winkel ihrer Seele zurückgedrängt, und trotzdem stieg die Angst in ihr auf, wenn sie auf der Hauptstraße einem Fremden begegnete. Dann versteckte sie sich hinter ihrem Schleier, damit sie nicht erkannt wurde.

Wenn sie heiratete, würde alles auffliegen. Die Schande würde nicht nur auf sie fallen, sondern auch auf Shokat, die so viel von ihr hielt, auf all die Witwen, die mit ihr gefeiert hatten, auf den ganzen Ort und auf ihren künftigen Ehemann, der eine solche Kränkung nicht verdient hatte.

»Wir sprechen ein andermal darüber. Aber ich denke schon eine ganze Weile daran, und meine Freundinnen und ich haben auch bereits einen Bräutigam für dich im Auge: einen netten jungen Mann von 22 Jahren. Ich sage dir nicht, wer es ist, aber wir kennen ihn gut und schätzen ihn alle. Du wirst staunen.

Vielleicht kennst du ihn sogar schon … Mehr kann ich dir im Moment noch nicht sagen.«

Den ganzen Winter über war nicht mehr die Rede vom Heiraten. Das Dorf war völlig von der Welt abgeschnitten, nachdem eine riesige Schnee- und Erdlawine vom Berg niedergegangen war und einige von den Arbeitern auf der Baustelle mitgerissen hatte. Die Straße war wochenlang blockiert. Dann war der Harirud über seine Ufer getreten, da die herabgestürzten Erdmassen einen Staudamm gebildet hatten und das Wasser nicht nach Westen abfließen konnte, und hatte Felder und Häuser überschwemmt. Mit riesigen Maschinen musste schließlich diese Mauer aus Erde, Eis und Steinen durchbrochen werden, damit die Verkehrswege wieder zugänglich wurden und das Leben seinen gewohnten Gang ging. Lebensmittel und Petroleum waren knapp geworden, und die Leute hatten den Gürtel enger schnallen müssen. Die Arbeiter von der Baustelle kamen nicht mehr zum Essen, weil sie auf der anderen Seite der Lawine festsaßen. Bilqis hatte weniger Arbeit.

»Shokat Khanoum, der *Shahrwali* ist da und möchte Sie sprechen.«

Die alte Frau war im Garten und schaufelte die letzten Schneereste weg, die noch nicht geschmolzen waren. Als sie an die Tür kam, stand Gholam Rassoul, der Bürgermeister, vor ihr.

»Salam alaikum.«

»Salam.«

»Gott sei mit Ihnen.«

»Und auch mit Ihnen, Shokat Khanoum.«

Bilqis war in der Küche beschäftigt.

»Geh Zigaretten holen und sieh nach, ob Lotfali dich heute vielleicht noch braucht. Und lass dir Zeit, mein Kind.«

»Nun, Gholam Rassoul, wie steht es mit unserer Angelegenheit?«

Der *Shahrwali*, der ungefähr sechzig war, hatte ein altes Sakko für den Besuch bei Shokat Khanoum angezogen. Sein Bart war seit gut sechs Tagen nicht mehr gestutzt worden, und er hatte Stiefel angezogen, denn auf der Hauptstraße war der Schnee noch nicht weggeräumt. Er ließ seine *tasbi*, seine Gebetsmühle, durch die Finger gleiten und trank geräuschvoll den Tee, den ihm die alte Frau serviert hatte, indem er zuerst ein Stück Zucker in den Mund nahm, dann die heiße Flüssigkeit nach und nach aus seinem Teeglas in die Untertasse goss und schlürfte.

»Mein Sohn Gholam Ali kommt nächsten Monat aus Herat zurück. Er hat seine Mechanikerlehre in einer Werkstatt in der Stadt abgeschlossen und will jetzt hier seinen eigenen Betrieb aufmachen.«

»Er ist ein braver Junge, sehr gut erzogen, und ich bin sicher, dass er einen ausgezeichneten Ehemann abgeben würde.«

»Er bringt einen *Shaguerd* mit, einen Gehilfen, der ihm bei der Arbeit zur Hand gehen soll. Wir haben keine Autowerkstatt in unserer Gegend, und ich bin sicher, dass er gute Geschäfte machen wird.«

»*Inch Allah!*«

»*Inch Allah!*«

»Und wo wollen Sie ihn unterbringen?«

»In einem Lagerhaus, das ich am Ortsausgang besitze. Wir schätzen, dass er dort nächsten Monat mit seiner Arbeit anfangen kann. In zehn Tagen könnten die jungen Leute einander vorgestellt werden. Wir halten eine kleine Feier ab, dann die *nekah*, die offizielle Verlobung, und danach kann die Ehe noch vor dem Frühjahr in meinem Rathaus bestätigt werden. Was halten Sie davon, Shokat Khanoum?«

»Ich denke, das ist sehr gut. Ich werde heute Abend mit Bilqis darüber sprechen, und wie ich sie kenne, wird es keine Probleme geben. Sie ist ein liebes Kind, sehr fügsam.«

Während sie das Abendessen zubereitete, rief Shokat das junge Mädchen zu sich.

»Hast du den Mann gesehen, der heute Nachmittag zu mir gekommen ist?«

»Ja, den habe ich gesehen.«

»Weißt du, wer das war?«

»Das war der *Shahrwali*, Gholam Rassoul Khan.«

»Ganz recht. Und weißt du auch, warum er hier war?«

»Nein.«

»Er wollte mit mir über seinen Sohn sprechen, Gholam Ali, der in Herat ist und in ein paar Wochen zurückkommt. Gholam Ali ist der junge Mann, den wir als Bräutigam für dich ausgesucht haben. Er ist ein anständiger, ernsthafter Junge, sehr fleißig, der eine eigene Autowerkstatt aufmachen wird.«

Bilqis sagte nichts. Sie wusste, dass ihre Tage in Kamanj von nun an gezählt waren. Sie wusste, dass sie diesen kleinen Ort, in dem sie so herzlich aufgenommen worden war, verlassen musste, dass sie Shokat und ihren Freundinnen Kummer bereiten würde. Wieder einmal musste sie fliehen, in die Fremde hinaus, einem ungewissen Schicksal entgegen.

8 *Herat*

Eines Nachmittags bog ein uraltes Auto in die Hauptstraße von Kamanj ein. Niemand achtete darauf. Das staubbedeckte, verbeulte Gefährt, dessen Dach mit Kisten und Bündeln voll gepackt war, hielt vor dem Rathaus an. Ein junger Mann von ungefähr zwanzig Jahren stieg aus, gefolgt von einem älteren Mann, der tief gebeugt ging. Beide wirkten erschöpft, und ihre Schritte waren langsam und schwer. Sie betraten das Gebäude, und der Jüngere ging zu einem der beiden Amtsräume, in dem sich Gholam Rassoul mit zwei Besuchern unterhielt. Der *Shahrwali* stand auf und drückte seinem Sohn herzlich die Hand.

»*Khosh amadid.*«

»Ich grüße dich, lieber Vater. Ich bin glücklich, dich wiederzusehen.«

Die beiden Besucher erhoben sich und verabschiedeten sich vom Bürgermeister.

»Wann bist du von Herat aufgebrochen?«

»Heute Morgen in aller Frühe. Ich hatte unterwegs eine Panne und musste den Wagen in der Werkstatt meines Freundes Gonabad reparieren.«

»Bist du mit einem Auto gekommen?«

»Ja, Vater, ich bin mit dem Auto gekommen, mit meinem Auto!«

»Du hast einen Wagen?«

»Ja. Ich habe ihn vor einiger Zeit gekauft und alle nötigen Reparaturen und Verbesserungen vorgenommen. Er ist sehr alt, aber er funktioniert gut. Ich bin übrigens mit meinem *Shaguerd* gekommen; er wartet hinter der Tür.«

»Lass ihn eintreten, lass ihn nicht draußen stehen.«

Der Mann trat ein und bückte sich noch tiefer hinunter.

»Wie heißt du?«

»Karim, ich heiße Karim.«

Dann wurde der Tee serviert, und der Bürgermeister sagte alle anderen Zusammenkünfte für den restlichen Tag ab.

»Wir haben uns schon so lange nicht mehr gesehen. In ein paar Tagen ist es ein ganzes Jahr.«

»Ja, ich erinnere mich, du warst am letzten *nowroz* hier. Deine Mutter wird glücklich sein, dass du wieder da bist. Hier geht es allen gut, *al hamdol Allah*.«

»Gott sei Dank.«

Dann wurde Golam Alis *Shaguerd* gebeten, im Nachbarzimmer zu warten.

»Der große Tag rückt näher – wie fühlst du dich, mein Sohn?«

»Sehr gut, Vater, ich bin hierher gekommen, um deinen Rat zu hören.«

Die beiden Männer unterhielten sich eine halbe Stunde lang. Gholam Ali erfuhr alles über seine Versprochene: ihr Alter, die Farbe ihrer Augen, ihre große Schönheit, ihre Lernwilligkeit im Unterricht, ihren Arbeitseifer, den Tod ihrer Eltern, ihre Kochtalente …

»Wir haben auch schon die *mehr* mit Shokat Khanoum festgelegt. Denn obwohl Bilqis selber nichts besitzt, will sie dir mithilfe der Frauen im Dorf eine Mitgift ins Haus bringen. Wir werden es ebenso machen. Deine Mutter und deine Schwestern helfen dir, deine Wohnung in dem Lagerhaus einzurichten, das ich dir zur Verfügung stelle. Es hat zwei Räume nach hinten hinaus, die leicht umgebaut werden können. Mach dir keine Sorgen, ich habe an alles gedacht. Zur gegebenen Zeit wird alles fertig eingerichtet sein: Matratzen, Lampen, Teppiche, Herd, Öfen. Die ganze Wohnung wird frisch gestrichen, und gerade nähen ein paar Frauen die Vorhänge für die Fenster.«

In Kamanj hatte sich inzwischen die Nachricht verbreitet, dass der älteste Sohn des Bürgermeisters zurückgekommen war. Eine Nachbarin stürzte zu Shokat hinüber: »Es ist soweit! Er ist da!«

»Wer ist da?«

»Gholam Ali, der Sohn des *Shahrwali*!«

Bilqis hatte alles mit angehört. Sie bereitete gerade das Abendessen zu und ließ vor Schreck ihr Messer fallen. Ihr Herz fing heftig zu schlagen an. Der Mann, der für sie ausgesucht worden war und den sie nicht kannte, war in der Stadt. Was sollte sie tun? Was in aller Welt sollte sie bloß tun?

»Hast du gehört, mein Kind? Er ist da. Ich glaube,

die Vorstellungszeremonie findet in zwei Tagen beim Bürgermeister statt.«

»Die Vorstellungszeremonie?«

»Ja, wir sind zum Teetrinken bei Gholam Rassoul Khan eingeladen. Nur seine engste Familie und wir beide werden dort sein.«

»Und was muss ich tun?«

»Nichts, gar nichts. Du brauchst nichts zu sagen, denn niemand wird dir eine Frage stellen. Du ziehst deine schönsten Kleider an und verhüllst dein Gesicht. Niemand wird dich sehen, aber du siehst alle … und vor allem ihn! Die Erwachsenen werden über eure *nekah* sprechen, über den Tag eurer offiziellen Verlobung und über den Hochzeitstermin. Dann kommt ein Mullah aus Chaghcharan und segnet euch, und danach kannst du mit deinem Mann zusammenziehen.«

»Haben Sie das auch so gemacht, als Sie geheiratet haben, Shokat Khanoum?«

»Ja, aber das ist schon sehr lange her … über vierzig Jahre. Trotzdem hat sich bis heute nichts geändert, auch wenn es schon so lange her ist. Ich wurde als ganz kleines Mädchen dem Sohn des Khan in meinem Dorf versprochen. Der Khan ist eine Art Bürgermeister, der sich um alles kümmert, wenn es beispielsweise einen Rechtsstreit gibt oder Streitigkeiten zwischen Nachbarn; er kümmert sich um das Wasser, um die Scheidungen im Dorf, um das Vieh und um die Geburten. Sein Sohn und ich haben von kleinauf miteinander gespielt. Ich bin in die Schule gegangen, keine richtige Schule wie heute, es gab nur einen Lehrer, der jeden Monat gekommen ist. Er ist bei jedem Wetter im Sommer wie im Winter von Dorf zu Dorf und von Weiler zu Weiler gezogen. Ich habe Nezar bei seiner Arbeit geholfen – das war sein Name –, denn er war nicht sehr begabt, deshalb habe ich seine Aufgaben übernommen. Eines schönen Tages haben unsere Familien beschlossen, dass wir verheiratet werden sollten. Unser bisschen Land grenzte aneinander, ein Bach floss mittendurch, und so wurde ein Grenzstreit gütlich geregelt, der seit vielen Jahren zwischen unseren Familien schwelte. Die Tiere konnten seitdem ungestört an derselben Quelle trinken, die Frauen ihre Wäsche im selben Becken waschen und Wasser schöpfen, ohne sich gegenseitig mit Beschimpfungen und Beleidigungen zu überschütten. Ja, und das ist auch heute noch so. So kann eine gute Verbindung Streitigkeiten aus der Welt schaffen, die der *Shahrwali* oder der Richter nicht lösen können.«

»Und wenn es zur Scheidung kommt?«

»Nun, bis dahin sind Kinder auf die Welt gekommen, auf die das Grundstück später einmal übergeht. Das heißt, dass bei uns selbst im Fall einer Scheidung der Besitz nicht aufgeteilt und zerstückelt werden kann. Die meisten meiner Kinder sind im Dorf geblieben, ich besuche sie von Zeit zu Zeit, wie du ja weißt. Mein Mann war Zimmermann in Kamanj, und wir haben hier ein viel besseres Leben als in den Bergen … Aber so geht es nun einmal zu in der Welt … Als er gestorben ist, hatte ich die Wahl, wieder dort hinaufzugehen, zu meiner Familie, oder hier zu bleiben, bei meinen Freundinnen und in meiner gewohnten Umgebung. Ich bin hier geblieben, und so haben sich unsere Wege gekreuzt, dem Allmächtigen sei Dank.«

»Aber vermissen Sie Ihre Kinder nicht?«

»Natürlich vermisse ich sie, jeden Tag und jede Stunde, und auch ihre eigenen Kinder, meine Enkel. Ich habe diese Entscheidung schweren Herzens getroffen, aber nach all den Jahren hier unten in der Ebene, wo das Leben weniger hart ist, konnte ich mir nicht vorstellen, in die Berge zurückzukehren. Ich habe dort kein Haus mehr und hätte wie eine Fremde bald hier, bald dort wohnen müssen. Mein Mann war ein guter Ehemann und ein fleißiger Arbeiter. Meinen Kindern hat es an nichts gefehlt, und sie sind eines nach dem anderen ins Dorf zurückgegangen. Außer meinem Ältesten, der in Kandahar als Lastwagenfahrer gearbeitet hat und später als Fahrer zum Militär eingezogen wurde. Aber eines Tages habe ich erfahren, dass er mit elf anderen Soldaten in der Gegend von Salang auf eine Mine gefahren ist und in die Luft gejagt wurde. Sie sind in einen Abgrund gestürzt und wurden nie heraufgeholt. Wie Tiere ruhen sie auf dem Grund der Schlucht. Und seither quält mich Tag für Tag der Gedanke, dass dieser Sohn niemals ein Grab haben wird, weder er noch seine Kameraden …«

Shokat wischte sich mit dem Handrücken über die Augen und fügte hinzu: »Wie dumm von mir, dass ich ausgerechnet heute darüber spreche, an einem Tag, an dem wir doch alle glücklich sein sollten!«

Bilqis ging zu der alten Frau hinüber, nahm ihre

beiden Hände, und nachdem sie ihr lange in die Augen geschaut hatte, führte sie sie an ihre Lippen und küsste sie.

»Ich habe Sie sehr lieb, Shokat Khanoum. Ich möchte nie, nie von Ihnen weggehen, niemals ...«

»Aber du wirst nicht von mir weggehen, das habe ich dir doch schon gesagt. Hab keine Angst ...«

Bilqis schlang ihre Arme um Shokat und drückte sie fest an sich.

»*Na tars, na tars*, hab keine Angst ...«

Immer mehr Frauen kamen zu Shokat, um die Ankunft des Bürgermeistersohns zu bereden. Sie hatten ihn nicht gesehen, aber vor dem Haus des *Shahrwali* hatte sich eine kleine Schar von Schaulustigen zusammengerottet, und der Klang des Tamburins und der *ney*-Flöte war weithin zu hören.

»Ich muss mit Gholam Rassoul Khan sprechen. Ich komme gleich wieder zurück.«

Bilqis blieb verängstigt zurück. Das Abendessen brodelte im Topf, und sie starrte auf den Herd, reglos und tief in ihre Gedanken versunken. Am liebsten wäre sie auf der Stelle weggelaufen, ohne hinter sich zu schauen. Aber wohin sollte sie gehen? Die ganze Stadt war auf der Straße!

»Also, jetzt steht es fest«, verkündete Shokat, als sie nach Hause zurückkam. »In zwei Tagen gehen wir zum Bürgermeister. Wir machen uns beide schön. Es wird alles gut, du wirst schon sehen. Ich bleibe die ganze Zeit bei dir.«

Das Haus des Bürgermeisters war das größte in Kamanj. Es hatte ein zweites Stockwerk und eine Dachterrasse, auf der man in der schlimmsten Sommerhitze unter den Laken schlafen konnte, die an der frischen Luft trockneten. Shokat und Bilqis stiegen mit kleinen Schritten die Straße hinauf, ohne die Dorfbewohner anzusehen, die ihnen im Vorübergehen gratulierten. Die alte Frau hatte ihren schönsten Tschador angezogen, den sie nur zu besonderen Anlässen aus einer Schachtel hervorholte. Bilqis trug die Kleider, die sie vor einigen Wochen geschenkt bekommen hatte. Aller Augen waren auf sie gerichtet, was sie sehr verlegen machte. Die Straße erschien ihr viel länger als sonst, und sie stolperte über einen Stein. Endlich kamen sie vor dem weißblauen Haus an.

Alle Zimmer waren erleuchtet. Bilqis und Shokat wurden von der Hausherrin und einer ihrer Töchter empfangen. Im Hauptraum des Hauses saß der Bürgermeister und rechts von ihm sein Sohn, während sich die anderen Kinder im Hintergrund hielten.

»Seid willkommen unter meinem Dach.«

Für die Besucherinnen waren zwei Plätze zwischen den Frauen des Hauses freigehalten worden. Bilqis senkte den Kopf. Sie wagte es nicht, ihren Zukünftigen anzusehen. Obwohl sie wusste, dass sie nicht gesehen werden konnte, vermied sie es, den Blick zu heben.

In der Ecke dampfte der Samowar. Auf dem Boden waren Süßigkeiten und Obst angerichtet. Nach einer Weile brach der Bürgermeister das Schweigen: »Ihr kennt alle den Grund für unsere heutige Zusammenkunft. Es ist ein Tag der Freude, an dem wir das Glück haben, diese beiden jungen Menschen zusammenzugeben – meinen geliebten Sohn und Bilqis, die wir in unsere Gemeinde aufgenommen haben und die wir alle lieben.«

Das junge Mädchen hob endlich die Augen. Während der *Shahrwali* redete, schaute sie Gholam Ali zum ersten Mal an. Der Bürgermeisterssohn war sauber rasiert und hatte ein fein gezeichnetes Gesicht, er trug ein weißes Hemd und eine schwarze Hose. Er wirkte sehr groß. Mit brennenden Augen starrte er sie an und versuchte zu erraten, was sich hinter ihrem Schleier verbarg. Bilqis schämte sich plötzlich und senkte den Blick.

Nach dem vierten Glas Tee stand Shokat Khanoum auf und verabschiedete sich, gefolgt von Bilqis, ihrem getreuen Schatten. Shokat verneigte sich im Vorbeigehen vor dem Bürgermeister, der ihren Gruß erwiderte. Das junge Mädchen schaute niemanden an, vor allem nicht Gholam Ali, der nur einen Meter von ihr entfernt war. Ihr Herz klopfte heftig. Der künftige Bräutigam rührte sich nicht und verzog keine Miene, während seine Mutter und seine Schwestern ihr ein Lächeln schenkten.

Als sie wieder zu Hause waren, fragte Shokat: »Und? Hast du ihn gesehen?«

»Nicht richtig – nur ganz kurz.«

»Was soll das heißen – nicht richtig? Hast du ihn nun gesehen oder nicht?«

»Ich hatte Angst, ihn genauer anzuschauen … Ich habe immer gedacht, dass er mich sehen könnte …«

»Wie soll er dich denn sehen, wenn dein Gesicht vollständig verhüllt ist? Niemand hat bemerkt, dass ich deine Lippen und deine Wimpern ein wenig geschminkt habe. Offiziell hätte ich das gar nicht machen müssen, solange du noch nicht verlobt bist.«

Einen Augenblick herrschte Schweigen, dann fing Shokat wieder an: »Und wie findest du ihn?«

»Gut.«

»Gut? Was soll das heißen? Meinst du damit, dass er ein hübscher Junge ist?«

»Ich weiß nicht, was das bedeutet, ein hübscher Junge. Ich habe nie junge Männer angesehen.«

»Nun sag doch, gefällt er dir? Er ist gut frisiert, gut rasiert, gut gekleidet … Er hat dich die ganze Zeit angeschaut.«

Wieder herrschte Schweigen.

»Du machst mir die Sache nicht leicht! Der *Shahrwali* möchte wissen, wie du zu all dem stehst. Was soll ich ihm sagen? Gefällt er dir oder gefällt er dir nicht?«

Bilqis brach in Tränen aus.

»Ich will nicht von Ihnen weg, Shokat Khanoum, das wissen Sie doch … Ich will hier bleiben … Das ist mein erstes Zuhause, Sie sind wie meine Mutter früher, bitte nehmen Sie mir das nicht alles weg, das könnte ich nicht ertragen …«

»Mein Kind, ich habe dich sehr gern bei mir, und meine Tür wird dir immer offen stehen. Aber es ist auch eine Ehre, dass unser Bürgermeister dich als Schwiegertochter auserwählt hat. Andere Mädchen, die ich kenne, wären gern an deiner Stelle, glaub mir. Du heiratest in eine angesehene Familie ein, und du weißt doch, wie sehr Narguess, die Frau des Bürgermeisters, dich schätzt und liebt. Und Zarmineh, seine Tochter, ist eine gute Freundin von dir, hast du das vergessen? Wovor hast du Angst? Sie sind doch keine Fremden für dich.«

Am nächsten Abend wurde das Hochzeitsdatum festgesetzt. In zehn Tagen sollte ein großes Fest im Dorf gefeiert werden, und aus den umliegenden Ortschaften wurden zahlreiche Gäste erwartet.

»Ich will ein paar Tage in mein Dorf gehen, denn es ist mir wichtig, dass meine Familie an der Zeremonie teilnimmt. In zwei Tagen reise ich ab und bringe zwei meiner Töchtern mit zurück, wahrscheinlich die beiden Ältesten, Fahimeh und Bara. So lernst du sie kennen, und ich bin sicher, dass ihr euch gut versteht. Vielleicht bringen sie auch ein oder zwei Kinder mit.«

Bilqis hörte Shokat reden, aber ihre Worte drangen nicht zu ihr durch. All das war unwirklich für sie und ging ihr zu schnell. Jetzt gab es keinen Zweifel mehr: Sie musste so schnell wie möglich fortgehen, ehe es zu spät war. Dass die alte Frau verreisen wollte, kam ihr sehr entgegen.

»Hast du nicht gehört, was ich dir gesagt habe?«

»Doch, ich habe es gehört.«

»Und was habe ich gesagt?«

»Dass Sie in Ihr Dorf gehen, und dann …«

»Und dann?«

»Ich weiß nicht mehr, verzeihen Sie mir.«

»Und davor, was habe ich da gesagt?«

»Ich weiß es nicht.«

»Ich bin enttäuscht, dass du mir nicht zuhörst. Manchmal wirkst du so abwesend, als ob du ganz woanders wärst … Du tust so, als ob ich gar nicht da wäre.«

Bilqis ging auf Shokat zu und schaute ihr gerade in die Augen.

»Sagen Sie dem *Shahrwali* und Narguess Khanoum, dass alles gut ist. Sagen Sie ihnen, dass ich Gholam Ali nett finde und einverstanden bin …«

»… einverstanden womit?«

»Mit der Heirat und allem anderen …«

»Na also! Gott sei gelobt! Ich hatte schon Angst, dass du uns Kummer machst. Komm, wir essen jetzt zu Abend und sprechen morgen weiter.«

Am übernächsten Tag nahmen Shokat und eine ihrer Freundinnen den Bus in Richtung Osten.

»Pass auf das Haus auf, Kind. Ich bin bald wieder zurück. Du hast genug zu essen, und wenn du ausgehst, dann schließ die Tür gut ab. Falls der Bürgermeister oder seine Familie dir einen Besuch machen, dann empfängst du sie freundlich und bietest ihnen Tee an. Es sind auch noch ein paar Kuchen im Schrank und …«

»Machen Sie sich keine Sorgen, Shokat Khanoum, Sie können beruhigt abreisen. Wenn Sie wiederkommen, werden Sie das Haus so vorfinden, wie Sie es verlassen haben – sauber und gut aufgeräumt.«

Die beiden Frauen küssten sich zum Abschied. Bilqis umarmte ihre Beschützerin noch fester als sonst, denn sie wusste, dass sie sie nie wiedersehen würde.

Zwei Tage vergingen, in denen das Mädchen alle Arbeiten im Haus verrichtete. Dann packte sie ihren Reisesack, in den sie ihre schönen Festtagskleider legte, ein Hemd, eine Hose und eine Burka, zwei Taschentücher und ein Paar geflochtene Schuhe.

Sie wusste, dass jeden Tag gegen Abend ein Bus vorüberkam, manchmal spät in der Nacht, der von Kabul nach Herat fuhr. Er hielt zehn Minuten vor dem Rathaus, dann fuhr er weiter. Dort konnte sie natürlich nicht einsteigen. Ein Stück weiter draußen befand sich die künftige Werkstatt von Gholam Ali, der bis spät abends arbeitete, um das Lagerhaus für seine Zwecke umzubauen. Bilqis wusste, dass niemand sie sehen würde, wenn sie an dem baumgesäumten Flussufer entlangging. Sie wollte den Bus außerhalb von Kamanj anhalten.

Am dritten Abend wusste sie, dass der Augenblick gekommen war. Sie durfte nicht länger warten, denn Shokat konnte jeden Moment zurückkommen. Bilqis packte ihren Reisesack fertig, schaute nach, ob alles in Ordnung war, goss die Pflanzen, löschte den Samowar, fegte ein paar Krümel auf dem Küchenboden zusammen, nahm ein Blatt Papier aus einer Schublade und schrieb mit zitternder Hand ein paar Zeilen, die sie sich schon am Vorabend im Kopf zurechtgelegt hatte. Sie konnte nicht fortgehen, ohne eine Nachricht zu hinterlassen, und sei es auch mit vielen Schreibfehlern. Shokat Khanoum hatte sie aufgenommen, erzogen, ernährt und einen anderen Menschen aus ihr gemacht. Sie war ihr eine Erklärung schuldig:

Liebe Shokat Khanoum, suchen Sie mich nicht. Ich bin fortgegangen. Ich will nicht heiraten. Ich wollte Sie nicht verlassen. Sie werden immer in meinem Herzen bleiben. Gott schütze Sie. In Liebe, Bilqis.

Die Nacht war pechschwarz, der Himmel bedeckt, und es schien kein Mond. Bilqis folgte dem Harirud flussabwärts nach Norden. Einige Häuser waren erleuchtet. Plötzlich wurde ihr sehr kalt, und sie beschleunigte ihre Schritte. Sie kam jetzt in die Nähe von Gholam Alis Werkstatt und sah die Schatten, die sich im Inneren des Gebäudes bewegten. Als sie das letzte Haus des Ortes erreicht hatte, wagte sie sich auf die Straße hinaus. Keine Menschenseele weit und breit. Ein aufstiebender Vogelschwarm erschreckte sie, dann ein streunender Hund, der die Straße überquerte. Sie ging schneller.

An der dritten Kurve setzte sie sich auf einen Stein und wartete. Der Wind wehte, und der Mond trat kurz hinter den Wolken hervor, dann verbarg er sich wieder. In der Ferne glaubte Bilqis das Dröhnen eines Motors zu hören, aber im nächsten Moment war alles wieder still. Was sollte sie tun, wenn der Omnibus nicht vorüberkam? Nach Hause zurückkehren, als ob nichts gewesen sei? Nein, sie würde nicht zurückgehen.

Das Fahrzeug näherte sich: Bilqis erkannte das Motorengeräusch. Die Steigung war steil, und der Bus kam nur langsam voran. Plötzlich tauchte er auf, kaum hundert Meter von ihr entfernt. Sie stand auf und ging auf die Straße hinaus, die Arme ausgebreitet, ohne sich zu bewegen. Das schwere Fahrzeug hielt an, und eine Tür ging auf.

»Was machst du da?«

»Ich will nach Herat.«

»Hast du Geld?«

»Ja.«

»Dann steig ein, hinten ist noch Platz.«

Schnarchende Männer, Frauen, die sich aneinander drängten, ein junges Mädchen, das ein Neugeborenes stillte. Bilqis fand einen Fensterplatz in der vorletzten Reihe. Sie behielt ihren Sack auf den Knien, lehnte ihren Kopf ans Fenster und versuchte zu schlafen.

Sie hatte wirre Träume in jener Nacht. Sie sah ihre Mutter und Shokat, Najmuddin, der mit dem Bürgermeister redete, sie erkannte die Stimme von Leila, der Nachbarin in Garm-Ab, die ihren Sohn, Shokat Ali, rief. Nach dem dritten Halt, den der Bus einlegte, wurde ihr Schlaf allmählich ruhiger. Hinter ihr brach bereits der Tag an, und die Erde färbte sich ockerrot. Bald zeichnete sich die düstere Silhouette der Berge vor dem rosagrauen Himmel ab.

In Maarvah schien die Sonne, und der Tag versprach schön zu werden. Die Straße führte jetzt an einem großen, reißenden Fluss entlang. Felder zogen an Bilqis' Augen vorbei, sie sah Hirten mit ihren Herden. Dann kamen Weiler und kleine Ortschaften, und der Bus musste sich durch eine Flut von Karren, Wagen, Fahrrädern und Lastwagen hindurchquälen. Einige Lastwagen wurden abgeladen, und Bilqis hörte Schreie, Gebrüll, ja sogar Beschimpfungen. Die Ebene war riesig, Brücken führten über den Fluss, und Bilqis sah zum ersten Mal Schiffe mit Menschen an Bord.

In der letzten Stunde der Fahrt leerte sich der Bus zur Hälfte. Ein paar Männer unterhielten sich, während die Frauen stumm blieben. Außer bei einem kurzen Halt im Morgengrauen, der den Fahrgästen die Gelegenheit gab, ein Glas heißen Tee zu trinken, hatte Bilqis sich nicht von der Stelle gerührt. Sie hatte einen Apfel aus ihrem Reisesack genommen und ihn verstohlen gegessen.

Endlich kam der Bus in Herat an. Bilqis hatte viel von Herat sprechen gehört, aber nie hätte sie sich vorstellen können, dass eine Stadt so groß und ganz in die Höhe gebaut sein könnte. Die Straßen waren asphaltiert, und das schwere Fahrzeug glitt ohne Holpern dahin. Der Fahrer hatte die zahllosen bunten Lämpchen angeknipst, die die Fenster vorn und an der Seite des Buses schmückten, als wollte er die Einwohner der großen Stadt grüßen. Bilqis riss die Augen auf, so verzaubert war sie von diesen Lämpchen. Sie sah hohe Gebäude und Moscheen, eine schöner als die andere, Frauen, die in bunten Gewändern durch die Straßen gingen, und Dutzende von Schankstuben und Läden, die sich eng aneinander reihten. Die Händler hatten Berge von Zucker- und Wassermelonen aufgetürmt,

Reissäcke stapelten sich am Straßenrand, Hühner waren an einem Bein aufgehängt oder drängten sich zu Dutzenden in Käfigen, und mitten auf der Straße lagen Truthähne.

»Endstation, alles aussteigen! Herat, alles aussteigen!«

Ein Gehilfe des Fahrers kletterte auf das Dach des Buses und hievte die Koffer und Bündel auf die Straße hinunter.

»*Dokhtar Khanoum* ... Sie dort hinten! Wir sind angekommen! Sie müssen aussteigen.«

Bilqis fuhr aus ihrer Benommenheit auf und griff nach ihrem Reisesack.

»Verzeihung, mein Herr, Verzeihung.«

»Guten Tag, und Gott schütze Sie!«

An diesem Wintertag 1993 trat Bilqis in eine neue Welt ein. Garm-Ab und Kamanj waren vergessen. Sie hielt sich in der Mitte des Gehsteigs, ohne zu wissen, welche Richtung sie einschlagen sollte, und sie wagte es nicht einmal, ihren Reisesack einen Augenblick auf den Boden zu stellen. Ständig wurde sie angerempelt, Kinder liefen in alle Richtungen, Frauen machten ihre Einkäufe, Männer saßen auf Stühlen, die auf den Gehsteig herausgestellt worden waren, und rauchten ihre *narghileh*, während sie miteinander plauderten.

In ihrer Ratlosigkeit folgte Bilqis drei Frauen, die ihre Einkäufe machten, und blieb immer ein paar Schritte hinter ihnen, um nicht bemerkt zu werden.

»Was brauchen wir noch für die *nowroz*-Feier?«

»Sirup und ein wenig Zucker, glaube ich, ja, und Knoblauch brauchen wir auch.«

»Ich brauche noch Gebäck für die Gäste, ich glaube, ich habe nicht genug im Haus.«

Es war also *nowroz*. Shokat hatte gesagt, dass sie zum Neujahrsfest zurück sein würde. Vielleicht war sie schon wieder zu Hause?

»Kauf du Äpfel und Orangen, ich kümmere mich um die Pfirsiche und Birnen.«

Und so setzte Bilqis ihren Weg fort, immer den drei Frauen hinterher. Nach etwa einer halben Stunde ertönte plötzlich eine Männerstimme hinter ihr.

»Khanoum, was machen Sie da?«

Zuerst drehte sie sich nicht um. Sie war noch nie mit *Khanoum* – Frau – angesprochen worden.

»Khanoum, ich spreche mit Ihnen.«

Verwirrt wandte Bilqis den Kopf nach rechts. Ein Mann in Uniform mit einem Stock in der Hand starrte sie an. Sie senkte die Augen, wie sie es gewohnt war.

»Verstehen Sie mich nicht? Ich habe Sie gefragt, was Sie hier machen. Ich beobachte Sie schon eine ganze Weile, und ich sehe, dass Sie diesen Frauen folgen …«

»Ich … ich mache nichts … ich bin gerade erst mit dem Bus gekommen und kenne die Stadt nicht …«

»Woher kommen Sie?«

»Von dort unten«, sagte Bilqis und deutete mit dem Arm in Richtung Busbahnhof.

»Aus welcher Stadt kommen Sie?«

»Kamanj, ich komme aus Kamanj.«

»Haben Sie dort Familie?«

Bilqis zögerte.

»Nein, das heißt, nicht direkt …«

»Was soll das heißen, ›nicht direkt‹?«

Der Polizist befahl dem jungen Mädchen, ihm zu folgen. Was konnte Bilqis schon anderes tun? Vielleicht würde er ihr helfen? Er war jung und freundlich. Sie gingen in das Kommissariat Nr. 3, wo Dutzende von Leuten auf dem Boden saßen und darauf warteten, dass sie an die Reihe kamen. Ein Mann war angekettet, ein anderer blutete. Eine Frau schlug auf ein Kind ein, um es zum Schweigen zu bringen. Als er sah, wie jung Bilqis noch war, ging der Polizist sofort zum Du über.

»Wie alt bist du?«

»Sechzehn.«

»Hast du Papiere bei dir? Einen Ausweis?«

»Nein, ich habe keinen. Ich hatte noch nie einen Ausweis.«

»Wo bist du geboren? Wo ist deine Familie?«

»In Garm-Ab. Meine Eltern sind tot, ich habe niemanden mehr.«

»Und warum bist du aus Kamanj weggegangen?«

»Die Leute, bei denen ich gearbeitet habe, konnten mich nicht mehr bezahlen, sie haben mich weggeschickt. Ich habe ein paar Afghani genommen, die ich gespart hatte, und ein paar Kleider, und bin mit dem Bus fortgefahren.«

Der Polizist ging zu einem Schalter und redete mit einer Angestellten, ohne Bilqis aus den Augen zu lassen. Als er zurückkam, grinste er zufrieden.

»Du hast also noch keine Arbeit? Du kennst hier niemanden?«

»Ich suche eine Stelle. Ich kann alles im Haus und in der Küche machen. Ich kann …«

»*Istad sho,* warte einen Moment. Siehst du die Dame dort hinten am Schalter Nummer 7? Ich habe gerade mit ihr gesprochen. Sie ist meine Schwägerin. Ihre Familie braucht zufällig ein junges Mädchen für den Haushalt. Hast du Lust, dorthin zu gehen?«

Am Abend war Bilqis bei Fatemeh untergebracht, der Schwägerin des Polizisten. Das Haus und seine Bewohner missfielen ihr auf den ersten Blick. Alles hier war schmutzig und unordentlich, die Küche roch schlecht, die drei Kinder waren wild und ungezogen und der Ehemann grob, unflätig und ohne Manieren. Bilqis verbrachte ihre erste Nacht auf einer Strohmatte, die direkt auf die Fliesen des Badezimmers gelegt worden war. Der Hausherr war Bäcker. Er stand morgens in aller Frühe auf und weckte dabei das ganze Haus auf. Um sechs Uhr wurde der Samowar angezündet, und dann wurde es im Haus lebendig. Nach dem Frühstück gingen die Kinder in die Schule und Fatemeh ins Kommissariat. Erst jetzt konnte Bilqis sich ungestört waschen, ihre Haare kämmen und sich zurechtmachen. Sie hatte nicht die Absicht, in diesem Haus zu bleiben, aber solange sie nichts Besseres fand, würde sie hier ausharren, um das Viertel und schließlich die ganze riesige Stadt zu erkunden. Sie wusste, dass sie alles sorgfältig planen musste, wenn sie hier wegkommen wollte.

Sie dachte nicht mehr an Shokat oder an ihren einstigen Verlobten. Wenn sie mit Fatemeh aus dem Haus ging, vermied sie es, sich allzu lange in der Nähe des Busbahnhofs aufzuhalten, weil sie Angst hatte, dass ein Reisender sie erkennen könnte. Wenn sie Körbe trug und keine Hand frei hatte, ging sie mit gesenktem Kopf, um jedem Blick auszuweichen, um nur ja nicht auf eine vertraute Gestalt zu treffen. Im Haus redete sie nicht, antwortete nur auf die Fragen, die ihr gestellt wurden, hütete die Kinder, die zwischen fünf und neun Jahren alt waren, und half ihnen sogar, ihre Aufgaben zu machen, was ihr zugleich die Möglichkeit gab, ihre eigenen Kenntnisse zu verbessern. Sie ging abends als Letzte schlafen und war morgens als Erste auf den Beinen, um den Tee für den Hausherrn zu kochen, sodass sie nicht viel Schlaf fand, aber alles in allem konnte sie ihren Arbeitgebern nichts vorwerfen. Der Hausherr war missmutig und schlecht erzogen, aber zum Glück sah sie ihn nicht oft. Fatemeh kam und ging, gab Befehle und arbeitete den ganzen Vormittag bis vierzehn Uhr im Kommissariat. Bilqis' Alltag bestand aus Fegen, Putzen, Waschen, Bügeln und Kochen, ein eintöniges Dasein. Die Tage und Nächte folgten ereignislos aufeinander, und es hätte noch lange so weitergehen können, wenn nicht eines Morgens der Polizist an ihre Tür geklopft hätte.

»Erinnerst du dich noch an mich, Bilqis?«

»Ja, ich kenne Sie.«

»Freust du dich, mich wiederzusehen?«

Bilqis antwortete nicht. Was sollte sie dazu sagen?

»Ob du dich freust, mich wieder zu sehen?«

»Ja, ja … Wie geht es Ihnen?«

»Bring mir Tee und schneide mir ein Stück Wassermelone ab. Ich liebe Wassermelonen. Geht es dir gut hier? Gefällt es dir bei meiner Schwägerin?«

Bilqis antwortete recht und schlecht auf seine Fragen und vermied es, ihm zu nahe zu kommen. Sein Atem roch nach Knoblauch, er war schlecht rasiert, und seine Uniformjacke war aufgeknöpft. Sein weißer Stock baumelte ihm an der Hüfte, und in seinem Gürtel steckte eine Pistole. Einige seiner Fragen machten Bilqis verlegen, und sie brachte es nicht fertig, darauf zu antworten: Warst du verheiratet? Bist du verlobt? Gefalle ich dir? Noch nie hatte jemand so mit ihr gesprochen.

»Du bist dir doch darüber im Klaren, dass ich tun kann, was ich will und wann ich will? Weißt du, was das ist, die Polizei?«

»Nein, das weiß ich nicht.«

Der Mann lächelte.

»Ich überwache die Menschen, verhafte Diebe und Verbrecher und Frauen mit schlechtem Lebenswandel, und ich habe das Recht, mit meiner Waffe zu schießen, wenn Gefahr droht. Ich fahre Autos und Lastwagen, ich kann jeden ins Gefängnis werfen, wenn es mir gefällt, und ich bin Bürgermeister, Richter und General in einem. Verstanden? Hast du das auch gut verstanden?«

Bilqis nickte, aber sie hatte Mühe, seinen Worten zu folgen. Warum war dieser Mann hier? Was wollte er von ihr?

Als Fatemeh am Nachmittag zurückkam, erzählte

sie ihr nichts davon. Wusste Fatemeh, dass ihr Schwager dagewesen war? Hatte sie es ihm erlaubt? Bevor er gegangen war, hatte der Polizist zu ihr gesagt: »Ich komme wieder, und dann reden wir weiter. Ich glaube, du bist ein sehr nettes Mädchen.«

Und tatsächlich tauchte er vier Tage später wieder auf. Er trank seinen Tee, aß eine Scheibe Melone und ein paar Süßigkeiten, stellte Fragen, und von Zeit zu Zeit ließ er ein paar ominöse Bemerkungen fallen, um sie zu erschrecken.

»In Kamanj bist du bekannt … Ich weiß Dinge über dich … Du musst nett zu mir sein, wenn du nicht willst, dass ich meiner Schwägerin die Wahrheit sage …«

Bilqis war außer sich vor Angst. Dieser Mann war der Teufel in Person. Er lächelte sie an, spielte mit seinem Stock und seiner Pistole. Er war mächtig, und sie konnte nichts gegen ihn machen.

An einem Donnerstagnachmittag war der Bäcker mit seiner Familie nach Takhte Safar gegangen, einem Vorort von Herat, um den arbeitsfreien Freitag bei Verwandten zu verbringen, die einen Garten und eine Hütte hatte. Fatemeh hatte Bilqis Anweisungen gegeben, bevor sie aufgebrochen waren: »Du machst niemandem auf, außer meinem Schwager.«

Und der Polizist ließ nicht lange auf sich warten. Die Zeit der Schmeicheleien und Freundlichkeiten war vorbei. Als Bilqis eine Platte auf den Boden stellte und sich danach wieder aufrichten wollte, packte der Polizist sie um die Hüften und zog sie an sich. Bilqis sagte nichts, wehrte sich nicht, ließ sich einfach fallen und schloss die Augen.

Der Mann hob den Stoff ihres Schleiers hoch, machte ihre Bluse auf und zerrte ihr die Hose herunter, während er seinen Unterarm gegen eine ihrer Wangen drückte, damit sie sich nicht losreißen konnte. Mit fliegenden Fingern knöpfte er seine Hose auf und knurrte ihr ins Ohr: »Du bist eine *Faeche,* ich wusste, dass du eine *Faeche* bist. Und ich weiß, was man mit Huren macht.«

Er drang brutal in sie ein und sagte dann: »Ich kenne alle Huren in dieser Stadt. Sie gehören mir. Und du auch.«

Dann knöpfte er seine Hose wieder zu, schnallte sich das Koppel um, setzte seine Dienstmütze auf und sagte: »Ich komme hierher, wann immer ich will. Du kannst meinem Bruder oder meiner Schwägerin sagen, was du willst, sie werden dich nur auslachen. Außerdem wissen dann alle, dass du eine Hure bist, und du wirst hier nie mehr Arbeit finden, das kannst du mir glauben. Gott sei mein Zeuge!«

So ging es monatelang. Der Polizist kam zweimal in der Woche, ließ sich bedienen, vergewaltigte Bilqis, bedrohte sie und ging wieder fort. Sobald der Akt vollzogen und der Mann fort war, schloss Bilqis sich im Badezimmer ein und wusch sich lange und gründlich, um den Gestank des Polizisten loszuwerden, von dem sie nicht einmal den Namen wusste.

Wenn Fatemeh kurz nach vierzehn Uhr mit den Kindern, die sie in der Schule abgeholt hatte, nach Hause kam, war alles fertig: Das Essen war auf einem sauberen Tuch angerichtet, frisches Wasser, das Bilqis aus dem Brunnen geholt hatte, stand bereit, denn das Wasser aus dem Hahn war zu warm, der Haushalt war gemacht, das Geschirr gewaschen. Niemand redete beim Essen, außer den Kindern, die miteinander stritten. Sobald die Mittagsruhe zu Ende war, gingen alle wieder ihren Beschäftigungen nach: Die Kinder machten Aufgaben oder spielten, Fatemeh kümmerte sich um die Einkäufe, und Bilqis bügelte oder bereitete die nächste Mahlzeit zu. Sie bewegte sich wie ein Roboter, nahm dieses Leben, das nur aus Qual und Schufterei bestand, einfach hin. Sie war härter geworden und klagte nie. Außerdem war sie gewachsen, und ihre Kleider waren ihr zu kurz geworden. Wenn sie Zeit hatte, trennte sie die Säume auf, um sie länger zu machen.

Zwei Jahre waren vergangen, eintönige, triste Jahre. Ihr Leben bestand aus ihrer Arbeit für Fatemeh, den mehr oder weniger regelmäßigen Besuchen des Polizisten – sie wusste inzwischen, dass er Nur Mohamad hieß – und den seltenen Ausflügen in die Umgebung der Stadt, wenn die Familie sie brauchte, um den Samowar oder die Sachen für das Picknick zu tragen.

Eines Morgens sagte der Polizist zu Bilqis: »Ich habe eine neue Arbeit für dich gefunden. Du wohnst ab jetzt in einem großen Haus, wo du ein eigenes Zimmer hast und neue Kleider bekommst. Dort wirst du besser bezahlt und kommst mehr unter Leute. Was hältst du davon?«

Was sollte sie davon halten? Ihr blieb keine Wahl.

»Du antwortest nicht?«

»Was wird Fatemeh Khanoum dazu sagen?«

»Sie hat gar nichts zu sagen. Hier gebe ich die Befehle. Wenn alles geregelt ist, lasse ich es dich wissen.«

Es vergingen mehrere Wochen, ehe Nur Mohamad ihr seine Entscheidung mitteilte.

»Du kommst nächste Woche mit mir. Sieh zu, dass du bis dahin deine Sachen fertig hast. Ich habe alles mit meinem Bruder geregelt, er ist einverstanden.«

Wieder einmal musste Bilqis ein neues Leben anfangen. Garm-Ab, Alandar, Kamanj, Herat – aber diesmal wechselte sie nicht die Stadt, sondern nur das Haus und den Arbeitgeber. Zwei *nowroz* hatte sie bei dem Bäcker und seiner Frau verbracht, und obwohl sie nie bezahlt worden war, hatte es ihr an nichts gefehlt. Abgesehen von den Übergriffen des Polizisten konnte sie sich nicht über den Bäcker und seine Frau beklagen. Vielleicht hatte sie Glück und fand eine ebenso gute Arbeit …?

Ende des Sommers 1995 war Bilqis offiziell achtzehn Jahre alt geworden. So stand es auf dem Ausweis, den ihr Fatemeh Khanoum im Kommissariat besorgt hatte.

»Du darfst diesen Ausweis nicht verlieren. Trage ihn immer bei dir, wenn du ausgehst, sonst kann es sein, dass du ins Gefängnis kommst.«

Der Polizist brachte Bilqis im Taxi eines Freundes in ihr neues Wohnviertel. Dann gingen sie durch ein

Gewirr von krummen Gässchen, die immer winziger und dunkler wurden, durchquerten Höfe und Läden.

»Setz dich dort hin, ich komme gleich zurück.«

Bilqis setzte sich zu den anderen Frauen, die mit überkreuzten Beinen an der Wand des schlecht beleuchteten Saales lehnten und warteten. Als Nur Mohamad zurückkam, gab er Bilqis ein Zeichen aufzustehen. Sie folgte ihm einen sauberen Flur mit Teppichen auf dem Boden und bunten Lampen an der Decke entlang. Dann kamen sie in einen erleuchteten Raum, der reich mit Teppichen und weichen Kissen ausgestattet war. An den Fenstern hingen Vorhänge und an den Wänden große Spiegel. Auf den niedrigen Tischchen standen Teller mit Süßigkeiten und anderen Leckereien.

Eine Frau mittleren Alters kam herein und grüßte den Polizisten. Sie musterte Bilqis, befahl ihr, ihre Burka auszuziehen, sich einmal im Kreis zu drehen, ihre Zähne zu zeigen und die Zunge herauszustrecken. Dann untersuchte sie kurz ihre Haare.

»Du heißt Bilqis, bist achtzehn Jahre alt, ohne Familie, und du suchst Arbeit. Hier bist du willkommen. Wir sind wie eine große Familie, und ich bin in gewisser Weise die Mutter von allen.«

Eine halbe Stunde später ging Nur Mohamad mit einem gut gefüllten Umschlag in der Tasche weg, und Bilqis begriff, dass sie fortan in einem Käfig eingesperrt war, aus dem sie niemals herauskommen würde, ein Käfig voller Türen, Vorhänge, Flure und Fenster. Sie lernte die anderen Frauen kennen, die alle zwischen zwanzig und fünfzig Jahren alt waren – manche vom Leben verbraucht, andere von ihren Familien verstoßen, die zu arm waren, um sie durchzufüttern. Die Herrin des Etablissements hieß Roshan Khanoum.

Roshan Khanoum war stark geschminkt, ihre Hände waren mit Ringen überladen, und sie trug Ohrringe und mehrere Ketten um den Hals. Bilqis hatte noch nie so viel Reichtum an einem einzelnen Menschen gesehen. Wenn sie mit Fatemeh spazieren gegangen war, hatte sie zwar hin und wieder einen Blick auf den Schmuck im Basar erhascht, der im Neonlicht funkelte und die reichsten Kunden anlockte, aber noch nie hatte sie so viel Gold und Flitter an einer Frau gesehen! Sie war tief beeindruckt. Shokat hatte ihr ein goldenes Armband zur Hochzeit versprochen, das sie an ihrem Handgelenk probiert und zurückgegeben hatte.

»*Khanoumha*, meine Damen … ich möchte euch Bilqis vorstellen, eine Neue. Sie ist Waise und kommt vom Land. Sie ist die Jüngste von euch. Seid freundlich zu ihr.«

Und alle antworteten bereitwillig: »*Khosh amadid*, Bilqis – sei willkommen.«

Ein paar von ihnen klatschten sogar, dann wurde Tee mit Datteln serviert, und danach gingen die Frauen wieder auseinander.

Roshan führte Bilgis in ihr neues Reich: ein zwei mal zwei Meter großes Zimmer mit einer Matratze auf dem Boden, einem Wasserkrug und einer Waschschüssel, zwei Etageren an der Wand, einem niedrigen Schränkchen, in dem sie ihre Sachen unterbringen konnte, zwei Handtüchern, drei Kartons mit Papiertüchern und einer Packung Präservative.

»Jetzt richte dich erst einmal ein und pack deine Sachen aus. Ich bringe dir nachher deinen ersten Kunden. *Khoda hafez*«, sagte die Herrin des Hauses und schloss die Tür hinter sich.

9 *Das Bordell*

An ihrem ersten Tag hatte Bilqis sechs Kunden. Sie wusste nicht, was sie machte, wie sie es machte und ob sie es gut machte. Ein Bild stieg aus ihrer Erinnerung auf: die furchterregenden *Schorawi*, die sich am Flussufer auf sie gestürzt, ihr wehgetan hatten und dann lachend verschwunden waren. Roshan Khanoum hatte zu ihr gesagt: »Jeder Mann zieht ein *kapoute* über, oder du ziehst es ihm über, wenn er es wünscht, und wenn er fertig ist, reichst du ihm ein Handtuch, er wäscht sich und geht fort. Kein *kapoute*, keine Liebe. Wenn es Schwierigkeiten gibt, rufst du uns, wir sind hinter der Tür.«

Der erste Kunde kam lächelnd herein, grüßte und entblößte den Unterleib des jungen Mädchens, das keine Hose mehr anhatte. Der Zweite verlangte, dass die Petroleumlampe gelöscht wurde, und der Dritte brach in Tränen aus, als er in sie eindrang. Es kamen Männer jeglichen Alters: Dicke, Zahnlose, Schüchterne, Ungewaschene. Nach jeder vollen Stunde war zehn Minuten Pause, und ein Dienstmädchen brachte den Mädchen Tee und Gebäck. Nach jeweils drei Kunden wurden frische Handtücher und neue Präservative gebracht und die Wasserkrüge gefüllt. Die Bordellbesitzerin kontrollierte auf diese Weise die Leistungsfähigkeit ihrer sechzehn Mädchen.

Manche Kunden wurden bevorzugt behandelt und mit großem Respekt und tausend Verbeugungen empfangen. Dann wurden die Mädchen in den Salon gerufen, wo sie sich verschleiert zeigten, und die betreffende Persönlichkeit traf ihre Wahl. Bilqis wurde bald zur Favoritin, denn sie war die Schönste, Jüngste und Zurückhaltendste, die immer den Blick auf den Boden gerichtet hielt.

Es gab keinerlei Eifersucht zwischen den Mädchen. Roshan Khanoum führte Buch, und die Einkünfte der Frauen gingen in einen gemeinsamen Topf, nachdem die Bordellbesitzerin sich ihren Anteil genommen hatte.

»Wenn ein Kunde etwas Widernatürliches verlangt, dann weigerst du dich, hast du verstanden, Bilqis?«

Bilqis wusste nicht, was »widernatürlich« bedeutete. Roshan musste ihr erklären, dass gewisse Positionen gegen die Regeln des Korans verstießen und eine Herabwürdigung der Geschöpfe Gottes bedeuteten.

»Wenn ein Kunde eine solche Forderung stellt, dann rufst du mich sofort.«

»Ja, aber …«

Die Bordellbesitzerin hatte ihre Hintermänner, die sie in gewisser Weise vor den Nachforschungen der Behörden, dem Übereifer der Polizei oder auch einiger Bandenchefs schützten, die von der Aussicht auf leichten Gewinn angelockt wurden. Abgesehen von Nur

Mohamad, der ein ständiger Kunde war, gab es noch den Unterpräfekten der Stadt und seine ausgefallenen Wünsche, einen *Hojatoleslam*, der zwischen seinen Predigten zwei Frauen auf einmal wollte, und einen Garnisonsoffizier, der sich mit Haselnussgerten auspeitschen ließ.

Bilqis verlor jedes Zeitgefühl. Sie sah kein Tageslicht mehr, befriedigte ungefähr zwanzig Kunden am Tag, redete nicht mehr, lächelte nicht mehr und antwortete nicht mehr auf die Fragen der Bordellbesitzerin. Der Winter war rau, der Frühling kam spät, und der Sommer war wie jedes Jahr unerträglich heiß und trocken.

Dann versank das Land im religiösen Wahn: Die Soldaten aus dem Norden wurden aus der Hauptstadt zurückgedrängt, die Gottesfanatiker eroberten das Terrain, und es wurden neue Gesetze von einer Versammlung von Koranschülern erlassen, die sich zu den neuen, allmächtigen Herren des Landes aufschwangen. Fortan war alles verboten, was auch nur entfernt nach Vergnügen aussah, nach Genuss, Lebensfreude und Entspannung. Die Bevölkerung durfte nicht mehr Radio hören oder Drachen steigen lassen, Fußball spielen, mit der Familie am Flussufer oder auf dem Land spazieren gehen, ausländisches Essen zu sich nehmen und eine andere Sprache außer Persisch und Paschtu sprechen. Die Frauen und Mädchen wurden in die Häuser verbannt und durften nur noch in Begleitung eines Verwandten ausgehen. Sie wurden aus den Schulen ausgeschlossen und durften keine Arbeit außerhalb des Hauses annehmen.

Roshan Khanoums Etablissement hielt sich noch mehrere Monate lang, doch die Kunden kamen immer seltener, und die älteren Frauen wurden mit Dank für ihre Dienste entlassen. Zwei Jahre später stellte sich heraus, dass diese Frauen wegen Unzucht und Beleidigung des Allmächtigen gesteinigt worden waren.

Eines Tages hatte Roshan Khanoum die Ehre, einen bedeutenden Mann in ihrem Haus zu empfangen. Er war dick, trug einen wallenden Bart, einen Turban auf dem Kopf und eine Waffe an der Hüfte, und er trank seinen Tee, während er der Bordellbesitzerin zuhörte, die die Wonnen ihres Etablissements anpries. Vier Mädchen wurden ihm gezeigt, darunter auch Bilqis. Eine nach der anderen schritten sie an dem Dickwanst vorüber, der gierig Gebäck in sich hineinstopfte und sich den Mund mit dem Handrücken abwischte. Die Mädchen trugen Burkas, wie es die neuen Gesetze vorschrieben, aber sie hoben ihren Schleier hoch, damit der dicke Mann sie nach Herzenslust begaffen konnte.

»Du da, komm her!«

Eine nach der anderen gehorchten sie seinem Befehl, gingen vor ihm in die Knie, zeigten ihre Hände, senkten den Blick und warteten. Der Mann redete mit Roshan, dann ließ er Bilqis aufstehen. Die drei anderen Frauen verschwanden hinter einem Wandbehang.

»Woher kommst du?«

»Aus Garm-Ab.«

»Ich bin es gewöhnt, mit Exzellenz angesprochen zu werden, *Aali djenab*.«

»Aus Garm-Ab, Exzellenz.«

»Wo ist das, Garm-Ab?«

Bilqis brachte ein paar wirre Erklärungen hervor, und der Mann gab sich damit zufrieden.

»Wie alt bist du?«

»Ungefähr neunzehn, Exzellenz.«

»Nicht verheiratet? Keine Kinder?«

»Nein, Exzellenz. Gott hat mir dieses Glück nicht gewährt.«

»Lass Gott in Frieden. Er hat keinen Platz an diesem Ort der Ausschweifung und Sünde.«

Eine Viertelstunde später, nachdem der dicke Mann gesättigt war, hievte er sich mühsam aus seinen Kissen hoch, brachte seine Kleider und seinen Turban in Ordnung und ging mit Roshan und Bilqis in das schönste Zimmer des Etablissements hinüber. Die Bordellbesitzerin hielt höchstpersönlich Wache hinter der Tür, damit sie so schnell wie möglich auf jeden Wunsch reagieren konnte, den der Gottesmann eventuell äußerte. Sie hörte sein Stöhnen, einen kurzen Aufschrei, dann wieder Stöhnen und schließlich ein lang gezogenes Röcheln. Alles schien gut gegangen zu sein, und sie kehrte in den Salon zurück.

Als der Mann wieder auftauchte, bot sie ihm Getränke und ein paar Süßigkeiten an.

»Diese Kleine gefällt mir außerordentlich. Sie ist fügsam, spricht nicht, wäscht einen hinterher ... Das ist perfekt.«

Roshan lächelte und senkte zufrieden den Blick.

»Du weißt doch sicher, dass das, was du hier machst,

offiziell durch das neue Gesetz verboten ist, nicht wahr?«

»Ja, Exzellenz, das weiß ich.«

»Das Gesetz gilt für alle, und du stehst nicht über ihm. Und dennoch …«

Der Mann trank geräuschvoll einen Schluck Tee.

»Und dennoch kann ich dir helfen und in gewisser Weise Schutz gewähren. Verstehst du, was ich dir sagen will?«

Einen Augenblick später war der Handel abgemacht. Scheich Nur Ali wurde der neue Schutzherr des Etablissements, und Roshan führte den Betrieb weiter. Der Scheich wollte sich jede Woche seinen Anteil holen und verlangte eine genaue Aufstellung der eingenommenen Beträge und der Namen und Adressen der Kunden.

»Und noch etwas: Bilqis ist für mich reserviert und für die Personen, die ich schicke. Hast du mich verstanden? Sonst lasse ich dieses Haus schließen und werfe dich ins Gefängnis. Und deine Mädchen …« Der Mann fuhr sich mit dem Daumen über die Kehle, um seine Absichten klar zu machen.

Der neue religiöse Führer der Region Herat ließ es sich in Roshan Khanoums Bordell gut gehen. Er kam mit seinen Leibwächtern, die das ganze Haus durchsuchten, bevor sie sich unsichtbar machten. Drei- bis viermal im Monat musste Bilqis dem Scheich Nur Ali kostenlos zur Verfügung stehen. Die Lage hatte sich verbessert, neue Frauen waren eingestellt worden, und die Bordellbesitzerin machte gute Geschäfte, auch wenn es von Zeit zu Zeit Schießereien in der Stadt und öffentliche Hinrichtungen oder Auspeitschungen auf den großen Plätzen gab. Ismail Khan, der einflussreiche politische Führer Herats, war mit seinen Getreuen in die Berge geflüchtet und führte von dort aus einen Guerillakrieg gegen die »Gottesnarren«, wie er sie nannte. Denn jeder, der nicht einen mindestens zehn Zentimeter langen Bart trug, der nicht fünfmal am Tag in die Moschee ging, der Vögel im Käfig hielt oder fremdsprachige Bücher las, der Kassetten, einen Fernseher oder im Ausland erworbenes Vermögen besaß, wurde im besten Fall mit hohen Geldbußen belegt oder schlimmstenfalls ins Gefängnis geworfen oder sogar hingerichtet.

Manchmal war Scheich Nur Ali gut gelaunt und brachte den Damen des Hauses Obst mit. Dann wieder war er abweisend und schweigsam, und niemand wagte es, ein Gespräch mit ihm anzufangen.

»Sag mir, Roshan, dieser Fateh Emami, der von Zeit zu Zeit zu dir kommt, was ist das für ein Mann?«

Die Bordellbesitzerin überlegte einen Augenblick, denn sie kannte die Kunden nicht immer persönlich.

»Ach ja, jetzt weiß ich wieder. Das ist ein Teppichhändler aus der Amanollah-Straße. Er kommt einmal in der Woche, spricht nicht viel, zahlt und geht.«

»Ich habe Gerüchte über ihn gehört. Hast du nie mit ihm gesprochen, hat er nie etwas zu dir gesagt?«

»Nein, zu den Mädchen vielleicht … Er nimmt immer dieselbe. Soll ich sie holen lassen?«

Scheich Nur Ali wollte immer alles über jeden Kunden des Etablissements wissen: Wer kam, was er wollte, mit wem er schlief, worüber er redete, ob er Familie, Kinder, Freunde hatte, ob er schon lange in der Stadt wohnte und so weiter. Roshan musste alles genau aufzeichnen, jede noch so kleine Einzelheit.

»Wenn du mir etwas verheimlichst, ist unsere Abmachung ungültig. Weißt du, was das bedeutet?«

Ein Jahr lang führte der Talib seine Geschäfte mit starker Hand und setzte abwechselnd väterliche Güte und Drohungen ein. Dann wurde er nicht mehr gesehen. Die Bordellbesitzerin führte ihre Bücher mit der größten Gewissenhaftigkeit weiter, denn sie rechnete damit, dass der Scheich jeden Augenblick wieder auftauchen würde. Aber eines Tages kamen ihr Gerüchte zu Ohren, dass er wegen antislamischer Umtriebe gehängt, sein ganzer Besitz beschlagnahmt und sein Haus in die Luft gejagt worden sei. War das die Wahrheit? Es gingen so viele Gerüchte in der Stadt um, die sich entweder aus den Predigten in den Freitagsmoscheen speisten oder aus dem Gerede der Händler im Basar. Roshan konnte ihr Geld nicht auf die Bank bringen, denn die Summe war zu hoch und hätte Verdacht erregt. Sie besaß keinen Safe und auch keinen verschließbaren Schrank. Wem sollte sie sich anvertrauen? Nur Bilqis erschien ihr ehrlich und zuverlässig genug, um ein Geheimnis bewahren und eventuell große Geldsummen verstecken zu können.

Mehrere Millionen Afghani und einige Dollar, die von iranischen oder pakistanischen Kunden stammten, wurden in allen erdenklichen Schlupfwinkeln des

Hauses versteckt: in Kissen, Matratzen, unter den Steinfliesen, im Garten …

Eines Morgens drang ein etwa dreißigjähriger Mann mit einem starken Kandahar-Akzent bei Roshan ein.

»Aufmachen, Polizei! Die Nachbarn hier haben sich über das ständige Kommen und Gehen beschwert, das ihre Geschäfte und ihre Ruhe stört. Noch vor Ende dieser Woche wird dein Haus endgültig geschlossen. Alle Frauen, die noch hier sind, wenn ich zurückkomme, werden in die Zitadelle gebracht und wegen Unzucht und Missachtung der guten Sitten gesteinigt. Heute ist Dienstag, ich komme am Donnerstagmorgen zurück. Sieh zu, dass dieser Höllenpfuhl gesäubert wird.«

Die Bordellbesitzerin geriet in Panik. Sie hatte nicht einmal achtundvierzig Stunden Zeit, um das Haus zu räumen. Die Mädchen würden sich schon allein durchschlagen, ihr lag vielmehr das Mobiliar am Herzen, die schönen Teppiche, die kostbaren Stoffe, ein paar wertvolle Tassen und Gläser für die Ehrengäste. Und vor allem das Geld, diese riesige Summe, die in allen Winkeln des Bordells versteckt war und so schnell und unauffällig wie möglich in Sicherheit gebracht werden musste.

Je weniger Zeugen es dafür gab, desto besser. Roshan hatte die Mädchen ins Herz geschlossen, die für sie arbeiteten – einige schon seit Jahren. Sie hatte ihr Vertrauen gewonnen, ihnen in schwierigen Situationen geholfen, sie beschützt und manchmal auch erzogen. Keine wurde je misshandelt. Wenn diese Frauen ohne

Zukunft Roshan verließen, nahmen sie immer eine kleine Rücklage und neue Papiere mit, die sie als Witwe oder Waise auswiesen und die ihnen ein gefälliger und reich belohnter Polizist beschafft hatte. Dann wurden sie in einer Familie oder Teppichfabrik oder Ziegelei untergebracht und konnten den Rest ihres Lebens in Würde und Anstand verbringen. Aber diesmal war die Situation viel komplizierter, denn es mussten über ein Dutzend Prostituierte unter dreißig Jahren untergebracht werden, ohne Verdacht zu erregen. Bilqis half ihrer Herrin, denn sie war die Gebildetste und Verschwiegenste. Noch nie hatte sie so viel Geld auf einmal gesehen: Als Roshan einen Schuhkarton aufmachte, quollen dicke Bündel von Afghani-Scheinen und ausländischen Banknoten heraus und breiteten sich über den Teppich aus.

»Zähl zweimal gut nach, und dann machst du mir lauter Bündel von je zehntausend Afghani. Hier kannst du alles stapeln. Wenn du bis hunderttausend gekommen bist, gibst du mir das Geld, dann zähle ich noch einmal nach, bevor wir es in dem Sack dort verstauen.«

Die Mädchen warteten im Zimmer nebenan. Sie durften sich unterhalten, ausruhen und erholen. Von Zeit zu Zeit ging Roshan hinüber, um nach dem Rechten zu sehen, denn es waren große Summen in den Kissen versteckt, auf denen die Mädchen saßen. Als sie abends das Geld aus vier von den sechs Zimmern geborgen hatten, gönnten sich Roshan und Bilqis eine kleine Atempause. Sechs Mädchen wurden ausbezahlt und gebeten, nicht wiederzukommen.

»Der Inspektor kommt in zwei Tagen wieder und nimmt alle mit, die er noch vorfindet. Ihr wisst ja, was das heißt: Peitsche, Gefängnis und Galgen.«

Die sechs anderen halfen im Haushalt und legten die Laken und Decken, die Kissen und Handtücher zusammen. Sie bereiteten das Essen zu, räumten drei Zimmer vollständig leer und legten sich schlafen.

»Wir werden heute Nacht nicht mehr fertig. Bist du müde?«, fragte Roshan.

»Nein, Roshan Khanoum. Es geht schon, wir können weitermachen.«

Sie leerten alle Verstecke, zählten und rechneten, schnürten Afghani-Bündel, sortierten und ordneten, bis der Morgen graute. Bilqis war ein paar Sekunden eingenickt, und die Bordellbesitzerin rüttelte sie vorsichtig an der Schulter.

»Ich bin jetzt mit allem fertig. Weck die Mädchen und sag ihnen, sie sollen sich waschen und frühstücken und in einer Stunde zu mir kommen.«

Einige Zeit später, um sechs Uhr morgens, glitten sechs Schatten aus dem Haus und verschwanden in dem Gewirr der finsteren Gässchen.

»Wir legen uns jetzt schlafen. In drei Stunden wecke ich dich, damit wir die Sache zu Ende bringen. Danach kommst du mit mir mit.«

Robab-, sarangi- und *gidjak*-Klänge weckten die beiden Frauen. Die drei Musiker, die ihre Saiten unter den Fenstern strichen, kündigten das Kommen einer hoch gestellten Persönlichkeit an. Auf diese Weise verständigte sich Roshan mit der Außenwelt, wenn ein Vertreter der Stadt im Anzug war. Diesmal handelte es sich um keinen Geringeren als Rassoul Khan höchstpersönlich, den Cousin von Ismail Khan, dem politischen Führer, der seit Monaten auf der Flucht in den Bergen war.

»Ich habe von deinem Unglück erfahren und bin gekommen, um dir zu helfen. Wir kennen uns seit langem, du und ich …«

Zwischen zwei geräuschvollen Schluck Tee und zwei gierig hinuntergeschlungenen *shir peira* rülpste der Mann und sagte: »Ich kaufe dir dein Haus ab mit allem, was darin ist: Möbel, Geschirr, Teppiche, Schmuck und allem.«

Der Handel war rasch abgemacht: Roshan konnte es sich nicht leisten, lange zu feilschen.

»Am Freitag kommst du zu mir. Du gehst durch den Garten, und mein Sohn händigt dir das Geld aus. Du kommst allein.«

Am Mittwochabend waren die letzten Mädchen fortgegangen. Am Donnerstag in aller Frühe, noch vor dem ersten Hahnenschrei, musste alles sehr schnell gehen: Das Geld wurde in Plastiksäcke gefüllt, die Roshan Khanoum und Bilqis um ihre Taille banden. Als sie ihre Burkas übergestreift hatten, sahen sie aus wie zwei dicke Matronen, wie so viele in der Stadt. Sie mussten sich beeilen, denn der Polizeichef konnte das Viertel jeden Moment abriegeln und in das Haus eindringen.

»Gott schütze uns … lass uns beten … *besm' Allah al rahman, al rahim* …«

Die beiden Frauen trugen jede ungefähr zehn Kilo Banknoten am Leib. Sie hatten einen großen Sack, der ihre persönlichen Besitztümer enthielt. Die Morgenkälte ließ sie frösteln, und sie beschleunigten ihre Schritte, bogen um die Ecke aus der Sackgasse und gingen zur Gohar Shad-Moschee. Sie hielten einen Augenblick inne, bis sie wieder zu Atem kamen, und setzten ihren Weg dann fort.

»Es ist nicht mehr weit, nur noch eine Viertelstunde.«

Ein Laden nach dem anderen öffnete seine Türen, die ersten Wagen fuhren durch die Stadt, und im Rücken der beiden Frauen war die Sonne aufgegangen. Roshan klopfte an eine Holztür, die mit einem dicken Eisennagel verziert war und einen Spalt breit aufging. Die beiden Frauen traten ein.

»Sei willkommen, *khahar djan*, setz dich.«

»Das hier ist meine Freundin Bilqis. Wir sind bei meiner Schwester Khadidjeh.«

Niemand stellte ihnen Fragen. Es gab weder einen Mann noch Kinder im Haus. Die Frauen befreiten sich von ihrer Last, zogen ihre beschwerlichen Kleider aus und legten sich auf die Kissen auf dem Boden.

»*Khodaya, mordam!* Und du?«

»Ich auch, ich bin erschöpft. Etwas Tee wird uns gut tun.«

Roshan und Bilqis schliefen den ganzen Tag. Khadidjeh weckte sie erst, als es schon dunkel wurde.

»Das Abendessen ist fertig. Wenn ihr euch waschen wollt, folgt mir.«

Die Mahlzeit wurde schweigend eingenommen. Die

beiden Schwestern verständigten sich mit ein paar Blicken und Gesten, das war alles. Bevor sie für die Nacht auseinander gingen, sagte Roshan zu ihrer Schwester: »Weck mich morgen Früh um sechs.«

Die Bordellbesitzerin hatte Bilqis genaue Anweisungen gegeben.

»Du rührst dich nicht von hier weg. Pass auf das Geld auf, ich lasse alles hier. Ich ziehe meine Schwester ins Vertrauen und sage ihr auch, wo ich hingehe.«

Es war das letzte Mal, dass Bilqis ihre Herrin sah, die in ein verschwiegenes Haus im vornehmsten Wohnviertel von Herat ging. Roshans Schwester Khadidjeh stellte Nachforschungen an, mobilisierte Freunde und Verwandte. Nichts.

»Rassoul Khan ist unangreifbar und über jeden Zweifel erhaben. Ist dir klar, was du von uns verlangst? Ist sie wirklich zu ihm gegangen? Hast du Beweise dafür? Hat sie jemand begleitet?«

Bilqis war niedergeschmettert, Khadidjeh am Boden zerstört. Nach einer Woche rang Bilqis sich schließlich dazu durch, mit ihrer Gastgeberin zu sprechen.

»Khadidjeh Khanoum, ich muss Ihnen etwas sagen … Hier im Zimmer ist eine große Summe Geld versteckt …«

»Ich weiß, Roshan hat mir alles gesagt. Sie hat mir auch gesagt, dass du ein anständiges und nettes Mädchen bist.«

Den ganzen Tag zählten Bilqis und Khadidjeh die Geldbündel nach. Sie hielten ein Vermögen in den Händen, und das in einer Zeit, in der Frauen keinerlei

Rechte hatten und nicht einmal ein Bankkonto eröffnen oder mehr als tausend Afghani bei sich tragen durften, um ihre Einkäufe zu machen. Wie sollten sie die ganzen Geldscheine aufbewahren oder gar in Umlauf bringen?

»Wir rühren uns vorläufig nicht von hier weg und beten zum Himmel, dass meine Schwester zurückkommt. Das Geld ist gut versteckt, niemand wird es hier suchen. Fünf von meinen Kindern sind tot, und meine vier verheirateten Töchter wohnen mit ihren Familien in der Umgebung von Herat. Sie kommen nicht oft hierher, sondern ich gehe meistens zu ihnen. Meine Schwester hat dir sicher davon erzählt!«

Roshan hatte nie mit Bilqis über ihre Schwester gesprochen, geschweige denn über ein anderes Familienmitglied. Die beiden Frauen mussten einander wohl oder übel vertrauen, wenn sie in diesem Land überleben wollten, das jeden Monat tiefer im religiösen Wahn und Denunziantentum versank. Kaum eine Woche verging, in der nicht eine Witwe oder unverheiratete Frau öffentlich hingerichtet wurde und auf dem großen Platz im Herzen der Zitadelle, der Altstadt von Herat, eine Kugel in den Kopf bekam. Ein Ehemann, der sich scheiden lassen wollte, obwohl er seiner Frau nichts vorzuwerfen hatte, engagierte zwei männliche Zeugen, die bestätigten, dass sie einen unsittlichen Lebenswandel führte, und noch in derselben Stunde wurde sie von jungen Taliban durch die Stadt geschleppt, die dem Volk verkündeten, wann die Hinrichtung stattfinden würde. Auch Frauen, die das Pech hatten, zum Zeitpunkt ihrer

Heirat reicher zu sein als ihr Mann, wurden zu einer leichten Beute für die Koranschüler, die auf diese Weise so manchen Ehemann von einer lästigen oder herrischen Frau befreiten. Natürlich wurden solche kleinen Dienste reich belohnt!

Es war also eine Frage von Leben und Tod für die beiden Frauen, nicht entdeckt zu werden. Sie wagten sich nur auf die Straße, wenn es unbedingt sein musste, um ihre Einkäufe zu machen. Die große Geldsumme, die sie besaßen, versteckten sie an verschiedenen Stellen im Haus und im Garten, unter den Steinplatten des Brunnens und den Fliesen in der Küche. Wie bei Roshan wurden auch hier wieder Geldbündel in Kissen eingenäht. Eines davon, auf das sich die Hausherrin beim Essen stützte, diente gelegentlich als Sparkasse, aus der die nötigen Geldscheine für die Einkäufe entnommen wurden.

Wochen und Monate vergingen ohne nennenswerte Ereignisse. Roshan blieb verschwunden, und die beiden Frauen gestanden sich allmählich ein, dass sie nie wiederkommen würde. Bilqis war inzwischen zwanzig Jahre alt, und es war ausgemacht, dass sie sich als Kadidjehs Nichte ausgeben sollte, wenn sie gefragt wurde, und dass sie sagen sollte, sie sei verheiratet gewesen und habe ihren Mann ein paar Wochen nach der Hochzeit verloren.

Das *nowroz* des Jahres 1377 (1998) wurde am frühen Morgen begangen, wie es die Astrologen angeordnet hatten. Bilqis und Khadidjeh legten Geschenke auf einem kleinen Teppich aus, zusammen mit einem Koran, einem Spiegel, Goldfischen und einem Teller mit jungem Gras. Sie tranken Tee und aßen ein paar Süßigkeiten.

»Ich denke an meine Schwester. Jedes Jahr zum Fest kam sie zu mir, weil ich nicht merken sollte, welchem Gewerbe sie nachging. Die Neujahrsfeier liebte sie, und wir haben uns immer kleine Geschenke gemacht. Sie war ganz versessen auf Schmuck, aber ich konnte ihr keinen kaufen, dafür hatte ich kein Geld … Ich denke an sie, denn es ist mein erstes *nowroz* ohne sie.«

Und nach einem kurzen Schweigen fuhr sie fort: »Wie habt ihr das bei … bei eurer Arbeit gemacht?«

»An *nowroz* hatten wir frei, das war ein Ruhetag. Roshan hat uns neue Kleider geschenkt, manchmal auch Ohrringe, wir haben gut gegessen und alle zusammen die Mahlzeit zubereitet, es war ein richtiges Fest!«

Plötzlich klopfte jemand an die Tür. Drei feste Schläge und zwei schwächere.

»Rühr dich nicht von hier weg, ich komme gleich zurück.«

Khadidjeh machte die Tür einen Spalt breit auf, und Bilqis hörte ein paar Gesprächsfetzen und Musik, die von draußen hereindrang und vor allem von einer *ney* und *dombak*- und *tamboura*-Trommeln herrührte. Dann wurde die Tür wieder geschlossen, und die Hausherrin kam zurück.

»Das war ein Bettler mit seinem Sohn, der mir ein gutes neues Jahr wünschen wollte. Ich habe ihm ein paar Münzen gegeben, und er ist zufrieden abgezogen.«

»Was ist denn, Khadidjeh Khanoum, Sie sind auf einmal so nachdenklich?«

»Ich habe diesen Mann noch nie gesehen – er hat sich immer vorgebeugt, um über meine Schulter zu spähen. Er hat gefragt, ob ich allein lebe …«

Als die beiden Frauen abends mit Stickarbeiten im Garten beschäftigt waren, ertönten heftige Schläge an der Tür. Die Hausherrin ging hin und öffnete, ganz von ihrer Burka verhüllt. Bilqis wusste sofort, dass es entweder die Polizei war oder die Koranschüler, die seit Monaten von Haus zu Haus und von Straße zu Straße zogen, um Verbrecher und Prostituierte aufzuspüren, Gottlose, die ein Radio, einen Fernseher oder einen Plattenspieler besaßen, Vögel im Käfig hielten oder verbotene Bücher lasen.

»Mit wem lebst du hier, Frau?«

»Mit meiner Nichte, sie ist dort draußen im Garten.«

»Wer lebt sonst noch hier?«

»Niemand, wir sind beide verwitwet.«

»Lass mich vorbei. Du wartest hier! Niemand darf herein oder hinaus.«

Ein ungefähr dreißigjähriger Mann drang in den Hof ein. Er hatte einen Turban auf dem Kopf, einen sehr langen Bart und eine Narbe, die sich über die ganze linke Wange zog. Er trug eine Waffe zu beiden Seiten seines Koppels und zwei Patronengurte, die sich über seiner Brust kreuzten. Unter seiner Pluderhose schauten funkelnagelneue Sportschuhe hervor.

»Wie heißt du?«

»B… B… B…«

»Sie heißt Bilqis und ist meine Nichte.«

»Kann sie nicht sprechen?«

Aber Bilqis brachte keinen Ton heraus. Sie war wie gelähmt vor Angst, und so sehr sie sich auch anstrengte, sie blieb stumm.

»Sie … sie kann sich nicht sehr gut ausdrücken, das fällt ihr schwer.«

»Willst du damit sagen, dass sie stumm ist?«

Khadidjeh antwortete nicht.

»Führ mich herum, *ya Allah*!«

Der Mann ging durch die drei Räume der bescheidenen Wohnung: die Teppiche waren abgetreten, die Kissen fadenscheinig, der niedrige Tisch wackelig. Die beiden Zimmer waren sauber, aber ohne Luxus. An der Wand lehnten ein paar zusammengerollte Matratzen, ein Besen war umgefallen und lag auf dem Boden, eine Vase mit ein paar Blumen stand in einer Ecke der Wohnstube neben den Geschenken, die unter dem Fenster aufgebaut waren.

»Weißt du nicht, dass es verboten ist, dieses heidnische Fest zu feiern? Das ist gegen Gott und den Koran.«

Und mit einem heftigen Fußtritt stieß der Mann das kleine Fischglas um, zertrampelte den Spiegel, trat auf das Essen und um ein Haar auf den heiligen Koran.

»Dafür werde ich dich bestrafen! Du wirst mir eine hohe Geldbuße bezahlen … Hunderttausend Afghani, hast du verstanden?«

Hunderttausend Afghani … Sicher, das Geld war da, nur ein paar Schritte entfernt …

»Das ist sehr viel Geld, und wir sind nur arme Witwen und haben noch nie eine solche Summe besessen! Nie im Leben können wir so viel Geld aufbringen!«

»*Kafi*, Schluss jetzt! Ich habe hunderttausend Afghani gesagt … Ich gebe euch zwei Wochen, bis dahin müsst ihr das Geld beisammen haben. Ihr habt Zeit bis nächsten Donnerstag. Wenn ich zurückkomme, will ich das Geld sehen, oder …«

Der Mann verschwand genauso plötzlich, wie er gekommen war. Khadidjeh hörte ihn an die Tür der Nachbarn klopfen. Die beiden Frauen verharrten einen Augenblick lang schweigend. Sie mussten sich etwas einfallen lassen. Zehn Tage hatten sie Zeit, um einen Plan auszuarbeiten. Bezahlen kam nicht in Frage, denn das hätte nur unendlich viele Fragen nach sich gezogen, und sie wären in Teufels Küche gekommen.

»Ich fürchte, wir werden dieses Haus verlassen müssen. Ich habe hier gelebt, seit ich verheiratet bin, aber wenn ich weg muss, bin ich bereit dazu. Morgen gehe ich zu meinen beiden Cousinen, die ein bisschen weiter weg wohnen. Die eine ist Witwe, die andere hat einen Mann, der bei den ersten Kämpfen gegen die *Schorawi* beide Beine verloren hat. Aber ich muss vorsichtig sein. Sie sind sehr arm und wären fähig, mich für ein paar Münzen zu verraten! Ich mache ihnen einen Neujahrsbesuch, so wie jedes Jahr. Und wenn ich zurückkomme, kann ich dir vielleicht ein paar interessante Neuigkeiten erzählen …«

Bilqis wartete den ganzen Tag, ohne sich aus dem Haus zu rühren, ja, nicht einmal aus dem Zimmer, in dem sie sich aufhielt. Jedes noch so leise Geräusch von der Straße her ließ sie aufschrecken, die Knallerei der Kinder machte ihr Angst. Sie hatte sich in einer Ecke des Zimmers verbarrikadiert und überlegte verzweifelt, was sie tun sollte, wenn jemand an die Tür klopfte oder über die Gartenmauer herüberrief. Nichts natürlich, gar nichts.

Khadidjeh kam am späten Nachmittag zurück. Sie kochte sich Tee und setzte sich neben Bilqis.

»Wir können nichts tun, ich habe alles versucht. Die Stadt wird überwacht und kontrolliert, und die Leute leben wie in einem großen Gefängnis. Meine Cousinen wissen auch nicht mehr weiter. Sie würden am liebsten aus Herat fortgehen, aber der Umzug ist teuer, und ich kann ihnen kein Geld geben, weil sich das herumsprechen würde und wir Probleme bekämen. Ich sehe nur eine Lösung: Wir vergraben das Geld in einer Ecke im Garten, nehmen einen bestimmten Betrag mit und holen den Rest später, wenn die Taliban wieder verschwunden sind. Dieses Haus gehört mir, sie können es mir nicht wegnehmen. Ich habe die Papiere und den Kaufvertrag. Was hältst du davon?«

Bilqis wusste nichts dazu zu sagen. Sie hatte es satt, sich ständig den Kopf zu zerbrechen und Pläne zu schmieden, immer wieder umzuziehen, ein neues Leben zu beginnen, zu lügen und zu fliehen. Wie fern war doch Garm-Ab mit seinen Bergen und Hügeln, die ihr von Zeit zu Zeit im Traum erschienen und die sie wohl nie mehr wiedersehen würde … Wie lange war es her, dass sie von dort weggegangen war? Fünf *nowroz*?

Sechs? Sieben? Sie wusste es nicht mehr. Man hatte ihr nur gesagt, dass sie zwanzig Jahre alt war.

In den nächsten drei Tagen gruben die beiden Frauen in aller Heimlichkeit, um nicht die Nachbarn auf sich aufmerksam zu machen, drei Löcher im Garten. Es war Ferienzeit, und niemand kam und störte sie, keine Nachbarin, kein Milizsoldat, nicht einmal der Brunnenbauer, der einmal im Monat das Wasser im Becken wechselte. Als die Löcher tief genug waren, polsterten sie sie mit einer Plane aus Sackleinen aus und legten drei Plastiksäcke mit Geldscheinen hinein. Danach schaufelten sie die Löcher zu und pflanzten sorgfältig jedes ausgerissene Grasbüschel und jede Blume wieder ein. Schließlich begossen sie das Ganze, und die Spuren ihrer Arbeit wurden von ein paar welken Blättern und dürren Ästchen vollends verwischt. Am sechsten Tag nach *nowroz* war das ganze Geld vergraben. Es blieben ihnen nur noch ein paar tausend Afghani – in diesen Zeiten eine lächerliche Summe, die sich leicht unter ihren Gewändern verbergen ließ. Von dem Geld konnten sie einen Monat lang leben, bis sie eine Möglichkeit gefunden hatten, die Stadt zu verlassen.

»Ich habe eine Busfahrkarte nach Farah gekauft, fünf Autostunden südlich von hier. Dort habe ich eine Schwägerin, hier sind ein paar Zeilen für sie. Sie wird dich unterbringen und sich um dich kümmern, bis ich nachkomme. Hab keine Angst, es wird alles gut gehen. In einer Woche bin ich wieder bei dir.«

Als Bilqis in den klapprigen alten Bus einstieg,

wusste sie, dass sie Khadidjeh nie wiedersehen würde, so wie es ihr mit allen anderen Menschen gegangen war. Sie nahm ein paar Kleider mit, etwas Essen und das Geld, das sie in einem kleinen Beutel versteckt und mit einer Kordel direkt an ihrem Körper befestigt hatte. Sie setzte sich zwischen zwei Frauen, die die ganze Zeit beteten und psalmodierten. Ein Mann spielte *ney*, ein anderer Tamburin. Das war offiziell verboten, aber alle Fahrgäste klatschten in die Hände und sangen mit.

Die Ortschaften zogen vorbei: Ghaleye Mir Daoud, Adraskan, Shahenshahan. Je weiter sie nach Süden kamen, desto heißer und stickiger wurde es in dem engen Gefährt. Obwohl die Fenster offen waren, wurde die Hitze immer unerträglicher. Der Fahrer hielt mehrmals an, manchmal mitten auf den Feldern, damit die Fahrgäste frische Luft bekamen und sich die Beine vertreten konnten. Männer und Frauen tauchten ihre Füße in jeden noch so winzigen Wasserlauf, spritzten sich Wasser ins Gesicht und füllten ihre Flaschen.

Auf der Farah Rud-Brücke gerieten sie in eine Straßensperre.

»Alles aussteigen! *Zoudtar*, los, schneller! Die Frauen nach rechts, die Männer mir gegenüber.«

Die Ausweispapiere wurden geprüft, das Gepäck durchsucht, es hagelte Schläge, wenn die Antworten nicht schnell genug kamen, und ein junger Mann wurde so brutal geprügelt, dass er auf den Boden stürzte. Wer waren diese Leute? Polizisten? Soldaten? Gendarmen? Milizionäre? Taliban oder Wegelagerer? Sie trugen keine Uniformen, manche gingen sogar barfuß. Es waren drei junge und drei alte Männer.

»Du dort unten, und du hier, ihr bleibt da. Und du auch …«

Bilqis und eine andere Frau waren unter den Genannten. Die sechs Geiseln wurden auf drei Jeeps geladen, die auf die Wüstenstraße fuhren. Weit und breit war nichts zu sehen, kein Baum, kein Feld, keine Menschenseele. Bilqis hielt ihren Reisesack auf den Knien und warf von Zeit zu Zeit einen Blick auf den Horizont. Aber sie sah nichts als Grau, Beige, Braun und Weiß. Langsam ging die Sonne vor ihr unter. Bilqis wusste also, dass sie nach Westen fuhren. Aber wohin wurde sie gebracht? Was lag hinter diesen Hügeln und Bergen?

10 *Der Albtraum*

»*Ist!* Anhalten!«

Der Mann, der allem Anschein nach der Anführer der Bande war, sprang aus seinem Fahrzeug und hob die Arme.

»Die beiden Frauen hierher! Die Männer dorthin! Setzt euch auf den Boden!«

Der Mann diskutierte mit seinen Komplizen und befahl: »Öffnet alle eure Säcke und Bündel, die Männer leeren ihre Taschen, und zwar schnell. Los, schneller!«

Bilqis hatte nur ihre Kleider, einen Kamm, einen Spiegel und etwas Essen bei sich. Ihre Nachbarin besaß auch nicht viel mehr, aber sie trug einen Ring am Finger und Ohrringe.

»Was ist das für ein Ring? Bist du verheiratet?«

»Er gehörte meiner Mutter. Sie hat ihn mir zum Geburtstag geschenkt … Ich bin nicht verheiratet.«

»Und diese Ohrringe? Hast du noch anderen Schmuck? Und du?«

»Nein, ich habe sonst nichts …«

»Gib mir den Schmuck, *ya Allah*!«

»Aber … aber ich …«

Der Gewehrlauf schleuderte die Frau nach hinten.

Blut schoss aus ihrem Mund. Ihr Kopf war mit voller Wucht auf den Boden geschlagen, und sie schien das Bewusstsein verloren zu haben.

»Steh auf! Los, mach schon!«

Der Mann bearbeitete sie mit Fußtritten. Als das Opfer keine Reaktion zeigte, packte der Henker ein Messer, schnitt die beiden Ohrläppchen ab und nahm die blutverschmierten Ohrringe an sich. Dann zerrte er an dem Ring, der nicht herunterging, und hackte der Frau vor Bilqis' entsetzten Augen das Fingerglied ab. Bilqis nahm schnell die beiden Rubine ab, die Shokat ihr geschenkt hatte, und gab sie dem Mann.

»Hast du nichts anderes? Armband, Ring, Brosche, Halskette?«

Mit dem Fuß wühlte er in ihrem Reisesack herum, fischte den Spiegel heraus, den er in seine Tasche steckte, nahm einen Apfel und biss hinein.

»Holt jetzt euer Geld heraus, holt alle euer Geld heraus!«

Die Männer hatten ihre Taschen geleert, und Bilqis hatte ein paar Geldscheine vor sich gelegt. Ihr Herz klopfte zum Zerspringen. Sie befühlte den kleinen Beutel, den sie unter ihren Kleidern direkt am Körper versteckt hatte. Dicke Schweißtropfen traten ihr vor lauter Angst auf die Stirn, dass der Mann sie zwingen würde, ihre Kleider auszuziehen.

Plötzlich durchbrach ein Schuss die Stille dieser trostlosen, verdorrten Landschaft. Ein Mann stürzte nach hinten und sackte mit ausgebreiteten Armen zu Boden.

»Ich habe gesagt, euer ganzes Geld! Wer etwas zurückbehält, wird abgeknallt wie ein Schakal!«

Alle Männer wurden von der Bande durchsucht und abgetastet. Sie hatten ihre Kleider ausgezogen und standen mit erhobenen Armen in Unterhose und Strümpfen da, sofern sie welche hatten.

Dann wurde die Beute verteilt: Strümpfe, Hemden, Pakols, Zigaretten, Gebetsmühlen, Kaugummis, Hosen, Streichhölzer, Taschentücher …

»Die Geier sollen euch fressen, ihr elendes Pack!«

Der Mann starrte Bilqis an, die den Blick gesenkt hielt, und brüllte: »He, du dort! Steh auf! Hast du mich gehört? Du kommst mit uns.«

Einen Moment später brausten die drei Fahrzeuge in einer Staubwolke davon, und dann senkte sich wieder die Stille über diese endlose Ebene, wo nichts wuchs, sich nichts regte, nicht einmal der leiseste Windhauch.

Bilqis entzifferte mühsam die Namen der Ortschaften, die der Konvoi durchquerte: Khake Sefid … Anar Darreh … Kein Gras weit und breit, nur ein paar verdorrte verbrannte Bäume, ausgetrocknete Flussbetten, baufällige alte Häuser und Tierkadaver.

Endlich hielten die drei Jeeps vor einer Gruppe von Lehmhütten an, die mit Fellen und Stoffen bedeckt waren. Zwei Männer kamen heraus, jeder mit einer Waffe in der Hand.

»*Salam!*«

»*Alaikes salam,* Gott sei mit euch.«

»Und? War der Fang gut?«

»Nur ein paar kleine Fische, ganz kleine. Hier sind Kleider, etwas Essen und ein paar Afghani. Morgen wird die Jagd besser sein …«

»*Inch Allah!*«

»Ach ja, das hätte ich fast vergessen. Hier … wie heißt du noch mal?«

»Bilqis.«

»Also, das ist Bilqis. Sie wird sich um uns und den Haushalt kümmern, wie es sich für eine Frau gehört …«

Bilqis stand hilflos vor diesen Männern – ungefähr ein Dutzend –, struppige, abgerissene Kerle, die meisten zahnlos, aber alle bewaffnet, die sie spöttisch musterten.

»Sag, Bilqis, bist du verheiratet?«

Bilqis zögerte mit ihrer Antwort. Der Mann herrschte sie ungeduldig an: »Willst du wohl antworten?«

»Ich war verheiratet.«

»Und dann?«

»Mein Mann ist in den Krieg gezogen … Er ist nie zurückgekommen.«

»Hast du Kinder?«

»Nein, ich habe keine Kinder.«

»Und warum nicht?«

»Die Soldaten haben meinen Mann eine Woche nach unserer Hochzeit abgeholt.«

»Wann war das?«

Was sollte sie sagen? Sie musste schnell eine Antwort finden.

»Vor vier, vielleicht fünf Jahren, ich weiß nicht mehr so genau …«

»Wie alt bist du?«

»Ich weiß nicht genau ... zwanzig oder vielleicht einundzwanzig Jahre ...«

»Und wo wolltest du hin, so ganz allein mit dem Bus?«

Bilqis hatte die Antwort auf diese Frage auswendig gelernt.

»Zu meiner Tante, die in Farah wohnt und die ich lange nicht mehr gesehen habe.«

Der Mann hob plötzlich die Hand.

»Das genügt! Geh jetzt an die Arbeit, wir sind müde. Mach das Abendessen, und gnade dir Gott, wenn es nicht gut ist.«

Die beiden ersten Nächte waren ruhig. Bilqis schlief abseits von den Männern unter einem Dornbusch, wo sie sich unter einer Decke zusammenkauerte. Die Luft war eisig, und sie wusste, dass wilde Tiere in der Gegend umherstreiften. Sie hielt einen großen Stein in der Hand, falls sie angegriffen wurde.

Am dritten Morgen fuhren zwei von den Jeeps wieder fort. Bilqis blieb mit dem Kerl, den sie für den Anführer hielt, und einem alten Mann zurück, der die ganze Zeit mit sich selber redete und vor sich hinlachte.

»Machallah, geh Brennholz sammeln, und du Bilqis, begleitest ihn und holst Wasser aus dem Brunnen.«

Als sie zurückkamen, war der Anführer immer noch damit beschäftigt, seine Waffen zu reinigen und zu ölen. Bilqis verstand nicht viel davon, aber sie entdeckte drei Pistolen, ein Gewehr und eine schwerere

Waffe, die in ihrer Hülle versteckt war. Außerdem standen Kisten mit Munition herum. Bilqis hielt es für besser, so zu tun, als ob sie nichts gesehen hätte.

»Komm her!«

Die junge Frau kam näher und stand schweigend da.

»Siehst du das hier? Weißt du, was das ist?«

»Nein, ich weiß nicht, was das ist.«

»Hast du gar keine Idee?«

Bilqis zögerte einen Augenblick.

»Ich habe so was früher einmal gesehen, in den Händen der *Schorawi*, als sie in mein Dorf gekommen sind. Alle hatten das, aber ich weiß nicht, wozu es gut ist.«

Der Mann lächelte und sagte: »Komm her und sieh es dir an, ich zeige es dir. Siehst du den Stein dort? Geh hin und stell zwei oder drei leere Konservendosen darauf, schön nebeneinander. Dann komm wieder her.«

Bilqis gehorchte und sah, wie der Mann seine rechte Hand ausstreckte, in der er die Pistole hielt. Er gab drei Schüsse ab, und sie schreckte zusammen. Die drei Konservendosen flogen in die Luft und fielen ein Stück weiter wieder herunter.

»Na, hast du's gesehen?«

»Ja, es macht viel Krach.«

»Es macht Krach und tötet! Diese Dinger sind zum Töten da, verstehst du?«

»Ja, ich verstehe es, sie töten.«

»Mit dem Ding hier kann ich töten, wen ich will und wann ich will.«

»Warum?«

»Weil ich der Boss bin! Der Boss! Ich bin der Stärkste! Wenn ich etwas will, nehme ich es mir, und zwar sofort!«

Bilqis hörte zu, ohne zu verstehen. Er war offensichtlich der Anführer, aber auch ein Dieb, ein Bandit, ein Mann, der gern Böses tat.

»Komm, wir machen eine kleine Spritztour im Jeep. Machallah, du kochst das Essen, wir sind in einer Stunde wieder zurück.«

Der Jeep fuhr los in Richtung eines Berges, der sich vor ihnen am Horizont erhob. Wilde Tiere stoben vor ihnen davon, ein paar Raubvögel stiegen in die Luft auf. Der Mann und Bilqis wechselten kein Wort miteinander. Schließlich ging die Straße bergauf, und die Fahrt wurde mühsam, weil der Weg voller Schlaglöcher, Steine und enger Kurven war. Der Jeep hielt vor einer Höhle an.

»Steig aus.«

Sie gingen in den Berg hinein. Der Mann schritt vor ihr her und hielt eine Petroleumlampe in die Höhe, die er am Eingang der Höhle angezündet hatte. Bilqis sah nichts und fiel zweimal hin. Auf dem Boden lagen Konservendosen, Flaschen und Decken verstreut.

»Wir sind da. Na, komm schon – komm näher.«

Er packte sie und zog sie brutal an sich. Ohne dass er sie darum gebeten hätte, streifte Bilqis ihre Burka ab, zog ihre Schuhe aus und legte sich hin.

»Was machst du da? Du bist eine Hure, eine Hure!«

Der Mann war halb wahnsinnig vor Wut und trat

mit voller Wucht gegen ihre Hüften und die Beine. Dann kniete er nieder und schlug sie brutal ins Gesicht und auf die Brust. Kein Laut kam aus Bilqis' Mund, nur ein leises Stöhnen und ein lang gezogenes Röcheln. Sie blutete aus dem Mund. Mit weit aufgerissenen Augen starrte sie ihn an, reglos und gottergeben.

Als der Mann sich wieder beruhigt hatte, nahm er sie mit Gewalt und fiel über sie her wie ein wildes Tier. Sobald er fertig war, stand er auf, brachte sein Hemd und seine Hose in Ordnung, hängte sich sein Gewehr über die Schulter, nahm die Lampe und starrte sie an. Bilqis war überzeugt, dass ihre letzte Stunde gekommen war.

»Du Hündin, du Hure! Du kannst zu Fuß nach Hause gehen, wie die Tiere.«

Bilqis hörte, wie das Motorengeräusch sich allmählich entfernte. Sie stand auf, klopfte sich den Staub von den Kleidern, steckte ihre Haare hoch, zog die Hose an und knöpfte ihre Bluse zu. Sie streifte ihre Burka über, zog die Schuhe an und tastete sich zu dem Licht hinaus, das durch den Höhleneingang fiel. Sie hatte eine leere Flasche mit sich genommen.

Dann folgte sie der Straße, die den Berg hinunterführte. So weit das Auge reichte, dehnte sich die hellbraune Wüste aus, ohne Bäume und ohne jede menschliche Behausung. Kein Lüftchen ging, und die Hitze war unerträglich unter ihren schweren Gewändern.

Plötzlich sah sie zwei Geier, die sie von ferne beobachteten. Sie beschleunigte ihre Schritte, denn die Unglücksvögel machten ihr Angst.

Die Sonne stand im Zenith. Sie erkannte ein paar verdorrte Büsche wieder, die sie auf der Herfahrt bemerkt hatte, dann den toten Baum, von dem die Raubvögel aufgestiegen waren. Endlich sah sie in der Ferne die baufälligen Hütten des Räubernests. Drei Fahrzeuge standen davor, ein Zeichen, dass die ganze Horde wieder zurück war.

Etwa hundert Meter von dem Lager entfernt setzte sie sich auf einen großen Stein und wartete. Schließlich bemerkte sie einer der Männer.

»Komm essen, worauf wartest du noch?«

Bilqis blieb sitzen.

»Ich habe gesagt, du sollst herkommen. Hast du keinen Hunger?«

Bilqis ging zögernd hinüber und fing an zu essen. Sie wollte nicht bei diesen Männern bleiben. Wussten sie, was geschehen war? Vielleicht nicht. Aber sie würden es bald erfahren. Plötzlich schämte sie sich. Sie war nicht mehr im Bordell von Roshan Khanoum, die sie beschützte, bei ihren einstigen Freundinnen, die ihre Reize den angesehensten Männern der Stadt darboten. Sie war ganz allein hier, mitten im Niemandsland, bei diesen schmutzigen, gewalttätigen und unberechenbaren Männern. Es gab zwar einen unter ihnen, der etwas freundlicher zu ihr war und dem die Waffe, die er bei sich trug, sichtlich im Weg war. Die anderen machten sich manchmal über ihn lustig, aber er reagierte nie darauf.

Monatelang musste Bilqis alle schweren Arbeiten im Lager verrichten. Sie bereitete die Mahlzeiten mit den Vorräten zu, die die Männer von ihren Raubzügen oder Strafexpeditionen jenseits des Horizonts mitbrachten, holte Wasser vom Brunnen, hielt die verkommenen Behausungen so sauber wie möglich, schüttelte die Kleider und die staubigen Decken aus. Wenn sich der Wüstenwind erhob, blies er manchmal zwei oder drei Tage lang, ehe er sich wieder legte. Dann musste sie wieder ganz von vorn anfangen.

Eines Tages blieb der schüchterne Mann allein mit ihr im Lager und fing ein Gespräch mit ihr an. Bilqis hörte zu, ohne etwas zu sagen, und erfuhr, dass er Shir Ali hieß, dass der Anführer Babrak genannt wurde, dass sie sich in der Wüste von Naomid befanden und dass die ganze Bande wegen zahlreicher Verbrechen gesucht wurde: Desertion aus der Armee, Mord, Diebstahl und Entführung.

»Ich habe einen Mann getötet, der mich ausrauben wollte. Er war der Bruder eines Offiziers, deshalb musste ich so schnell wie möglich abhauen. Ich komme aus Khajeh Dokou, in der Nähe von Shebergan, weiter im Norden. Sie haben mich geschnappt, und ich musste noch einmal töten, um ihnen zu entkommen. Wir alle hier sind auf der Flucht, aus welchen Gründen auch immer, aber wir reden nie darüber. Wir haben uns zufällig getroffen und kommen aus allen Provinzen des Landes. Einer ist sogar aus dem Iran, Hormoz, der Kerl, der den Jeep fährt. Wir helfen einander, respektieren uns, aber wehe den Verrätern! Wir waren früher fünfzehn, mussten jedoch einige eliminieren, weil sie unser Leben in Gefahr gebracht haben.«

Bilqis musste nicht nur alle Arbeiten machen, sondern auch die Verwundeten verbinden und ihnen Medikamente verabreichen, deren Wirkung sie nicht kannte und die in den Apotheken in der Gegend gestohlen worden waren. Aus Angst, dass der Anführer sie schlagen würde, wenn es ihr nicht gelang, die Männer gesund zu pflegen, säuberte sie monatelang geduldig die Wunden der Männer, legte Verbände an und überwachte den Heilungsprozess.

Alle hatten begriffen, dass die junge Frau Babraks »Eigentum« geworden war, und niemand wagte sich ihr zu nähern oder auch nur mit ihr zu sprechen, ohne dass er die Erlaubnis dazu gab. Babrak nahm Bilqis regelmäßig in die Höhle in den Bergen mit. Manchmal nützte er auch den Umstand, dass die Männer auf einem ihrer Raubzüge waren. Dann schickte er den verrückten alten Mann zum Wasser- oder Holzholen und nahm Bilqis auf die Schnelle, indem er sie auf eine Decke in der Hütte legte, in der die Bande an stürmischen Tagen aß. Sobald er fertig war, schrie er sie an: »Du Hure! Du bist es nicht wert, eine Frau zu sein. *Gom sho!*«

Dieses »Hau ab« wurde von einem heftigen Tritt gegen ihren Kopf begleitet, sodass Bilqis mitten zwischen die Kisten, Waffen und das Gerümpel auf den Boden geschleudert wurde.

»Heb das auf, du Schlampe! Räum alles wieder auf, und zwar schnell!«

Das ganze Lager schlief noch, als die Maschinengewehre losknatterten. Der Angriff war kurz und heftig.

Eine Schwadron von ungefähr zehn Soldaten überraschte Babraks Bande im ersten Morgengrauen und machte sie in wenigen Minuten unschädlich. Es gab drei Tote unter den Banditen, zwei Schwerverletzte, darunter der Anführer, und einige Leichtverletzte. Bilqis, die wie üblich abseits von den Männern geschlafen hatte, war nicht in der Schusslinie der Soldaten gewesen. Sie hatte sich nicht vom Fleck gerührt und war unter ihren Decken versteckt geblieben. Als der Lärm verstummte, setzte sie sich auf, und das Blut stockte ihr in den Adern, als sie sah, was passiert war: Soldaten, die in alle Richtungen rannten, schreiende Verwundete, Tote, die wie Kartoffelsäcke verfrachtet wurden.

»He, du dort unten! Komm her!«

Alle Blicke richteten sich jetzt auf die Gestalt in der blauen Burka, die wie eine Statue im Niemandsland stand.

»Hast du nicht gehört? Komm her, und zwar sofort!«

Die Soldaten und Gefangenen waren erstarrt. Bilqis ging langsam auf all die Maschinengewehre und Revolver zu, die auf sie gerichtet waren und noch rauchten, als wollten sie jeden Moment erneut Feuer spucken.

»Wer bist du? Was machst du hier? Woher kommst du?«

Der Leutnant sprach langsam, von einem leichten Stottern gehemmt. Er war bartlos, hatte kastanienbraune Haare und grüne Augen.

»Ich heiße Bilqis, ich bin zwanzig Jahre alt, vielleicht mehr. Ich bin Witwe … Ich wurde vor langer Zeit aus einem Bus entführt, ich weiß nicht mehr, wann. Ich komme aus Garm-Ab.«

»Was machst du hier bei diesen Hurensöhnen?«

»Ich bereite die Mahlzeiten zu, pflege sie, mache sauber, gehe Wasser im Brunnen holen … Ich bin seit über einem Jahr nicht mehr von hier weggekommen.«

Der Offizier gab zwei Männern ein Zeichen, Bilqis wegzuführen. Sie hörte Befehle, Gesprächsfetzen, dann Schüsse. Als sie sich umdrehte, sah sie, dass Babraks Männer alle erschossen worden waren. Sie würgte kurz, fasste sich aber schnell wieder.

»Alles Hurensöhne, mögen sie in der Hölle brennen!«, fluchte einer der Männer neben ihr.

Der Leutnant gab seine Anweisungen: Die Waffen, Kleider und Lebensmittelvorräte wurden in die drei Jeeps verstaut, das Lager mit Benzin übergossen, und dann wurden Granaten hineingeworfen, die eine gewaltige Explosion auslösten. Der Ort verwandelte sich in ein Flammenmeer, und der Rauch, der daraus aufstieg, verdeckte die Sonne.

»Ich werde dich meinem Hauptmann übergeben. Er entscheidet, was mit dir geschehen soll.«

Eine Stunde später kam Bilqis in Farah, der Provinzhauptstadt, an. Hier herrschte dichtes Verkehrsgewühl, und überall reihten sich Läden, Geschäfte und *tchai khanehs* aneinander.

Als der Abend kam, war Bilqis bereits zum Kasernendienst abkommandiert: Sie arbeitete von nun an als Bedienung, Köchin, Mädchen für alles und Prostituierte, je nach den Wünschen und Mitteln der Truppe.

Auch andere Mädchen dienten den Militärs als Prügelknaben. Sie waren auf dem Land oder in irgendwelchen Ortschaften von der Armee aufgelesen worden, die gegen die Truppe von Ismail Khan kämpfte, dem Rebellenführer, der sich gegen die Taliban von Kabul und Kandahar erhoben hatte.

»Wenn wir uns ihre Töchter und Nichten nehmen, zwingen wir diese Schweinehunde von Schiiten vielleicht dazu, ihre Waffen niederzulegen und uns in Ruhe zu lassen.«

Bilqis verstand nicht, was vorging. Sie wusste, was sie zu tun hatte, aber nicht, wem sie gehörte. Wer gab die Befehle? Wer bezahlte? Wer beschützte sie? Eines der anderen Mädchen erklärte ihr: »Ich bin seit einem halben Jahr hier. Acht oder neun Mädchen sind schon tot. Wir haben nie erfahren, wie sie gestorben sind und wer sie getötet hat. Sie wurden sehr schnell ersetzt. Mach deine Arbeit gut, weigere dich nie und sage nichts, sonst schneiden sie dir die Kehle durch. Hier verschwenden sie keine Kugeln, das Messer genügt. Meiner besten Freundin haben sie im Schlaf die Kehle durchgeschnitten, und ich habe sie am nächsten Morgen so vorgefunden. Sie lag ganz eng an mich geschmiegt. Und weißt du, was ihr Verbrechen war? Sie hat einen Tee serviert, der nicht heiß genug war. Sie wurde nicht begraben, sondern von ein paar Frauen aus der Stadt gebracht und den wilden Tieren zum Fraß vorgeworfen. Sie war es nicht wert, beerdigt zu werden – eine Hündin, die den Hunden vorgeworfen wurde.«

Bilqis hatte Mitleid mit diesem Mädchen, das Palmis hieß und zu der sie schnell eine gewisse Zuneigung fasste. Auch Palmis schien ihre Nähe zu suchen. Der Leidensweg der beiden jungen Frauen war fast derselbe: große Familie, Vater gefallen, Vergewaltigungen, Schläge und Demütigungen.

»Wir dürfen uns nicht zu oft zusammen zeigen. Am Abend halte ich dir einen Platz neben mir frei, dann sage ich dir alles, was du tun musst und was verboten ist.«

Und verboten war alles. Wirklich alles. Die Mädchen durften ohne Genehmigung abends nicht schlafen gehen und morgens nicht aufstehen. Es war verboten, mit den Männern zu essen, sie durften sich ohne deren Zustimmung nicht waschen oder das Kasernengelände verlassen. Die Mädchen durften keine Besuche empfangen, nicht ausruhen, nicht miteinander reden, ja, nicht einmal ein paar Worte mit den Händlern wechseln, die ihre Waren brachten.

»Drei Frauen haben einen Fluchtversuch gewagt. Sie wurden wieder eingefangen, vor der ganzen Truppe ausgepeitscht und an den Füßen aufgehängt, bis sie tot waren. Ihre Schreie gellen mir jetzt noch in den Ohren, ich werde nie vergessen, wie sie gebettelt und gefleht haben, dass man sie töten möge, damit sie nicht länger so schrecklich leiden mussten. Das Blut, das ihnen in den Kopf schoss, machte sie wahnsinnig. Die Soldaten haben sie nur ausgelacht … Stundenlang haben die Frauen geschrien und gebettelt und sich vor Schmerzen gekrümmt. Manchmal sind sie einen Augenblick lang verstummt, sodass wir schon dachten, sie seien tot. So ein Martyrium wünsche ich nicht einmal meinem schlimmsten Feind …«

Palmis musste ungefähr dreißig Jahre alt sein. Ihre ganze Familie war ausgelöscht worden, weil ihr Ehemann, ihr Schwager, ihre Cousins und ihr Schwiegervater die Waffen gegen die Taliban erhoben hatten. Palmis selber und ihre drei Schwestern waren zur Abschreckung den Militärs als Kriegsbeute ausgeliefert worden.

»Ich weiß nicht, wo meine Schwestern sind und ob sie noch am Leben sind.«

Palmis fing leise an zu weinen – selbst das Weinen hatten ihnen die Koranschüler verboten. Schweigend musste man den Kopf unter den Schlägen senken. Schmerz, Kummer und Leid waren verboten.

»Meine beste Freundin Farkondeh wurde vor einem Monat mit Fußtritten und einer Eisenstange zu Tode geprügelt. Sie hat vor Schmerzen gebrüllt, aber die drei Soldaten haben weiter auf sie eingeschlagen. Sie haben Koranverse rezitiert und ihr befohlen, still zu sein. Ich werde nie das Geräusch vergessen, als ihr der Schädel geplatzt ist. Wie wenn man eine große Nuss aufknackt. Wir wurden gezwungen, ihren zerschundenen Körper, die blutigen Überreste, mit bloßen Händen anzufassen und draußen vor der Stadt den Geiern und Hyänen vorzuwerfen. Zwei von den Mädchen wurde so übel, dass sie in Ohnmacht fielen. Sie wurden auch brutal geschlagen.«

Bilqis würgte, als sie das hörte, und einen Augenblick drehte sich alles um sie herum, während sie auf den Knien lag und den Fußboden mit einem abgenutzten Scheuerlappen schrubbte. Sie hielt sich an Palmis' Arm fest und nahm dann ihre Arbeit wieder auf.

»Der Brutalste von allen ist Sadegh Mohamad. Du erkennst ihn sofort, er hat nur ein Auge und einen Eisenhaken an seinem rechten Arm. Er prügelt selbst dann weiter, wenn ihm die Offiziere sagen, dass er aufhören soll. Es macht ihm Spaß, er lacht darüber ... Aber seit einiger Zeit ist er nicht mehr aufgetaucht. Wahrscheinlich ist er irgendwo auf einem Kriegszug. Man merkt sofort, wenn er da ist, so als ob etwas Böses in der Luft liegt ...«

In Farah zählte man weder die Tage noch die Monate. Der Sommer folgte unterschiedslos auf den Winter, dieselbe Hitze, dieselbe Windstille, derselbe allgegenwärtige Staub und ein Alltag, der aus niederen Arbeiten, Putzen und Kochen bestand, wenn sie nicht die Launen der Männer befriedigen mussten. Bilqis und eine Iranerin namens Taj-Banou waren die beiden Favoritinnen, weil sie die Schönsten, die Jüngsten und Fügsamsten waren. Alles, was die Männer von ihnen verlangten, führten sie willig aus. Die meisten »Kunden«, die Bilqis befriedigen musste, waren grob und ungebildet. Sie redeten wenig, berührten die Frauen nicht, aus Angst, sich zu beschmutzen, verlangten, dass ihr Körper mit einem Laken oder einem Kleidungsstück bedeckt und ihr Gesicht verhüllt wurde, beschimpften die Mädchen beim Geschlechtsakt und schlugen sie manchmal, bevor sie wieder fortgingen.

Andere hatten Fantasien und Gelüste, die ohne Widerrede befriedigt werden mussten, wenn die Betreffende nicht riskieren wollte, dass sie mit einem brutalen Fußtritt gegen die Brust oder gegen den Kopf an die Wand geschleudert wurde. Einer der Mäner wollte die Mädchen ganz nackt, vollständig enthaart und unterwürfig wie Tiere. Er tat ihnen nichts, bedrohte sie jedoch mit seiner Peitsche aus geflochtenen Lederriemen, die an den Enden mit Bleikugeln versehen waren.

»Auf die Knie … Kriechen sollst du, kriech her zu mir und leck mir die Füße. Steh auf und bitte mich um Vergebung … Küss mir die Hände …«

Die Szene dauerte ungefähr eine Viertelstunde, bis der Körper der Unglücklichen ganz rot vom Herumkriechen und die Haut voller Striemen von den Peitschenhieben war. Erst wenn sie auf den Knien lag und ihm den Rücken zukehrte, die Haare wirr im Gesicht, die Hände und Füße blutüberströmt, nahm er sie brutal von hinten, wie ein Tier, und brüllte vor Lust, dass die Wände wackelten. Dann wischte er sich mit den Kleidern des Mädchens ab, bevor er sich wieder ankleidete.

Eines schönen Tages tauchte Sadegh Mohamad wieder auf. Das Gerücht, dass er zurück in der Kaserne sei, ging schon seit Tagen um. Die Mädchen wuschen gerade Laken und Hemden am Ufer des Flusses, der hinter dem Gebäude vorbeiströmte, während drei Soldaten sie mit der Waffe über der Schulter bewachten. Es durfte kein Wort gesprochen werden, und die Sonne brannte erbarmungslos auf sie herab. Kein Windhauch ging. Die Dornbüsche, die den Fluss säumten, waren wie in alle Ewigkeit erstarrt, ohne Farbe, ohne Leben. Alles war grau, selbst das Wasser, das lauwarm war.

»Du dort unten, *beke*!«

Alle Mädchen hörten mit dem Waschen auf und richteten sich auf.

»Komm her, schneller!«

Die Mädchen schauten sich zögernd an ohne zu wissen, an wen der Befehl gerichtet war.

»Nein, nicht du … du auch nicht. Du dort, die Große, komm her.«

Bilqis' Herz klopfte wild vor Angst. Sadegh Mohamad hatte sie ausgesucht.

»Ich habe gehört, dass du Bilqis heißt und aus Herat kommst. Ist das wahr?«

»Ja, das ist wahr, ich komme aus Herat.«

»Ich habe auch gehört, dass du sehr begabt bist und dass die Männer dich schätzen.«

Die junge Frau senkte den Kopf und antwortete nicht.

»Du kommst jetzt mit mir. Folge mir.«

Sadegh Mohamad hinkte und verbarg seine verkrüppelte Hand in der Hosentasche. Er hatte sein Zimmer, das er mit einem Schlüssel öffnete, im ersten Stock des Gebäudes.

»*Abe miveh biar, zoud kone!*«, brüllte er.

Als ihm das Getränk, das er verlangt hatte, gebracht worden war, sagte er zu Bilqis: »Schließ die Tür ab.«

Bilqis gehorchte.

»Weißt du, wer ich bin?«

»Ich habe gehört, dass Sie ein großer Krieger sind, ein *Pahlavan*.«

»Du hast Recht, ich bin ein großer Krieger, ein Held. Ich habe im Kampf ein Auge verloren, eine Hand und einen Teil meines Beins, aber wie du siehst, bin ich immer noch da. Nichts kann mich aufhalten. Der Mann, dem es gelingt mich zu töten, muss erst noch geboren werden.«

Sadegh Mohamad brach in ein hohles, schreckliches Gelächter aus.

»Gib mir zu trinken! Beeil dich, ich habe Durst.«

Bilqis stand mit gesenkten Augen vor dem Mann, der sein Glas mit seinem Haken und eine Zigarette in der gesunden Hand hielt. Er sagte nichts, sondern starrte die junge Frau mit dem ihm verbliebenen Auge an, das sich erstaunlich schnell bewegte, während das andere starr blieb. Dann setzte er sich auf ein niedriges Bett.

»Zieh dich aus, damit ich dich endlich sehen kann. Ich habe gehört, dass Gott dich schön geschaffen hat. Jetzt will ich wissen, ob das wahr ist.«

Bilqis zog langsam ihre Burka aus, unter der eine schwarze Baumwollhose und ein weißes Hemd zum Vorschein kamen. Das lange Haar fiel ihr über die Schulter. Sie trug keinerlei Schmuck. Den kleinen Beutel mit ihren Ersparnissen hatte sie in einer Plastikhülle unter einer Fliese im Waschraum versteckt.

»Zieh dein Hemd aus, *ya Allah*! Muss ich dir alles sagen?«

Der Mann ließ seinen Blick lüstern über Bilqis' halb entblößten Körper wandern.

»Den Rest auch …«

Splitternackt blieb Bilqis vor Sadegh Mohamad stehen, die Hände vor ihrem Unterleib verschränkt.

»Schämst du dich, dass du dich so vor mir versteckst?«

Bilqis hatte den Kopf gesenkt. Sie empfand eine starke Scham, denn sie hatte das Gefühl, nackt vor einem Tier zu stehen.

»Komm näher, geh auf die Knie … Zieh mir die *shalwar*, die Hose, aus … langsam … ja, so … Und jetzt leg dich auf den Rücken …«

Dann bestieg er sie. Sein Atem stank nach Knoblauch und sein Körper nach Schweiß. Bilqis' Herz klopfte zum Zerspringen, sie schloss die Augen und wartete. Plötzlich ein ohrenbetäubendes Krachen direkt über ihrem Kopf: Der Mann hatte seinen Haken mit voller Wucht in das Holzgestell des Bettes gerammt. Er bewegte sich auf ihr, murmelte kurz eine Sure aus dem Koran und drang brutal in sie ein. Obwohl er ihr wehtat, verzog Bilqis keine Miene. Es war die schrecklichste Erfahrung, die sie je gemacht hatte. Je heftiger er sich bewegte, desto unerträglicher wurden die Schmerzen. Bilqis hatte das Gefühl, durchbohrt und zerrissen zu werden.

»Nimm das Laken und mach es nass.«

Nach einer kurzen Waschung half sie ihm, seine Hose wieder anzuziehen, und reichte ihm seinen Pakol, der auf den Boden gefallen war.

»Ich will nicht, dass du dich rasierst. Hast du mich verstanden? Nur unter den Armen, sonst nicht. Wenn ich dich wiedersehe, hast du gefälligst Haare zu haben. Ich mag es haarig …«

Er rülpste, dankte Allah, ging aus dem Zimmer und schloss die Tür hinter sich ab.

Bilqis sah ihn einen ganzen Monat lang nicht. Als er sie wieder zu sich rief, fragte er: »Und, sind sie schon gewachsen?«

»Ein wenig, nicht viel.«

»Zeig her, los, schneller!«

Bilqis gehorchte. Ein leichter Flaum bedeckte ihre Scham. Der Mann strich mit der Hand darüber und zog sie wieder zurück.

»Beim Barte des Propheten, das ist noch härter, fast wie ein Rasiermesser … Geh auf die Knie, diesmal verschaffst du mir mein Vergnügen anders …«

In der nächsten Stunde blieb Bilqis nichts erspart. Der Mann war mit nichts zufrieden, weder mit den Händen der jungen Frau noch mit ihren Lippen, ja nicht einmal mit ihrem Hintern. Noch nie hatte sie eine derart demütigende Behandlung über sich ergehen lassen, noch nie solche Schmerzen ertragen müssen. Sie wusste nicht mehr, was sie tat, hörte Sadegh Mohamads Befehle nicht mehr, der ihr jedes Mal einen Schlag mit seinem Haken auf den Kopf oder auf die Schulter gab, wenn er nicht befriedigt war.

Als Palmis Bilqis diesmal abholte, konnte sie ihre geschundene Freundin nicht einmal mehr auf ihr Bett legen. Bilqis hatte ein blaues Auge, blutete am Kopf, und ihr Unterleib war eine einzige rote Wunde, die Palmis so gut wie möglich zu säubern und zu behandeln versuchte, obwohl Bilqis vor Schmerzen schrie. Ein Krankenpfleger gab ihr einen Arzneitrank, dann kam eine Ärztin, die sie untersuchte und eine lange Ruhezeit verordnete. Bilqis wurde täglich behandelt und gepflegt, bekam weitere Medikamente, und eine Woche später war sie wieder auf den Beinen. Es war ihr jedoch untersagt, sich männlichen Wesen auf mehr als fünf Meter zu nähern, was nichts anderes heißen sollte als: keinen Geschlechtsverkehr. Bilqis wurde also vor allem in der Küche eingesetzt, zum Abspülen und Putzen.

Eines Tages verschwand Sadegh Mohamad erneut, und sofort verbreitete sich die Nachricht im ganzen Kasernenkomplex, dass er tot sei. Palmis glaubte kein Wort davon.

»Ein Vieh wie der stirbt nicht, selbst wenn man ihn hängt, selbst wenn man ihm den Kopf abschlägt … Ich weiß, dass er noch lebt, ich weiß es …«

Bilqis erholte sich allmählich von ihren Wunden, aber ihre Eingeweide funktionierten immer noch nicht normal. Ihr gesamter Unterleib brannte und schmerzte, und selbst das Waschen war eine Qual für sie.

»Ich habe einen Plan«, sagte Palmis eines Abends zu ihr. »Ich erzähle dir davon, sobald alles geregelt ist.«

Monate waren vergangen, und Bilqis erholte sich langsam von ihren Wunden. Ihr Henker war endgültig verschwunden, und die anderen Soldaten und Koranschüler schauten sie nicht an. Sie drückte sich an den Wänden entlang, um ihren Blicken oder Beschimpfungen zu entgehen, machte sorgfältig ihre Arbeit und bediente sogar den Hauptmann in seinem Quartier. Dieser *Loa misher,* der vor drei Monaten eingesetzt worden war, hatte im Gegensatz zu seinen Männern eine sanfte Stimme. Nie richtete er das Wort an Bilqis. Sie ging allein in sein Büro, grüßte ihn und servierte ihm seine Mahlzeiten, die er manchmal mit anderen Offizieren einnahm.

Die ganzen Misshandlungen waren natürlich nicht spurlos an der jungen Frau vorübergegangen. Wenn sie allein war, stellte sie sich vor den Spiegel, hob verstohlen ihren Schleier hoch und betrachtete sich, ohne sich wiederzuerkennen: Ihre Züge hatten sich verhärtet, kleine Fältchen zeigten sich um die Augen und um den Mund herum, ihre Hände waren rau und schwielig und ihre Füße geschwollen. Sie wusste, dass sie ihre Jugend verloren hatte und dass sich ihre Lage nicht verbessern würde, so wie sie immer gewusst hatte, dass sie nie heiraten und Kinder haben würde. Sie dachte nicht mehr an Garm-Ab oder an ihre Brüder und Schwestern. Alles war vergessen, in der Vergangenheit versunken. Homa, Shokat, Roshan, Khadidjeh, Herat …

»Wir gehen weg, ich kann nicht mehr hier bleiben.«

Bilqis riss erschrocken die Augen auf.

»Weggehen? Aber wohin denn? Und wie?«

»Mach dir keine Sorgen, ich kümmere mich um alles. Wir müssen uns beeilen … ich habe erfahren, dass Sadegh Mohamad immer noch am Leben ist und bald zurückkommt … Er ist verwundet worden und hat beide Beine verloren …«

Bilqis blieb fast das Herz stehen vor Angst. Sie durfte diesen Mann nie wiedersehen, sie durfte ihm nie wieder über den Weg laufen.

Aber es sollte anders kommen. Sadgeh Mohamad wurde offiziell für seine Tapferkeit und seine Heldentaten ausgezeichnet. In einer feierlichen Zeremonie mit Musik und großen Reden bekam der »Kriegsheld« einen Orden verliehen, und es wurden Fotos gemacht. Bilqis hatte sich den ganzen Tag in einem Lagerraum versteckt, in dem die Lebensmittelvorräte aufbewahrt wurden. Palmis kam zu ihr und erzählte ihr, dass Sadegh Mohamad in die Offiziersmesse geführt worden war, um dort als Ehrengast am Abendessen teilzunehmen. Zwei Stunden später kam Palmis wieder und kündigte an, dass Sadegh Mohamad von ein paar Männern für die Nacht in sein Zimmer getragen worden war.

Bilqis kauerte in ihrem Versteck, sie zitterte vor Angst und war unfähig, ihrer Freundin zu antworten oder Fragen zu stellen.

Ein kurzer, barscher Befehl riss sie aus ihrer Benommenheit.

»Du da! Steh auf und folge mir!«

Palmis half Bilqis aufzustehen.

»Bist du nicht fähig, allein aufzustehen? Hoch mit dir und folge mir.«

Mit unsicheren Schritten ging Bilqis wie ein Roboter hinter dem Mann her, der vor ihr in den ersten Stock hinaufstieg.

»Mach schneller, los – der Chef wartet nicht gern.«

Bilqis erkannte die Tür und die Stimme, die laut »Herein« brüllte. Ein paar Sekunden später stand sie allein vor ihrem Henker.

11 *Gesucht*

Zwei Petroleumlampen erleuchteten den Raum. Sadegh Mohamad empfing sie ohne Kopfbedeckung, in Hemd und Hose. Er hatte seinen Pakol abgesetzt, saß auf seinem Bett und trank Tee. Ein *tchelam* war angezündet worden, sodass er zwischen zwei Schlucken an seiner Wasserpfeife ziehen konnte. Auf einem niedrigen Tischchen in seiner Reichweite lagen eine schwere Pistole und ein Dolch, und an der Wand lehnten ein Gewehr und zwei Krücken.

»So trifft man sich wieder. Komm her …«

Bilqis machte einen Schritt, dann einen zweiten.

»Noch näher, hab keine Angst … Ich bin es nur. Erkennst du mich nicht mehr? Zugegeben, der Krieg hinterlässt seine Spuren …«

Erst jetzt bemerkte sie, dass er eine Binde über der Stirn trug, die sein Glasauge verbarg.

»Ich sehe, dass du gesund bist. Wie ich erfahren habe, warst du in meiner Abwesenheit brav, kein Mann hat sich dir genähert, und du bist mir treu geblieben … Das ist gut.«

Er reichte ihr die Hand, und sie machte noch einen Schritt, wie gelähmt vor Angst. Blitzartig liefen die Bilder ihrer letzten Begegnung vor ihr ab, die Qualen, die sie danach erduldet hatte, ihr geschundener, übel zugerichteter Körper.

»Was ist, worauf wartest du noch? Du siehst doch, dass ich mich nicht bewegen kann.«

Bilqis zwang sich, vorwärts zu gehen, aber ihre Beine gehorchten ihr nicht.

»Gleich werde ich böse ... Und wenn ich in Zorn gerate, dann kann nicht einmal die Hand Gottes mich aufhalten ...«

Ohne sie aus den Augen zu lassen, griff er nach seiner Pistole und spielte damit herum.

»Komm her, komm ganz nah zu mir, damit ich dich berühren und streicheln kann, so wie das letzte Mal ...«

Er bedeutete ihr mit der Pistole, wo sie sich hinsetzen sollte. Bilqis kam mit zögernden Schritten auf ihn zu, als ob sie gleich umfallen würde.

Sadegh Mohamad berührte ihren Unterarm mit der Pistole, dann fuhr er an ihrer Brust entlang und an der Kehle hoch bis zum Kinn. Schließlich strich er mit der Waffe über ihren Mund und sagte: »Siehst du – peng, peng! Und schon bist du nicht mehr da. Dein Kopf explodiert, er platzt, und dein Hirn spritzt an die Wand und bis zur Decke hinauf. Pfffttt ... Widerlich ist das ... Ein so schönes Gesicht ... Du willst doch nicht, dass ich dir das antue, oder? Also, Schluss jetzt mit den Scherzen. Schenk mir Tee ein und zieh dich aus, *ya Allah*, und zwar ein bisschen plötzlich!«

Ohne das Monster anzusehen, das sie mit seinen Blicken verschlang, zog sie ihr *pirahan* aus, das Hemd und dann ihre Baumwollhose. Der Mann legte sich auf den Rücken, öffnete sein Koppel und ließ seine *shalwar* über den dicken haarigen Bauch heruntergleiten.

»Leg dich auf mich, mach es wie beim letzten Mal … Du machst das so gut …«

Sadegh Mohamad stank penetrant nach Knoblauch und grinste sie mit seinen graugelben Zähnen an. Plötzlich riss er überrascht die Augen auf. Er erstarrte, und sein Blick wurde fragend. Dann bäumte er sich auf und versuchte Bilqis an der Kehle zu packen, aber je mehr er sich bewegte, desto tiefer stieß sie ihm den Dolch in den Bauch und drehte ihn immer wieder in seinen Eingeweiden herum. Sein Blick wurde trübe, seine Hände öffneten sich, und er ließ die Pistole fallen. Bilqis richtete sich blutüberströmt auf. Sie nahm das Laken, das über dem Bett lag, und wischte sich damit ab, aber es nützte nichts, so sehr klebte das Blut an ihrer Haut. Sie goss Wasser aus dem Krug in die Waschschüssel und wusch sich so gut sie konnte. Dann lief sie zur Tür und drehte ganz leise den Schlüssel um, während sie angespannt lauschte. Kein Geräusch war im Flur draußen zu hören, die Wächter schliefen vermutlich. Sie kleidete sich an und machte ein wenig Ordnung im Zimmer. Dann legte sie eine Decke über den Körper des Toten, dessen gesundes Auge offen stand und sie immer noch anstarrte. Vor lauter Angst stieß sie ihm den Dolch in beide Augen und schnitt ihm die Kehle durch. Das Blut strömte über das Kopfkissen, die Matratze und den Boden. Dann ging sie zur Tür, ohne sich noch einmal umzudrehen, machte sie auf, nahm den Schlüssel an sich und und schloss von außen wieder ab. Sie ging unbemerkt die Treppe hinunter und kehrte in ihre Zelle zurück, wo sie neben der schlafenden Palmis unter die Decke schlüpfte.

»Wach auf, ich bin es. Ich bin zurück.«

»Und? Was ist passiert? Hat er dich wieder vergewaltigt?«

»Nein, er kam nicht mehr dazu.«

»Was soll das heißen?«

»Ich habe ihn mit seinem Dolch getötet. Ich habe ihm die Kehle durchgeschnitten und die Augen ausgestochen.«

Palmis hörte sich den Bericht ihrer Leidensgefährtin an, und die beiden Frauen redeten lange miteinander. Ihr Fluchtplan war ins Wasser gefallen, denn sie mussten noch vor Tagesanbruch verschwinden.

»Ich habe seine Pistole und seinen Dolch genommen, die werden wir gut gebrauchen können. Und dann muss ich noch das Geld unter den Fliesen im Waschraum holen.«

Im ersten Dämmerlicht glitten zwei Schatten in die Küche. Sie nahmen das Geld an sich und zündeten den Samowar an, denn die Garnison würde in einer Stunde erwachen. Die beiden Frauen wollten die Besuchszeit nutzen, in der die Mütter und Ehefrauen bei ihren gefangenen Söhnen oder Männern in der Kaserne waren, um sich hinauszuschleichen. Sie kannten jeden Winkel der Anlage und hatten vereinbart, dass sie nacheinander hinausgehen und eine Viertelstunde dazwischen vergehen lassen würden. Palmis überschritt als Erste die Schwelle mit einem Wäschepaket auf dem Kopf. Bilqis sollte ihr beim ersten Wachwechsel folgen, wenn die Soldaten einen Augenblick abgelenkt waren.

Die beiden Frauen entfernten sich rasch mit ihrem Bündel auf dem Kopf. In einer engen Gasse setzten sie die Wäsche auf einem Mäuerchen ab und verschwanden, ohne dass jemand sie gesehen hatte. Palmis kannte die Stadt ein wenig. Es war ein Durchgangsort zum Iran, in dem reger Betrieb herrschte. Dutzende von Lastwagen kamen täglich hier durch, beladen mit Waren und einer bunt gemischten Bevölkerung aus Iranern, Arabern, Usbeken und Tadschiken, aus zoroastrischen und belutschistanischen Händlern.

Die beiden Frauen wussten, dass sie in der Stadt in Gefahr waren. Um nicht entdeckt zu werden, suchten sie Schutz in einer Moschee des Viertels und setzten sich in eine finstere Ecke, wo andere Frauen beteten.

»Hier in der Stadt können wir auf keinen Fall bleiben. Wir nehmen den Bus und fahren in den Iran. Jeden Tag verlassen Dutzende von Leuten das Land, wir können uns einfach unter sie mischen.«

»Aber die Straßen werden kontrolliert! Sie werden uns suchen … Inzwischen haben sie den Dreckskerl bestimmt gefunden …«

Von draußen drang Sirenengeheul herein. War das die Polizei? Ein Krankenwagen? Jetzt mussten sie noch vorsichtiger sein als bisher.

»Wenn es Abend wird, mischen wir uns unter die Menge und gehen zum Busbahnhof. Ich weiß, wo das ist.«

Als sie aus der Moschee kamen, war die ganze Stadt in Aufruhr. Das Verbrechen war entdeckt worden. Überall patrouillierten Wagen durch die Straßen, und die Lautsprecher verkündeten den feigen Mord an dem »großen Nationalhelden« und gaben eine vage Beschreibung der beiden flüchtigen Frauen.

»Vielleicht können wir uns in einem Lastwagen verstecken ... Oder wir bezahlen einen Schleuser?«

Schließlich stiegen sie in einen klapprigen alten Bus und setzten sich auf getrennte Plätze. Weder der Fahrer noch sein Gehilfe, der die Fahrkarten verkaufte, wurde auf sie aufmerksam. Kein Soldat oder Milizionär kontrollierte die Fahrgäste.

Der Mond stand schon seit einer Stunde am Himmel, als das Fahrzeug sich in Bewegung setzte.

Der Bus war überladen und arbeitete sich mühsam den Pass hinauf, der nach Now Deh führt. Dann fuhr er mit hoher Geschwindigkeit und ohne irgendwelche Zwischenfälle über die Asphaltstraße, die sich durch die Wüste zwischen Takthe Bala und Lashe Jovein zieht. Je näher die iranische Grenze rückte, desto zahlreicher wurden die Patrouillen und Kontrollen.

An einem Ort namens Samur hielt der Bus länger als sonst. Ein Feldwebel stieg ein und brüllte: »Alle Männer über fünfzehn und unter sechzig Jahren sofort aussteigen! Ende der Reise!«

Drei Frauen standen auf, die kleinen Bündel unter dem Arm. Bilqis warf einen verstohlenen Blick zu Palmis hinüber, die ihr scheu zulächelte.

»Sind keine Männer mehr an Bord? Oder muss ich erst hereinkommen und nachsehen?«

Dann entstand Aufruhr, und es kam zu einem Handgemenge, Schreien und Schlägen. Eine Frau mit Burka wurde brutal aus dem Bus herausgezerrt, und zwei Frauen wurden dazu abkommandiert, sie zu durchsuchen und abzutasten.

»Das ist ein Junge, Chef«, sagte eine von ihnen.

»Das ist keine Frau«, bestätigte die andere.

Dann wurden drei Soldaten ausgewählt. Der Mann, der ungefähr zwanzig Jahre alt war, musste sein Frauengewand ausziehen und wurde an eine Wand gestellt. Eine Gewehrsalve ertönte, der Mann stürzte zu Boden, und der Feldwebel kam in den Bus.

»Sind noch andere Männer im Bus? Ich frage jetzt zum letzten Mal.«

Ein halbwüchsiger Junge stand auf.

»Ich, Chef«, sagte er mit dünner Stimme.

»Wie alt bist du?«

»Dreizehn oder vierzehn.«

»Nicht älter? Bist du sicher?«

Eine Frau stand auf.

»Das ist mein Sohn, Gholam Ali. Er ist vor genau dreizehn Jahren und acht Monaten in Rowzanak in der Provinz Herat geboren. Hier sind unsere Ausweise.«

Der Mann beugte sich über die Papiere und schaute

den Jungen an. Er konnte offensichtlich nicht lesen, denn er hielt die Papiere falsch herum. Aber niemand wagte ihn darauf aufmerksam zu machen.

»Rasierst du dir den Bart?«

»Ich habe keinen Bart, Chef.«

»Und das da, was ist das?«

»Das ist nur ein kleiner Schnurrbart, der mir seit kurzem wächst. Aber ich habe kein Haar am Kinn.«

Der Soldat fuhr mit der Hand über Gholam Alis Gesicht.

»Du hast Glück. Halte dich bereit! In einem Jahr sehen wir uns wieder!«

Alle anderen Fahrgäste waren Frauen, abgesehen von zwei zahnlosen Greisen, die in einer Ecke schliefen.

Dann fuhr der Bus wieder los. Er verließ die Hauptstraße, bog nach rechts ab und holperte einen löchrigen, ungeteerten Weg entlang. Die Sonne brannte gnadenlos herunter, und der Bus kam nur mühsam voran. Der Motor qualmte, und ein Säugling schrie. Mitten im Niemandsland hielt der Bus an, bei einer Wasserstelle, die nur der Fahrer kannte. Eine halbe Stunde später ging die Reise weiter, und am späten Nachmittag tauchte ein Zeltdorf vor den Augen der Reisenden auf.

»Alles aussteigen! Nehmt euer Gepäck mit und stellt euch in einer Reihe auf. Die Männer hierher, die Frauen auf die andere Seite.«

Zum ersten Mal seit ihrer Abfahrt aus Farah stellten Bilqis und Palmis sich nebeneinander. Nach einer Weile kam ein Unteroffizier aus einem der Zelte. Er ließ die rund zwanzig Fahrgäste an sich vorbeidefilieren, sagte einem seiner Adjutanten etwas ins Ohr und wandte sich dann an die Ankömmlinge: »Eure Reise ist hier zu Ende. Das ist noch Afghanistan, wir sind noch zu Hause. Falls keiner von euch Ausländer ist: Allen Afghanen ist es untersagt, das Land zu verlassen. Ihr habt sicherlich keinen Pass oder sonstige Papiere, die euch die Ausreise gestatten. Ihr seid also im Unrecht. Ich könnte euch bestrafen und nach Hause zurückschicken, ich könnte euch auspeitschen lassen oder was auch immer ...«

Während er das sagte, schwang er eine Art Reitpeitsche.

»Der Ort, an dem wir hier sind, hat keinen Namen. Er ist auf keiner Karte eingezeichnet, niemand kennt ihn. Von hier ist noch niemand entkommen. Hier gibt es nur Sand, Wüste, totes Wasser, Sümpfe, Schlangen und wilde Tiere. Und wenn es einem von euch irgendwie gelingen sollte, sich davonzustehlen, dann wird er entweder in der Wüste verdursten oder eine Patrouille wird ihn aufgreifen oder die Iraner werden ihn zurückschicken, wenn er in die falsche Richtung geht. Hier habt ihr zumindest Unterkunft und Essen, je nach der Arbeit, die ihr macht.«

Bilqis und Palmis wurden zusammen mit vier älteren, verbraucht aussehenden Frauen in einem Zelt untergebracht. Es gab keine Strohmatte, keine Decke, nichts. Jede der Frauen bekam eine Schale Reis, ein Stück Brot und Weintrauben. Bilqis und Palmis schmiegten sich aneinander und schliefen rasch ein.

»Los, aufstehen!«

Die Sonne brannte schon mit voller Kraft vom Himmel herab. So weit das Auge reichte, ragten weiße und graue Zelte auf. Die Kinder liefen herum, die Frauen gingen ihrer Arbeit nach, und die alten Männer plauderten miteinander. Alle wehrfähigen Männer waren im Krieg.

Palmis fand als Erste die Sprache wieder: »Ein Dorf ohne Männer ist wie tot. Und sieh dir nur die vielen Greise an, die sind auch alle wie tot. Und dann die Frauen, die sich schon als Witwen betrachten, die mit niemandem sprechen und wie Schatten herumhuschen …«

Plötzlich wurde Bilqis von einem laut gebrüllten Befehl aus ihren Gedanken gerissen: »He, ihr beiden dort unten, was macht ihr da?«

Der Mann war groß und kam aus dem Norden. Mit seinen Schlitzaugen, der kupferfarbenen Haut, dem dünnen Bart und dem nach hinten geschobenen Pakol sah er wie ein Raubvogel aus. Er lächelte beinahe.

»Wer seid ihr? Ich kenne euch nicht, habe euch noch nie gesehen.«

Palmis und Bilqis wechselten einen Blick miteinander.

»Wir sind gestern Abend mit einer Gruppe von Frauen und alten Männern hierher gekommen. Wir kommen aus Farah. Wir … wir …«

»Und seid auf der Flucht in den Iran, nicht wahr?«

»Wir wollen zu einer Verwandten, die in Zabol auf der iranischen Seite lebt, nicht fliehen. Wir haben sogar Busfahrkarten gekauft.«

»Und wie heißt diese angebliche Verwandte?«

»Unsere Tante, sie heißt Maryam Khanoum.«

Während Palmis sich zu rechtfertigen versuchte, ließ der Mann Bilqis nicht aus den Augen und musterte sie von Kopf bis Fuß. Er lächelte immer noch und schüttelte ungläubig den Kopf.

Plötzlich kamen der jungen Frau Zweifel. Wenn nun der Mann ein ehemaliger Kunde des Bordells in Herat war? Dort waren jeden Tag so viele ein und aus gegangen. Sollte der Mann sie erkannt haben, würde sich das schnell herumsprechen … Aber nein, das konnte nicht sein. Sie hatte ihren Schleier getragen, seit sie hier angekommen war, und niemand hatte bisher ihr Gesicht gesehen.

Rahmanollah stammte aus Kunduz im Norden des Landes. Im Lauf der Wochen und Monate hatte er sich angewöhnt, mit den beiden Frauen zu plaudern. Sie wuschen seine Wäsche, hielten ihn über die zahllosen Gerüchte im Lager auf dem Laufenden und bekamen dafür bestimmte Vergünstigungen von ihm, zum Beispiel besseres Essen, die Erlaubnis, überall herumzugehen und an Abendkursen teilzunehmen. Doch eines Tages sagte er zu ihnen: »Ich habe euch im Auge, und ich weiß sehr wohl, was in euren Köpfen vorgeht. Aber ihr könnt niemals nach Westen fliehen, dort sind nicht nur die Sümpfe, sondern der Boden ist vollkommen vermint. Warum wollt ihr riskieren, euch zu verletzen oder zu sterben, wo wir uns auch anders arrangieren könnten?«

Die beiden Frauen hatten nicht sofort verstanden, was ihr Bewacher mit dieser Bemerkung sagen wollte. Erst einige Tage später kam Bilqis darauf zurück.

»Erinnerst du dich, was Ramanollah neulich gesagt hat?«, fragte sie Palmis.

»Er sagt so viel, was denn?«

»Ich glaube, er hat ungefähr gesagt, warum wir die Gefahr eingehen wollten, auf eine Mine zu treten und zu sterben, wo es doch einen anderen Weg gäbe … Nein, halt, das war es nicht – wo man sich doch anders arrangieren könnte, hat er gesagt. Weißt du nicht mehr?«

»Nicht so genau, aber du wirst schon Recht haben.«

»Ich bin ganz sicher. Willst du, dass ich mit ihm spreche?«

»Nein, lass ihn einen Vorschlag machen, wenn er einen hat. Ich habe neulich gesehen, wie er mit ein paar komischen Kerlen zusammenstand. Das waren keine Afghanen, sondern Fremde, die hin und her gingen und mit ihm und anderen Wachen gescherzt haben. Sag vorerst nichts, sondern hör zu und halte die Ohren offen.«

Aus dem Lager zu fliehen war tatsächlich undenkbar. Im letzten Jahr waren zehn Flüchtige aufgegriffen und zur Abschreckung erschossen worden. Weitere zehn waren in der menschenfeindlichen, gefährlichen Wüste verschwunden, und niemand hatte sie je wiedergesehen. Einmal hatte es eine Messerstecherei gegeben, und in der Ferne hatte man die Explosion von zwei detonierten Minen gehört. Nachts schreckte das

Geheul der wilden Tiere auch die Kühnsten unter den Gefangenen von einem Fluchtversuch ab.

»Habt ihr den großen Knall gestern Nacht gehört? Das war ein Ehepaar in Zelt Nummer 47 – das dort unten, seht ihr –, wo die ganzen Leute herumlaufen. Sie sind auf eine Mine getreten und waren sofort tot. Dabei habe ich ihnen gesagt, dass es bald andere Möglichkeiten geben würde, aber sie haben nicht auf mich gehört.«

Palmis fragte: »Was meinen Sie mit anderen Möglichkeiten?«

Ramanollah lächelte und sagte, ohne das Stück Holz loszulassen, das er mit seinem Dolch bearbeitete: »Habe ich von anderen Möglichkeiten gesprochen? Nun ja, wenn du mich so fragst, gibt es tatsächlich weniger gefährliche Möglichkeiten, dort hinüberzukommen, zu den Leuten dort drüben …«

Die beiden Frauen sagten nichts, sondern warteten darauf, was kommen würde.

»Die Iraner sind Schmuggler und machen Geschäfte mit einigen Banditen hier im Lager. Es gibt nichts, woraus sie nicht Profit schlagen: Essen, Medikamente, Kleider, Waffen, Drogen, Edelsteine, Auto- oder Mopedersatzteile, ja, sogar Menschen … Sie kennen die Wege und Straßen, auf denen man hinüberkommt, dort, wo es keine Zöllner oder Minen gibt. Versteht ihr mich?«

Es gab also eine Fluchtmöglichkeit aus dem Land. Aber die Schleuser und Schmuggler mussten natürlich bezahlt werden. Und wer garantierte ihnen, dass sie heil und unversehrt im Iran ankommen würden? Bilqis hatte immer noch ihr Geld bei sich, aber sie hatte Palmis den genauen Betrag nicht verraten. Sie vertraute ihr zwar, seit sie zusammen herumirrten, aber ein leiser Zweifel war geblieben. Und jetzt, wo sie nur noch wenige Kilometer von der Freiheit entfernt war, wollte sie sich nicht alles verderben, nur weil sie einen Augenblick nicht wachsam und vorsichtig genug war.

»Und wenn wir sie befriedigen müssen, so wie die Soldaten in Farah? Meinst du, du wärst stark genug, um dich noch einmal beschmutzen zu lassen? Von Ramanollah, und von denen dort drüben vielleicht auch?«

Bilqis antwortete nicht gleich. Ihre Wunden waren vernarbt, und eigentlich ging es ihr recht gut, aber sie wusste nicht, wie sie reagieren würde, wenn sie noch einmal vergewaltigt würde.

»Ich habe oft darüber nachgedacht und keine Antwort gefunden. Wir sind allein, und sie halten uns für kinderlose Witwen. Für diese Leute sind wir Freiwild, in gewisser Weise leichte Beute.«

»Ich bin bereit, mich ihnen allein anzubieten, damit deine Wunden nicht wieder aufgehen. Aber mir ist aufgefallen, dass Ramanollah dich dauernd ansieht, jedenfalls öfters als mich. Hat er dein Gesicht gesehen?«

»Er hat mich zwei- oder dreimal überrascht, als ich Wäsche am Fluss gewaschen habe. Er hat gelacht und gesagt: ›Schade, dass du das alles verbirgst!‹«

»Ich glaube, dass er mit den Iranern Geschäfte macht. Lass uns einfach seine Vorschläge abwarten und vorläufig den Mund halten.«

Dann ging alles sehr schnell. Ramanollah und einer seiner Kameraden blieben ein paar Tage später vor dem Zelt der beiden Frauen stehen.

»Seid ihr bereit, eventuell heute Nacht aufzubrechen? Es gibt eine Möglichkeit, über die Grenze zu kommen. Aber ihr müsst bezahlen. Diese Leute wollen Geld.«

»Wie viel müssen wir ihnen geben? Wir haben fast nichts … Weder Schmuck noch Uhren, nichts … nur ein paar Afghani …«

Ein paar tausend Afghani genügten. Schon bald glitten lautlose Schatten durch die mondlose Nacht. Bilqis und Palmis waren nicht die einzigen Fluchtwilligen: Sechs andere Frauen schlossen sich ihnen an. Schweigend marschierten die acht Frauen zwei Stunden lang auf einer Sandpiste entlang, ihre armseligen Bündel auf dem Kopf. Dann wurde die kleine Gruppe auf einen Lieferwagen geladen. Die Straße war holprig und kurvig und niemand redete. Die Frauen drängten sich aneinander, von zwei Männern bewacht, die schwarzweiße Turbane auf dem Kopf trugen. Die Luft war eisig im Morgengrauen, als das Fahrzeug endlich vor einer alten Hütte anhielt. Alle stiegen aus und bekamen Tee vorgesetzt, die Männer ebenso wie die Frauen.

»Willkommen im Iran. Hier seid ihr in Sicherheit vor der Terrorherrschaft der Taliban. Und frei. *Khosh amadid.*«

Dann wurden die Frauen getrennt: die jungen in ein Zelt, die älteren in ein anderes. Als die Nacht anbrach, teilten sich die Neuankömmlinge eine weitere Mahlzeit. Dann wurde eine Versammlung in einem Gebäude aus Backstein und Lehm abgehalten. Ein Mann trat vor, eine Art Mönchsoldat, ungefähr vierzig Jahre alt, der von bewaffneten jungen Männern im Turban umringt war.

»Versteht ihr unsere Sprache? Hebt die Hand.«

Mit einer Ausnahme verstanden alle Persisch, das dem afghanischen Dari sehr ähnlich ist.

»Ich werde langsam sprechen, damit ihr mich alle gut versteht.«

Eine Stunde lang erklärte der Mann den Afghaninnen, dass sie nur durch seinen Willen und dank der Risiken, die er und seine Männer auf sich genommen hatten, in den Iran gekommen waren. Er hatte sie den afghanischen Schleusern abgekauft, und jetzt mussten sie ihre Schulden abbezahlen. Aber wie sollten sie das anstellen, wo sie doch nichts mehr hatten?

»Die Älteren unter euch arbeiten im Haushalt und auf dem Feld. Ihr bedient uns, wascht unsere Wäsche und kocht für uns. Die Jüngeren sind speziell für die Bedürfnisse der Männer zuständig. Habe ich mich klar und verständlich ausgedrückt?«

Eine junge Frau fiel vor Schreck in Ohnmacht. Bilqis und Palmis eilten ihr zu Hilfe.

»Ich bin noch Jungfrau, ich habe noch nie mit einem Mann geschlafen … ich habe einen Verlobten zu Hause, ich kann nicht …«

Aber es nützte nichts. Entweder sie willigte ein, oder sie wurde zurückgeschickt – mit allen damit verbundenen Risiken.

»Lasst uns zusammenbleiben, ich fürchte, das Schlimmste kommt erst noch … Wir dürfen uns auf keinen Fall trennen, das ist besser …«

Der Aufschub, der ihnen vergönnt war, dauerte nur eine Woche. Sie wurden unter erbärmlichen Bedingungen untergebracht und von zehn Männern bewacht, die miteinander lachten, redeten und manchmal Steine nach ihnen warfen. Dann kamen eines Tages andere Männer und bauten weitere Zelte auf, die größer und neu waren. Bald erschien auch eine Frau, die eine wichtige Rolle bei der Organisation spielte: Sie trug Bettwäsche herum, ließ Matratzen auslegen, zählte die Decken, ordnete an, dass die Wasserkrüge gefüllt werden sollten. Sie hatte ihr eigenes Zelt mit einem Tisch und einem Stuhl, wo sie residierte und Buch führte. Alles war an Ort und Stelle – die Männer hatten ein Bordell errichten lassen.

Die Frau wandte sich in Dari an die Afghaninnen: »Ich bin Afghanin wie ihr. Seit zwei Jahren lebe ich hier und kümmere mich um meine notleidenden Schwestern. Wir sind alle Witwen, Waisen, Verstoßene, Geschiedene oder Verlassene. Gott stellt uns erneut auf die Probe. Seid mutig, und der Allmächtige möge euch beschützen.«

Die Frau wählte Freiwillige für die ersten Kunden aus. Palmis und Bilqis opferten sich. Als Bilqis sich gerade anschickte, die Begierden eines lüsternen, zahnlosen Greises zu befriedigen, zerriss ein lauter Schrei die Stille des Tals. Alle stürzten zu einem Felsen, der sich über der Ebene erhob. Das Mädchen, das noch

Jungfrau gewesen war, hatte sich in den zehn Meter tiefen Abgrund gestürzt und lag zerschmettert am Boden.

Palmis und Bilqis drückten sich entsetzt über den Anblick aneinander.

»Geht wieder an eure Arbeit, *ya Allah*! Vier Männer sollen ein Grab schaufeln. Verscharrt mir diese Hündin so schnell wie möglich. Ich habe jetzt ein Mädchen weniger, das heißt, dass ihr mehr arbeiten müsst.«

Am nahe gelegenen Fluss, dem Farah Rud, wurde ein Staudamm gebaut, der das Wasser des Saberi-Sees regulieren sollte. Mindestens fünfhundert Männer, Iraner, aber auch Afghanen, Pakistani, Turkmenen und Araber arbeiteten auf der Baustelle, und ihre einzige Abwechslung war im Fluss zu schwimmen, Ball zu spielen oder zu den Frauen mit unsittlichem Lebenswandel zu gehen, die in dieser Region *kharab* hießen, falls die Gelegenheit sich bot.

Hamid Homayounafar war ein alter Bauarbeiter, der sofort begriffen hatte, dass er viel Geld machen konnte, wenn er diesen Männern am Ende der Welt Prostituierte bringen würde. Er hatte einen Handel mit dem benachbarten Afghanistan in Gang gesetzt, indem er Frauen gegen Waren und Medikamente tauschte. Nach einem Jahr besaß er einen Lastwagen, ein paar Zelte und eine rudimentäre Organisation, die es ihm ermöglichte, mit ein paar willigen Frauen und zwanzig entschlossenen Männern die Zöllner der beiden Länder zu bestechen, den Polizisten der Provinz Zabol, die über die öffentliche Ordnung wachen sollten, einen Zehnten abzuliefern, den örtlichen Gendarmen einen Obolus auszubezahlen und einigen religiösen Oberhäuptern, die es nach hübschen Ausländerinnen gelüstete, ein paar schöne Afghaninnen zu besorgen.

Hamid Khan, wie ihn seine Männer nannten, der Schmuggler, Schwarzhändler und Bandenchef, fuhr in einem Wagen mit Allradantrieb herum, eskortiert von zwei Jeeps, hielt Hof in allen Schänken und *tchai khanehs* der Gegend und wurde immer als Erster kontaktiert, wenn eine Gruppe schöner junger Afghaninnen angeboten wurde. Er wählte selbst aus, nahm immer gleich acht oder zehn Frauen mit, nachdem er die einen geschmiert und die anderen gekauft hatte. Bald hatte er vier Bordell-Zeltlager in der Region mit ungefähr fünfzig fügsamen Frauen. Frauen, die sich wehrten, wurden vor dem ganzen Lager bis aufs Blut ausgepeitscht, und drei von ihnen wurden gehängt, weil sie einen Fluchtversuch gemacht und einen ihrer Bewacher mit dem Messer angegriffen hatten. Zwei hatten sich das Leben genommen.

Eines Tages kam ein hoher religiöser Würdenträger in die Region. Haj Hassan Mohtashemi führte den Titel *Hojatoleslam*. Seine Predigten waren in der ganzen Provinz berühmt, seine Wutausbrüche ebenfalls. Er hatte früher zahlreiche Steinigungen von treulosen Ehefrauen auf den öffentlichen Plätzen der Dörfer organisiert und war sogar vom Ayatollah Chomeini höchstpersönlich wegen seines religiösen Eifers und seiner Frömmigkeit gelobt worden. Er wurde zum zwanzigsten Jahrestag des Sturzes der Monarchie in die iranische Hauptstadt eingeladen und mit dem geistlichen

Führer der Nation fotografiert. Als kleiner Provinzmullah hatte er sich selbst zum *Hojatoleslam* ausgerufen, und niemand machte ihm diesen Titel streitig.

»Möchten Eminenz vielleicht eine Weile ruhen?«, schlug Hamid Homayounafar vor.

»Nein, ich wünsche Gesellschaft. Hast du eine Jungfrau?«

Hamid hatte keine. Er verneinte bedauernd.

»Aber ich habe eine sehr schöne junge Afghanin, die kaum zwanzig Jahre alt ist und Augen wie Smaragde hat.«

»Bring sie her, *biar*!«

Ein paar Sekunden später wurde Bilqis ins Zelt geführt. Der Mann trank Tee und knabberte Gebäck. Er schaute die junge Frau schweigend an, dann wandte er sich an Hamid: »*Tchand hast* – wie viel?«

»Für Eminenz natürlich nichts … absolut nichts.«

»Du hast mich missverstanden. Ich will sie dir abkaufen. Also, wie viel?«

Der Mann war bestürzt. Was sollte er dem Mullah antworten, ohne ihn zu kränken?

»Eminenz, alles, was ich besitze, gehört Ihnen. Bedienen Sie sich, es ist mir eine große Ehre.«

Der Mullah drehte seine Gebetsmühle erstaunlich geschickt in seinen klobigen Fingern.

»Ich frage dich noch einmal, wie viel?«

Hamid geriet immer mehr in Verlegenheit. Er schaute von dem *Hojatoleslam* zu seinen beiden Begleitern und wandte sich dann wieder dem dicken Mann zu, der auf eine Antwort wartete.

»Nennen Sie Ihren Preis, Eminenz!«

»Wie viel hast du für sie bezahlt? Wie viel hast du für alle diese Frauen bezahlt, die hier und anderswo sind?«

»Sie sind hilflos auf den Straßen herumgeirrt, ich habe sie aufgelesen, und seitdem leben sie hier.«

»Soll ich dir sagen, woher sie kommen und auf welchen Wegen sie hierher gebracht wurden? Wer deine Lieferanten auf der anderen Seite der Grenze sind? Ich weiß alles, der Präfekt übrigens auch, genauso wie das Militär …«

Nach einer halben Stunde Verhandlung und mehreren Gläsern Tee reiste Haj Hassan Mohtashemi mit Bilqis nach Zabol zurück. Palmis war in den Augen des religiösen Oberhaupts zu alt. Für die beiden Frauen war die Trennung sehr schmerzlich.

»Vergiss mich nicht, bete für mich …«

»Das werde ich tun. Wir sehen uns wieder, das verspreche ich dir.«

Bei Tagesanbruch fuhr der Wagen des Mullahs in Zabol ein. Bilqis war eingeschlafen und wachte erst auf, als der Motor abgestellt wurde. Sie richtete sich auf und blickte um sich. Die Straße war beleuchtet, sie sah Männer, die Obst- und Gemüsekarren vor sich herschoben, Frauen, die ihre Einkäufe machten, und kleine Jungen, die in alle Richtungen liefen.

»Steig aus, wir sind da. Los, schneller!«

Sie ging durch einen Torbogen, dann durch einen Garten, und noch einen, und stand schließlich vor einem niedrigen Haus mit zugezogenen Vorhängen. Zwei Frauen warteten auf der Treppe. Sie verneigten sich, als der Mullah vorüberging, und warfen einen verächtlichen Blick auf Bilqis, die noch in ihre blaue Burka gehüllt war.

Mohtashemi klatschte in die Hände.

»Ja, Eminenz, der Tee ist fertig. Ich bringe ihn gleich …«

Der Mann schaute Bilqis an und wies in eine Ecke des Zimmers.

»Setz dich dorthin und rühr dich nicht vom Fleck. Hast du mich verstanden?«

»Ja, ich habe verstanden.«

»Eminenz, heißt das!«

»Ich habe verstanden, Eminenz.«

Dann wurde Bilqis in ein geräumiges Zimmer geführt, in dem schon drei Frauen untergebracht waren. Sie stellte überrascht fest, dass eine von ihnen afghanischer Herkunft war.

»Hier ist dein Tschador. Zieh die Burka aus, die ist hier nicht gern gesehen.«

»Aber wie trägt man das?«

Die Erklärung dauerte zehn Minuten: Die Augen dürfen zu sehen sein, selten einmal eine Haarsträhne, und man klemmt ihn zwischen die Zähne, wenn man die Hände freihaben will. Er wird um die Taille geschlungen, wenn man Wäsche im Wasserbecken oder in der Küche wäscht. Zwei- oder dreimal glitt der Stoff auf den Boden, und die beiden Frauen fingen an zu lachen.

»Wenn dir das in der Stadt passiert, ist es ein Skandal.«

»Ich heiße Bilqis und komme aus Garm-Ab.«

»Und ich heiße Nour, ich komme aus Bamiyan.«

Sie redeten die ganze Nacht im Flüsterton miteinander. Bilqis erfuhr, dass ihre neue Freundin bei der Generalmobilmachung 1997 (gegen die Nordarmee von Ahmed Schah Massud) brutal von ihrem Ehemann getrennt worden war, dass sie eine Fehlgeburt gehabt und ihr erstes Kind verloren hatte.

»Unsere Stadt wurde bombardiert, die Kämpfe dauerten Monate, und sie wurde von den Leuten aus dem Norden eingenommen, den Paschtunen aus dem Süden, dann den Hazara und später von den Taliban. Ich habe zwei Schwestern und einen kleinen Bruder verloren. Mein Vater wurde zur Armee eingezogen und meine Mutter an den Beinen verletzt. Dann haben mich die Taliban mitgenommen, und seither bin ich auf der Straße. Ich habe gehört, dass unsere riesigen Buddha-Statuen bombardiert wurden. Sie waren der Stolz der ganzen Gegend, weißt du …«

Und Nour fing an zu weinen.

»Weine nur ein wenig, das wird dir gut tun.«

Als Nour sich wieder gefasst hatte, fügte sie hinzu: »Ich musste Dinge tun, die ich nicht wollte … Ich wurde von Männern beschmutzt … Wenn meine Mutter und mein Mann mich sehen könnten, würden sie mich schlagen und verfluchen und …«

»Wie bist du hierher in den Iran gekommen?«

»Mit einer Gruppe von Flüchtlingen, im Lastwagen. Ich musste meinen Grenzübertritt mit Ohrringen und einem Armband bezahlen. Das war alles, was mir von meiner Mutter geblieben war, jetzt habe ich nichts mehr. Ich lebe und arbeite seit zwei Monaten hier, ich weiß nicht mehr so genau.«

»Und du musst auch … ich meine … Hat Haj Hassan Agha dich vergewaltigt?«

»Manchmal, wenn er wütend ist, wenn ich nicht alles mache, was er will …«

Am dritten Tag nach ihrer Ankunft beim *Hojatoleslam* Mohtashemi wurde Bilqis von einem jungen Mullah-Schüler gerufen, der seinem Herrn zugleich als Sekretär, Chauffeur und Prügelknabe diente.

»Beeil dich, komm. Der Herr will dich sehen. Folge mir.«

Die junge Frau wusch gerade Wäsche in einem Becken. Sie trocknete sich die Hände ab, knotete ihren Tschador auf, den sie in der Taille zusammengebunden hatte, und verhüllte ihr Gesicht. Sie ging durch ein Labyrinth von Korridoren und niedrigen Türen und wurde in ein Zimmer von atemberaubendem Luxus geführt. Sie blieb einen Augenblick stehen und blickte sich fassungslos um: Holztäfelungen an den Wänden, ziselierte Spiegel und Nischen, in denen Schatullen und verschiedene Wasserkrüge standen. An der Decke prangten Malereien von Engeln, Vögeln und Wolken. Der Boden war mit kostbaren Teppichen, Kissen, niedrigen Intarsientischchen und Schalen mit Obst und Kuchen bedeckt, und in einem Winkel stand ein dampfender Samowar. Bilqis hatte den dicken Mann nicht gesehen, der in einer Ecke saß und an seiner *narguileh* zog.

»Und? Gefällt es dir?«

Bilqis zuckte zusammen.

»Ich … so etwas Schönes habe ich noch nie gesehen …«

»Komm näher und schau dich um … Du darfst alles anfassen …«

Bilqis machte ein paar Schritte, streckte die Hand aus, wagte aber nicht hinzufassen. Haj Hassan Agha fing an zu lachen.

»Hier, sieh mal, die Dose, die dort vor dir steht. Nimm sie in die Hand und mach sie auf. Es ist keine Schlange drin!«

Bilqis öffnete die Dose, die mit Mandeln und Pistazien gefüllt war.

»Nimm und iss. Und setz dich zu mir.«

Er zog an seiner Wasserpfeife und betrachtete die schöne junge Afghanin mit den grünen Augen, die sich ihm gegenüber auf ein paar Kissen gesetzt hatte.

»Bist du glücklich hier? Gefällt es dir?«

»Ich habe Freundinnen gefunden. Ich bin glücklich, ich danke Ihnen.«

»Von jetzt an wirst du keine schweren Arbeiten mehr machen. Du wirst keine Wäsche mehr waschen und keine Böden mehr putzen. Du wirst nur noch zum Bügeln und Nähen eingeteilt, und du musst bei Tisch bedienen. Und wenn ich Lust habe, dich zu sehen, dann kommst du. Hast du das gut verstanden?«

»Ich habe es verstanden, Eminenz.«

»Man hat mir gesagt, dass du Witwe bist. Ist das wahr?«

»Ja, das ist wahr. Ich habe meinen Mann im Krieg verloren, und wir hatten keine Zeit, Kinder zu bekommen.«

Der Mullah schaute sie eindringlich an.

»Ich muss dir etwas verraten, ein Geheimnis. Kannst du Geheimnisse für dich behalten? Ich bin früher einmal am Bauch und an den Schenkeln verwundet worden … und auch anderswo. Ich leide immer noch darunter und … und … ich kann nicht alles, was ein Mann macht … Hast du mich verstanden?«

Bilqis nickte. Was wollte er ihr sagen?

»Du musst dich anders um mich kümmern, verstehst du? Mit deinen Händen, mit deinen Fingern, deinen Brüsten …«

Nour hatte ihr nichts gesagt. Als sie zurückkam, stellte Bilqis sie zur Rede.

»Ich wollte dich nicht gleich am ersten Tag erschrecken«, antwortete Nour. »Aber nimm dich in Acht, er ist sehr schwierig. Manchmal wird er gewalttätig, und dann hagelt es Schläge, Schläge …«

Zwei Tränen rollten über Bilqis' Wangen.

»Warum weinst du? Bist du traurig? Ich bin doch da …«

»Zum ersten Mal seit langer Zeit geht es mir gut. Ist das Glück?«

»Glück ist, wenn der Kummer ruht …«

12 *Das Dorf der Verrückten*

Bilqis lebte in Angst und Schrecken vor ihrer ersten wirklichen Begegnung mit Haj Hassan Agha Motashemi und fragte Nour unablässig über ihn aus. Sie wollte alles bis ins kleinste Detail wissen: seine Vorlieben, was er nicht mochte, was er wünschte …

»Bis letztes Jahr hatte er eine Favoritin, eine Iranerin namens Golnaz. Es hieß sogar, dass sie seine Nichte gewesen sei, die kleine Tochter seiner Schwester. Er hat ihr alle Launen durchgehen lassen, hat sie verwöhnt und manchmal auf seine Reisen mitgenommen. Sie ist mit ihrer ganzen Familie bei dem Erdbeben in Birjand umgekommen. Er war monatelang untröstlich. Dann sind wir gekommen, wir Afghaninnen aus dem Norden mit den blauen oder grünen Augen. Da war er auf einmal wie verwandelt und hat wieder gelächelt. Als wir an die Reihe kamen, haben wir natürlich entdeckt, was mit ihm los ist, und das war nicht leicht …«

Der *Hojatoleslam* hatte sich auf eine Rundreise durch den ganzen östlichen Iran begeben. Er war oft wochenlang unterwegs, um zu predigen, Audienzen zu geben, Ratschläge zu erteilen und sich um seine Angelegenheiten zu kümmern. Es hieß, er sei sehr reich, aber er zeigte es nicht. Angeblich war er verheiratet und hatte sogar mehrere Ehefrauen und zahlreiche Kinder, aber niemand hatte sie bis jetzt gesehen. Der einzige Verwandte, den die Frauen im Lager kannten, war ein jüngerer Bruder, der ihm als Leibwächter, Vertrauensmann und Chauffeur diente. Aber Sayed Manoutchou wusste, dass er seinem älteren Bruder nicht ins Gehege kommen durfte und dass er beim geringsten Übergriff gegen eine der Frauen in der Umgebung des *Hojatoleslam* damit rechnen musste, sofort hinausgeworfen zu werden, so unberechenbar war der Mann. Die Gutmütigkeit des *Hojatoleslam* konnte urplötzlich in Brutalität umschlagen – ein Mann, der gern mit seiner Handfeuerwaffe spielte und auf die Tauben schoss, die sich auf die benachbarten Dächer setzten.

Wenn die beiden Brüder fort waren, verlief das Leben ruhig und friedlich. Eine alterslose Matrone führte das Haus bis zur Rückkehr des Mullahs. Seinen Favoritinnen war es untersagt, das Gelände zu verlassen, nur die Iranerinnen durften ihre Einkäufe machen. Wenn der *Hojatoleslam* dagegen nicht auf Reisen war, drängten sich die Besucher in seinen Räumen, um eine Audienz zu erbitten, einen Gefallen, eine Vergünstigung oder eine Fürsprache beim geistlichen Oberhaupt. Haj Hassan Aghas Arm reichte weit, sehr weit, so wurde gemunkelt. Er hatte nicht nur Einfluss in Zahedan, der Regionalhauptstadt, sondern ging angeblich im iranischen Parlament ein und aus, ja, sogar beim Präsidenten der Republik und dem geistlichen Führer der Nation, bei dem ein entfernter Cousin von ihm arbeitete.

»Ruft Bilqis!«

Und sofort glitten Schatten durch die Räume, Worte wurden gewechselt, wehende Tschadors eilten die Flure entlang. Es war nach Mitternacht, und alle schliefen. Höchste Eile war geboten, damit der Herr und Meister nicht wütend wurde.

»Ah, da bist du ja! Bring mir Tee, ich habe schlecht geschlafen.«

Bilqis gehorchte. Sie hatte sich in aller Eile angekleidet, hatte ihre Haare gekämmt, einen nachtblauen Schleier umgelegt, der im Licht der Kerzen schillerte, und sich mit Rosenwasser parfümiert, einem Duft, den der Geistliche über alles liebte.

»Nimm dir auch ein Glas *tchai*. Sei nur nicht so schüchtern …«

Der *Hojatoleslam* war barfuß und trug einen gestreiften Pyjama. Er hatte den traditionellen Turban abgelegt und lehnte auf ein paar Kissen an der Wand, die Beine gekreuzt, und zwei niedrige Tischchen vor sich. Auf dem ersten standen sein Teeglas, ein Teller mit Süßigkeiten und ein silberner Zigarettenhalter, von dem er sich nie trennte. Der andere Tisch war mit Zeitungen und Akten beladen.

»Kannst du lesen und schreiben?«

»Ja, *Hazrat Aali*. Nicht sehr gut, aber ich komme zurecht. Wenn ich Zeit habe, lese ich immer, egal was.«

»Das ist gut, mein Kind. Man muss sich bilden.«

Er knabberte an einem Stück Halva und machte ihr mit der Hand ein Zeichen, dass sie näher kommen und sich zu ihm setzen sollte.

»Nimm deinen Tschador ab und zeig mir dein Gesicht. Komm her, hab keine Angst … Ja, gut … Wie seidig deine Haare sind, wie weich deine Haut …«

Er strich mit der Hand über die Brüste der jungen Frau, die völlig reglos blieb und auf die haarige, ringgeschmückte Hand starrte, die sie gierig und ungeschickt befingerte.

»Blas die Kerzen aus, außer der, die vor mir steht, und leg dich neben mich. Zieh deine Kleider aus, alles …«

Der Mann hatte sein Schlafanzugoberteil aufgeknöpft. Er nahm Bilqis' Hand und legte sie auf seine haarige Brust.

»Streichle mich, aber sanft … Ja, so ist es gut … Mach weiter, nicht aufhören … Tiefer … noch tiefer … noch tiefer … zwischen meinen Beinen, überall …«

Bilqis stellte fest, dass der Mann nichts spürte. Sein Körper zeigte keinerlei Reaktion. Außer dem geräuschvollen Atem blieb dieser unförmige, abstoßende Körper völlig leblos.

»Leg dich auf mich und zieh mir die Hose aus … Reib deinen Körper an meinem … Mach weiter … Küss mich … überall … Geh tiefer herunter … Mach es mir mit deinem Mund und deinen Lippen … Sanft … Ja, so …«

Ein paar quälende Minuten lang bemühte sie sich, den *Hojatoleslam,* dessen Körper auf keinerlei Berührung reagierte, zu erregen. Sie parfümierte ihn, massierte ihn, streichelte ihn, aber es war vergeblich.

»Ich wurde vor langer Zeit schwer verwundet, vor allem am Rücken. Ich bin mehrmals operiert worden und musste erst wieder gehen lernen. Heute geht es mir besser, aber ich habe meine Manneskraft verloren. Deshalb hoffe ich darauf, dass du mir wieder Lust verschaffen kannst. Ich weiß, dass du das kannst. Als ich dich gesehen habe, wusste ich gleich, dass du die Richtige für mich bist. Keiner Frau ist es bisher gelungen, meine Begierden wieder zu erwecken, nicht einmal Nour oder Houria.«

Haj Hassan Aghas Stimme klang gereizt.

»Du wirst so oft kommen, wie ich es wünsche. Ich weiß, dass du es kannst. Wehe dir, wenn dir das nicht gelingt. Steh jetzt auf, damit ich dich anschauen kann.«

Bilqis stand nackt vor dem Mullah, der wieder seine Gebetsmühle in die Hand genommen hatte und ungeduldig daran drehte.

»Dreh dich um … dreh dich um … Perfekt … dein Körper ist makellos … Ich spüre, dass es funktionieren wird …«

Er studierte sorgfältig den Unterleib der jungen Frau.

»Du musst diese ganzen unappetitlichen Haare entfernen. Ich mag keine Frauen, die Haare unterhalb des Halses haben. Du nimmst *vajebi,* kennst du das? Die Frauen werden es dir erklären. Wenn ich dich das nächste Mal rufe, hast du haarlos von oben bis unten zu sein. Und dann will ich etwas spüren, sonst …«

Er hob drohend die Hand.

»*Boro*, geh jetzt, ich will schlafen.«

Nour wartete ungeduldig auf die Rückkehr ihrer Freundin.

»Was ist passiert, was hat er gemacht?«

»Nichts, gar nichts. Er wollte, dass ich ihn massiere und anfasse, dass ich ihn parfümiere. Dann wollte er mich nackt sehen. Er sagt, dass ich … dass ich ihm wieder Lust verschaffen soll … Und er will, dass ich mich rasiere, dass ich etwas nehme, das …«

»*Vajebi*. Ich zeige es dir. Das ist ein Brei, den man aufträgt und eine Weile einwirken lässt. Die Haare fallen dann aus, sobald man sie mit Wasser abspült.«

»Ist er wirklich verwundet worden oder hat er das seit seiner Geburt?«

»Soweit ich gehört habe, hat er eine Kugel in den Bauch bekommen. Das wird jedenfalls erzählt. Die Operation ist nicht gut gegangen, und sein Zustand hat sich verschlimmert. Er wurde dann noch mehrmals operiert, in Zahedan, später in Teheran, und ist gesund hierher gekommen, aber impotent. Das war, bevor ich gekommen bin.«

»Er hat mir gedroht, dass er mich schlägt, wenn es mir das nächste Mal nicht gelingt, ihm Lust zu verschaffen. Aber wie soll ich das machen, wenn sein … sein Ding tot ist?«

»Das hat er letztes Jahr auch zu mir gesagt. Ich habe mich aus der Affäre gezogen, wenn du magst, erkläre ich dir, was er will. Mach dir keine Sorgen.«

»Aber er hat mir mit erhobener Hand gedroht, bevor ich gegangen bin.«

»Er droht immer, aber er tut nicht viel. Zumindest hat er mir noch nie Schmerzen zugefügt … bis jetzt …«

Der *Hojatoleslam* war zu einer Versammlung von Honoratioren in der Stadt Machad gerufen worden und blieb zwei Wochen lang fort. Als er zurückkam, wusste Bilqis, dass es mit ihrer Freiheit vorbei war. Die Frauen in ihrer Umgebung schauten sie wissend an und lächelten verschwörerisch, ja, sogar mit einer gewissen Unterwürfigkeit. Sie servierten ihr den Tee, rollten ihre Matratze zusammen, falteten und bügelten ihre Wäsche für sie.

»Mir ging es vor Monaten ganz genauso«, erklärte Nour. »Und ich kann dir auch erklären, was sie damit sagen wollen: *Du brauchst dich nicht zu plagen, wir sind da und helfen dir. Dafür legst du ein gutes Wort für uns ein, wenn es eines Tages nötig sein sollte.* – So geht das hier im Iran. Wenn du dann verstoßen wirst, wenn du nicht mehr die Favoritin bist, lassen sie dich gnadenlos fallen und kehren dir den Rücken zu.«

Drei Tage später ließ Maleke Khanoum, die das Haus führte und vermutlich vor vielen Jahren die Gefährtin des Mullahs gewesen war, Bilqis zu sich rufen.

»Wasch dich, kämm dich und schminke dir ein wenig die Lippen. Umrande deine Augen, parfümiere dich und zieh die Kleider an, die der Herr am liebsten mag. Sei in einer Stunde bereit. Ich komme um Punkt sechs Uhr zurück, wenn es kühler wird. Seine Eminenz wartet nicht gern.«

Eine Stunde später führte Maleke Khanoum Bilqis zum *Hojatoleslam*. Er trug einen blauseidenen Morgenmantel, der mit Goldbrokat bestickt war, und hatte einen Turban auf dem Kopf, wie um ihr vor Augen zu führen, dass er vom Propheten abstammte. Er trug blaue Pantoffeln und drehte seine goldene *tashi*, seine Gebetsmühle, zwischen den Fingern. Ein Lächeln erhellte sein brutales Gesicht.

»Komm her, mein Kind. Ich habe dich lange nicht mehr gesehen ... In letzter Zeit habe ich oft an dich gedacht, aber die Arbeit hat mich andernorts festgehalten. Setz dich hierher.«

Mit einer Handbewegung entließ er die alte Frau, die rückwärts aus dem Zimmer ging, um ihm auf diese Weise ihren Respekt zu zeigen.

»Gieß mir Tee ein und gib ein Minzeblatt hinein. Ich liebe Minze. Und jetzt erzähl mir, was du die ganze Zeit gemacht hast. Hast du an mich gedacht? Hast du an das gedacht, was ich dir gesagt habe?«

Bilqis antwortete ihm, so gut sie konnte, und gab sich Mühe, ihn nicht zu enttäuschen. Natürlich hatte sie an ihn gedacht, aber sicher nicht so, wie er es sich wünschte. Sie hatte sich auch am ganzen Körper enthaart, aber sie hasste diese Pomade, die ihr den Unterleib und die Achselhöhlen verbrannte.

»Das meine ich nicht. Ich frage dich, ob du daran gedacht hast, was ich dir gesagt habe. Ich will etwas spüren, so wie früher.«

Bilqis senkte den Kopf. Was sollte sie ihm antworten?

»Ich habe daran gedacht und oft mit Nour darüber gesprochen. Sie hat mir gesagt, was Sie mögen und wie ich es machen soll …«

»Was versteht Nour davon! Ich mag nicht, was sie macht … sie macht es schlecht, und ich musste sie wegjagen. Ich hoffe, dass du es nicht so machst wie sie, sonst ist es aus mit unserer Freundschaft …«

In den darauf folgenden Wochen wurde Bilqis jeden Samstag und jeden Mittwoch zum *Hojatoleslam* Mohtashemi geführt. Zweimal pro Woche versuchte sie ihn zu erregen, indem sie sich alle nur denkbaren Positionen und Liebkosungen ausdachte. Sie wusste, dass der Mann nicht gewaltsam in sie eindringen konnte, aber sie fürchtete, dass er es mit dem Finger oder einem Gegenstand versuchen würde. Ihr Unterleib schmerzte noch von den Misshandlungen, die sie in der Kaserne von Farah erduldet hatte. Außerdem hatte sie Angst, dass er bald all die Bewegungen und Berührungen satt haben würde, die keinerlei Reaktion in seinem zerstörten, erloschenen Körper hervorriefen. Bilqis war gerade dabei, ihn mit dem Mund zu befriedigen, als sie plötzlich einen heftigen Schmerz am Kopf spürte.

»Afghanische Hündin! Meine Geduld hat Grenzen! Ich habe dir gesagt, du sollst mir Lust verschaffen, und du gibst mir überhaupt nichts!«

Dann schleuderte er sie mit einem brutalen Fußtritt nach hinten. Ihr Kopf knallte gegen die Wand, und sie verlor das Bewusstsein.

»*Boland sho* – steh auf, du Hure!«

Bilqis hörte nichts mehr. Das Blut strömte über ihre Lider und ihre Augen. In ihrem Kopf drehte sich alles, ihr Nacken schmerzte, und sie konnte nicht aufstehen. Sie kroch auf dem Boden herum, und weil sie nicht mehr richtig sehen konnte, warf sie die Teekanne um, die auf einer Platte stand, stieß gegen den Samowar und zertrat einen Teller mit Süßigkeiten. Sie hatte völlig die Orientierung verloren.

Einen Augenblick später bekam sie einen zweiten Schlag gegen die Wange und einen dritten gegen die Stirn. Der Geistliche hatte einen Stock gepackt und prügelte mit voller Wucht auf sie ein.

»Du Hurentochter … Perverse … Hündin …«

Je mehr Bilqis ihr Gesicht und ihre Brust mit den Händen und Armen zu schützen versuchte, desto brutaler schlug Haj Hassan auf sie ein und überhäufte sie mit Beschimpfungen und Obszönitäten. Als er sich beruhigt hatte, rief er seine Leute.

»Schafft mir diese Nichtswürdige aus den Augen … Ich möchte sie nie wiedersehen!«

Splitternackt wie sie war, wurde die bewusstlos auf dem Teppich liegende Bilqis in ein Laken gewickelt und von drei Frauen weggetragen. Maleke Khanoum brachte das Zimmer in Ordnung, beseitigte die Spuren des Kampfes und zog sich wortlos zurück. Als Nour sie fragte, antwortete sie nur: »Das musste ja so kommen … Diese Kleine hat kein Talent … Sie hat nie begriffen, was der Herr will.«

Sobald sie wieder auf den Beinen war, wurde Bilqis zu den niedrigsten Arbeiten im Haus eingeteilt: Jeden

Morgen und Abend musste sie die Senkgruben und die Latrinen leeren, die im Garten aufgestellt waren, die Nachttöpfe auskippen und das Ganze auf einem Karren fortschaffen, bewacht von zwei mürrischen Frauen, die sie mit einem Stock schlugen, wenn sie nicht schnell genug vorwärts kam. Die ganze Ladung wurde in Bottiche gefüllt und zum Düngen der Felder verwendet. Dann musste Bilqis die Eimer in einem bestialisch stinkenden Teich ausspülen und alles im nahen Fluss auswaschen. Zweimal pro Tag musste sie den Spott der Kinder in der Umgebung ertragen, und manchmal wurde sie sogar mit Steinen oder verfaultem Obst beworfen.

Bilqis war von den anderen Frauen getrennt worden und bekam ihre Freundin Nour nur noch selten zu sehen. Es war schon viel, wenn sie hin und wieder im Vorübergehen ein paar kurze, aufmunternde Worte miteinander wechseln konnten.

Wie damals in Farah hatte Bilqis die Afghani versteckt, die sie bei sich trug. Sie hatte Nour in ihr Geheimnis eingeweiht und ihr gesagt, dass sie das Geld an sich nehmen könne, falls ihr etwas zustoßen sollte.

Ihr Kopf schmerzte immer noch, Mohtashemi hatte ihr einen Zahn ausgeschlagen, und über ihre Stirn zog sich eine breite Narbe. Auch ihr Rücken wies noch die Spuren der Stockschläge auf. Eine balutschistanische Frau, deren Namen sie nicht einmal kannte und die dieselben Schmutzarbeiten verrichten musste wie sie, verband ihr von Zeit zu Zeit die Hüften.

»Meine Großmutter hat mir dieses Kräuterrezept

gegeben. Es ist nichts Großartiges, aber es hilft. Das beste Heilmittel ist immer noch das Gebet. Bete viel, bete immer, wenn du deine Eimer trägst, wenn du mit Steinen beworfen oder beschimpft wirst, wenn du Schmerzen hast …«

Vier Monate waren vergangen, als Bilqis von Maleke Khanoum erfuhr, dass sie aus der Stadt in ein Lager gebracht werden sollte.

»Tausende von Männern und Frauen wie du leben hier auf Kosten der islamischen Republik Iran. Seit Jahren flieht ihr aus eurem Land, es ist eine Schande. Ihr seid Ungläubige und liebt den Islam nicht. Die Taliban lehren euch die wahre Religion, und ihr wollt nicht hören. Wir sind viel zu gut, dass wir euch aufnehmen, wir müssten euch fortjagen und nach Hause zurückschicken. Ihr esst unser Brot, unseren Reis … Schande über euch!«

Bilqis ließ die Tirade der Frau über sich ergehen, ohne sich um ihr Geschwätz zu kümmern. Sie hörte nur, dass sie fortkäme und vielleicht ein anständigeres und weniger demütigendes Leben beginnen könnte.

»Morgen wirst du mit zwei anderen Frauen nach Dehe Divaneh geschickt, in das Dorf der Verrückten. Dort sind schon mehrere hundert von euch, und es gibt sogar Christenhunde, die sich um euch kümmern.«

Die Reise dauerte drei Stunden. Als das Dorf vor ihr auftauchte, traute Bilqis ihren Augen nicht: Dutzende von weißen und grauen Zelten standen ordentlich nebeneinander. Die Bewohner strömten einen Augenblick zusammen, es wurde geredet, und dann wurden die drei Frauen in ein festes Gebäude geführt. Eine blonde Frau von ungefähr vierzig Jahren kam mit unbedecktem Kopf und freundlichem Lächeln auf sie zu.

»*Salam … Befarmaid*, bitte setzt euch.«

Es wurde Tee serviert, dazu Brot, Käse und ein paar Früchte.

Eine Afghanin übersetzte ihre Worte.

»Ich weiß, dass ihr viel gelitten habt. Hier könnt ihr in Ruhe und Frieden leben.«

Dann wurde den drei Frauen ein neues Zelt zugeteilt. Die zuletzt Angekommenen bekamen immer die schlechtesten Plätze, weit von den Wasserstellen, der Kantine, den Gemeinschafts- und Freizeiträumen entfernt. Es gab hier nichts zu tun, außer zu bestimmten Zeiten zum Essen zu gehen, den weiter entfernt untergebrachten Männern aus dem Weg zu gehen, nicht mit ihnen zu sprechen, nicht die Stimme zu erheben und zu streiten, die Zelte innen und außen sorgfältig sauber zu halten. Bilqis sprach nicht mehr. Sie wechselte kein Wort mit ihren beiden Leidensgefährtinnen. Sie aß allein, ging allein am Ufer des großen Sees spazieren, der sich vor ihr ausdehnte, so weit das Auge reichte, und der sie faszinierte. Noch nie hatte sie so viel Wasser gesehen, mit Booten darauf, in denen Männer saßen und fischten. Ganz langsam erholte sie sich, und ihre Schmerzen ließen allmählich nach. Sie lächelte sogar wieder, wenn sie den Kindern beim Ballspielen oder Drachensteigen zuschaute.

Eines Tages, als sie ihre Sachen wusch, stellte sie fest, dass die beiden Frauen in ihrem Zelt sie die ganze Zeit anstarrten. Sie achtete nicht darauf, bis eine der beiden plötzlich laut zu schreien anfing.

»Ich erkenne sie wieder! Das ist sie! Ja, das ist sie! Sie ist eine Hure!«

Und die andere fügte hinzu: »Sie ist der leibhaftige Teufel! Mein Gott, helft uns, beschützt uns vor ihr!«

Von überallher kamen Frauen angelaufen, auch ein paar Männer näherten sich, und die Kinder hielten in ihren Spielen inne. Die Schaulustigen drängten sich im Halbkreis um Bilqis, und die beiden Frauen schrien weiter ihren Hass hinaus.

»Ich sage euch, das ist eine Prostituierte. Wir kennen sie, sie hat unsere Männer in der Kaserne von Farah verführt. Ich bin sicher, dass sie es ist.«

»Fragt sie doch, dann werdet ihr schon sehen ... Sie ist es ganz sicher. Los, fragt sie!«

Gleich bei den ersten Schreien war Ann Grete mit vier ausländischen Beobachtern herbeigeeilt. Sie fragte, was los war, und ließen sich den Wortwechsel übersetzen. Ann Grete wollte eingreifen.

»Das geht Sie nichts an, das ist unsere Sache.«

»Ja, sie hat Recht, Ausländer haben da nichts mitzureden.«

Die Skandinavierin ging zu Zeinab, die für die Frauen im Lager verantwortlich war und eine gewisse Autorität besaß. Sie zählte auf Zeinabs gesunden Menschenverstand und hoffte, dass sie vermitteln würde.

»Beruhigt euch doch. Lasst uns erst die beiden Frauen anhören, dann die Antwort der dritten. Schreien und Fluchen ist keine Lösung. Geht wieder in eure Zelte, wir nehmen die Frauen mit und werden euch nachher die Entscheidung bekanntgeben, die wir getroffen haben.«

Wieder gab es Geschrei und Beschimpfungen, es wurde heftig diskutiert, dann kehrte Ruhe ein. Die drei Frauen wurden in die Kantine mitgenommen, in der Versammlungen abgehalten und alle unvorhergesehenen Probleme besprochen wurden. Zeinab und zwei der älteren Frauen setzten sich hinter einen Tisch, Ann Grete und eine iranische Krankenschwester rechts und links neben sie. Die drei Afghaninnen nahmen ihnen gegenüber Platz, die beiden Anklägerinnen eng aneinander gedrängt und Bilqis etwas abseits.

»Also, was ist passiert? Erklärt es uns«, forderte Ann Grete die beiden Frauen auf.

»Wir kennen … diese … diese Person. Wir haben sie letztes Jahr fast jeden Tag in Farah gesehen. Wir haben alle drei in der Kaserne gearbeitet, sie hat dort bei den anderen Frauen gewohnt und wir zu Hause. Wir haben in der Küche gearbeitet und geputzt. Sie hier und die anderen haben sich … sie haben sich um die Männer gekümmert … um ihre Bedürfnisse … mit anderen Worten, diese Frau ist eine Prostituierte …«

Und schon ging das Geschrei wieder von vorn los. Ann Grete brachte sie zum Schweigen und wandte sich an Bilqis.

»Ist das wahr, was die beiden Frauen über dich sagen?«

Die Beschuldigte war in sich zusammengesunken und saß reglos von ihrer Burka verhüllt da ohne zu antworten.

»Hast du meine Frage verstanden? Haben die Frauen die Wahrheit über dich gesagt?«

»Und dann ist da noch etwas: Dieses Mädchen hat einen Mann im Krankenhaus getötet … sie hat einen Mann umgebracht …«

Ann Grete war aufgestanden und ging auf die beiden Frauen zu.

»Was sagt ihr da? Das ist eine schwere Anschuldigung! Habt ihr Beweise dafür?«

Die beiden Afghaninnen schauten sich an, dann ergriff eine der beiden das Wort und bestätigte die Aussage der anderen.

»Die Leiche eines heiligen Mannes wurde entdeckt, eines schwer verwundeten Kriegshelden. Sie hat sich um ihn gekümmert, sie war bei ihm in jener Nacht, ich erinnere mich genau. Gleich nachdem das Verbrechen passiert war, ist sie mit ihrer Komplizin verschwunden. Sie ist es, das schwöre ich, ich bin ganz sicher!«

»Und wie heißt das Opfer?«

»Mohamad Sadegh, Gott schenke seiner Seele Frieden …«

Ann Grete kehrte hinter ihren Tisch zurück und machte sich ein paar Notizen. Wieder fragte sie Bilqis: »Stimmt es, was diese beiden Frauen sagen? Ihre Anschuldigungen sind sehr ernst, verstehst du? Wenn du nichts sagst, müssen wir annehmen, dass sie die Wahrheit sprechen …«

Immer noch keine Antwort von Bilqis, nicht die leiseste Reaktion.

»Ich werde eure Anschuldigungen in Persisch niederschreiben und den hiesigen Behörden vorlegen, die darüber befinden werden. Ihr müsst das Protokoll bestätigen und unterzeichnen, sonst ist es ungültig.«

»Aber wir können nicht schreiben!«

»Dann setzt ihr eben ein Kreuz darunter oder einen Daumenabdruck.«

»Wir wollen keinen Ärger mit den Iranern und auch nicht mit Afghanistan …«

»Dann kann ich eure Anschuldigungen nicht aufnehmen. Ihr könnt jetzt gehen.«

»Auf jeden Fall ist sie eine Hure, und wir wollen sie nicht bei uns haben. Sie muss in ein anderes Zelt gebracht werden, sonst kümmern wir uns selber darum!«

Und so wurde für Bilqis ein eigenes Zelt etwas abseits von ihren Leidensgefährtinnen aufgestellt. Sie durfte tagsüber nicht mehr durch das Lager gehen, das Essen wurde ihr ins Zelt gebracht, und ihre Wäsche musste sie abends waschen. Sie trug wieder ihre blaue Burka, und nur Ann Grete oder das iranische Rote Kreuz besuchten sie. Jeden Tag musste sie die Beleidigungen von zahllosen Afghanen über sich ergehen lassen, die um ihr Zelt herumschlichen. Die Kinder warfen Steine nach ihr und schrien ihr Schimpfwörter nach, die sie nicht verstanden, um es den Erwachsenen gleichzutun.

Eines Tages hielt ein schwarzes Auto vor dem Eingang des Lagers von Dehe Divaneh. Ein paar Männer stiegen aus, diskutierten mit den Wachen, und dann gingen mehrere Bündel von Rial-Noten diskret von Hand zu Hand. Ein paar Minuten später stieg Bilqis in den Wagen ein. Ein Schauder lief ihr über den Rücken, als ihr klar wurde, wohin die Reise ging: in die Wohnung von Haj Hassan Agha Mohtashemi! Maleke Khanoum empfing sie mit einem »guten Tag, mein Kind, folge mir«, und sie ging den Flur entlang, der sie vor wenigen Wochen in die Hölle geführt hatte.

Der Geistliche stand gegenüber der Tür, als sie hereinkam.

»Komm näher, meine schöne junge Freundin. Nun, wie geht es dir? Bist du auch gut untergebracht bei deinen Landsleuten? Wenn du ein Problem hast, dann sage es mir.«

Mit keinem Wort erwähnte er seinen Wutausbruch und die Schläge. Er war gut gelaunt und zu Scherzen aufgelegt und goss ihr selber Tee ein, reichte ihr Obst und andere Süßigkeiten.

»Du kommst hin und wieder hierher, wenn ich es wünsche. Ich liebe deine Gesellschaft ... deine Hände und deine Lippen ... Ich gebe dir am Vorabend Bescheid, damit du dich herrichten kannst.

Hier sind ein paar Sachen, die du bei diesen Gelegenheiten anziehen sollst. Ich mag die schmutzigen Kleider nicht, die du da trägst. Achte in Zukunft darauf …«

Und so wurde Bilqis monatelang zu Haj Hassan Khan gebracht, sei es, um die Mahlzeiten mit ihm einzunehmen oder ihn auf seinen Reisen in den umliegenden Bergen zu begleiten, sei es, um ihn zu liebkosen und seinen Körper zu massieren. Nicht ein einziges Mal erhob er die Hand oder auch nur die Stimme gegen sie. Er hatte seinen Zustand inzwischen akzeptiert und begnügte sich mit anderen Freuden, zum Beispiel ein Bad mit mehreren Frauen zu nehmen, die ihn wuschen und parfümierten. Außerdem hatte er wieder Vergnügen an der Jagd und am Schachspielen gefunden.

Aber dieses ständige Kommen und Gehen missfiel den Frauen im Lager. Die Männer mischten sich ein, die Gendarmerie musste eingeschaltet und Bilqis' Zelt zehn Meter vom Lager entfernt aufgestellt werden. Sie verbrachte ihre Zeit mit Lesen, Sticken und Singen – Lieder, die sie vor vielen Jahren in Garm-Ab gelernt hatte: *Am Rand des Wassers sitzt ein kleiner Vogel, er sieht mir beim Schlafen zu …*

Manchmal liefen Tränen über ihr ausgezehrtes Gesicht, in dem sich bereits die ersten Fältchen zeigten. Sie war kaum fünfundzwanzig Jahre alt, sah aber aus wie vierzig.

Dann kam eines Tages ein Journalist, vorgestellt von Ann Grete, der Bilqis kennen lernen und mit ihr sprechen wollte. Und von da an änderte sich ihr Leben …

Bilqis verließ einige Zeit später das Lager. Die Taliban waren aus Afghanistan verschwunden. Bilqis wurde monatelang in einer Krankenstation gepflegt. Sie ist nie in ihre heimatlichen Berge zurückgekehrt. Sie hat nie geheiratet.

»Ich will anderen helfen«, sagt sie, »vor allem Frauen und Kindern. Und Gott möge mir beistehen … Ich will, dass mein Kummer ruht …«

HEYNE
SÉRÉNADE CHAFIK
Gebt mir mein Kind zurück!
Eine ägyptische Mutter kämpft um ihre Tochter